D1832804

भारत में दर्शनशास्त्र

दर्शनशास्त्र : पूर्व और पश्चिम ग्रंथमाला–3

संपादक : देवीप्रसाद चट्टोपाध्याय

भारत में दर्शनशास्त्र

लेखक

मृणालकांति गंगोपाध्याय

अनुवाद

सुशीला डोभाल

राजकमल पेपरबैक्स

पहला पुस्तकालय संस्करण
राजकमल प्रकाशन प्राइवेट लिमिटेड द्वारा
1992 में प्रकाशित

राजकमल पेपरबैक्स में
पहला संस्करण : 2022
दूसरा संस्करण : 2024

© मृणालकांति गंगोपाध्याय
© हिंदी अनुवाद : राजकमल प्रकाशन प्रा.लि.

राजकमल पेपरबैक्स : उत्कृष्ट साहित्य के जनसुलभ संस्करण

राजकमल प्रकाशन प्रा.लि.
1-बी, नेताजी सुभाष मार्ग, दरियागंज
नई दिल्ली-110 002
द्वारा प्रकाशित

शाखाएँ : अशोक राजपथ, साइंस कॉलेज के सामने, पटना-800 006
पहली मंजिल, दरबारी बिल्डिंग, महात्मा गांधी मार्ग, प्रयागराज-211 001
1, अनमोल सोराबजी संतुक लेन, धोबी तलाव, मरीन लाइंस, मुम्बई-400 002

वेबसाइट : www.rajkamalprakashan.com
ई-मेल : info@rajkamalprakashan.com

बी.के. ऑफसेट
नवीन शाहदरा, दिल्ली-110 032
द्वारा मुद्रित

मूल्य : ₹250

BHARAT MEIN DARSHANSHASTRA
by Mrinal Kanti Gangopadhyaya

ISBN : 978-93-94902-94-7

संपादक की प्रस्तावना

यह बड़े दुख की बात है कि आज जब दर्शन की सबसे अधिक आवश्यकता है तब उसके प्रति व्यापक उपेक्षा देखने को मिलती है। देश का नैतिक और बौद्धिक वातावरण बुरी तरह विषाक्त हो चुका है जिसके कारण बढ़ती हुई असहिष्णुता और हत्याओं के दर्शन हो रहे हैं और इनके पीछे वे विचार कार्यरत हैं जो बुद्धि और मानवता दोनों की कसौटी पर खरे नहीं उतरते हैं। यह बात कहने की नहीं है कि विचारशीलता की जगह पाशविकता, प्रेम की जगह उत्पीड़न, और शुभता की जगह लोभ ने ले ली है। कोई यह दावा नहीं करता कि दर्शन अकेले इन तमाम बुराइयों का हल हो सकता है। मगर हमारा यह दावा अवश्य है कि दर्शन के बिना न तो इनका उन्मूलन हो सकता है और न ही विचारशीलता की पुनर्स्थापना ही सकती है। लगभग ढाई हजार वर्षों से अधिक समय तक कुछ योग्यतम और श्रेष्ठतम मनुष्यों ने दर्शन की समस्याओं में अपना सर खपाया है। उनके जो भी विचार और उपदेश रहे हों, आवश्यक नहीं कि वे सब के सब आज की आवश्यकताओं के लिए प्रासंगिक हों, फिर भी जो कुछ अन्य लोगों ने कहा है वह अधिकाधिक बिगड़ती जा रही वर्तमान स्थिति से निबटने के लिए विचारों के एक महान भंडार का काम अवश्य दे सकता है। साथ ही यह भी आवश्यक है कि उनके विचारों को अभिजात वर्गों के एक छोटे-से दायरे तक सीमित न रहने दिया जाए। आज जो विषाक्त वातावरण हमारे चारों ओर है, उसकी जगह एक नए प्रकार के बौद्धिक वातावरण के निर्माण के लिए आवश्यक है कि इन विचारों को जनता तक ले जाया जाए और ये जनता के लिए प्रेरणा के स्रोत बनें। लोकप्रिय विश्व-दर्शन शृंखला के रूप में एक लघु पुस्तकालय तैयार करने के इस प्रयास के मूल में यही विचार है।

देवीप्रसाद चट्टोपाध्याय
3, शंभुनाथ पंडित स्ट्रीट, कलकत्ता
पिन : 700020

1 मई, 1990

भूमिका

इस छोटे-से ग्रंथ में भारतीय दार्शनिक परंपरा की संक्षिप्त रूपरेखा उस रूप में प्रस्तुत करने का प्रयास किया गया है जिस रूप में वह मोटेतौर पर उपनिषदोत्तर काल से लेकर सत्रहवीं सदी के अंत तक विभिन्न प्रणालियों के माध्यम से विकसित हुई है। हमारा मुख्य लक्ष्य पाठक को भारतीय दर्शन के स्वरूप एवं विषयवस्तु का यथार्थपरक विवरण देना रहा है। यह पुस्तक उन सामान्य पाठकों को ध्यान में रखकर लिखी गई है जो इस विषय से प्रथम परिचय प्राप्त करना चाहते हैं।

पुस्तक पाँच भागों में विभाजित है। विषय-प्रवेश के रूप में पहले भाग में भारतीय दर्शन की कतिपय सामान्य एवं मूल विशेषताओं का अपने ढंग से विवेचन किया गया है। इस विषय पर प्राप्य अन्य पाठ्य-पुस्तकों से इस विवेचन की सहमति हो भी सकती है और नहीं भी, किंतु हमने अपने आकलन में वस्तुनिष्ठता का ही सहारा लिया है। चूँकि यह पुस्तक दर्शन के नए छात्रों के लिए है, अतः प्रयास यह किया गया है कि विवादों की सूक्ष्म जटिलताओं में न पड़ा जाए जो प्रायः अत्यंत पांडित्यपूर्ण होते हैं। किंतु जहाँ ठोस तथ्यों की माँग रही है वहाँ हमने बँधी लीक को त्यागने में भी संकोच नहीं किया है। दूसरे भाग में भारतीय दर्शन की प्रमुख 'प्रणालियों' का विवेचन हुआ है। विभिन्न प्रणालियों के ग्रंथकारों एवं ग्रंथों का विवेचन किया गया है जिसमें प्रत्येक की मूल विशेषताओं का विवेचन भी सम्मिलित है। तीसरे भाग में कुछ चुने हुए विषयों को उठाया गया है जिम पर विभिन्न 'प्रणालियों' में पर्याप्त वाद-विवाद हुआ है। स्पष्ट है कि ग्रंथों एवं ग्रंथकारों की यह सूची पूर्ण नहीं है और न ही विवेचन इतना व्यापक है जितना कि उसे होना चाहिए था। यह विवेचन केवल दृष्टांत के रूप में किया गया है ताकि पाठकों को इस बात का कुछ आभास हो सके कि कतिपय मूल दार्शनिक समस्याओं के प्रति प्राचीन भारतीय दर्शनशास्त्रियों की क्या प्रतिक्रियाएँ थीं। अंतिम दो भागों में क्रमशः परमाणुवाद और नास्तिवाद की विवेचना हुई है जिन्हें भारतीय दर्शन की विभिन्न प्रणालियों में अपने-अपने ढंग से समझा गया है।

स्वयं को भारतीय दर्शन का विद्यार्थी मानने के कारण स्वाभाविक ही है कि मैंने उन विद्वानों की रचनाओं का सहारा लिया है जो पहले ही इस क्षेत्र में प्रतिष्ठित हैं। जहाँ कहीं मुझे अपनी अक्षमता का अनुभव हुआ वहाँ मैंने उनकी कतिपय अभिव्यक्तियों को भी ज्यों

का त्यों ले लिया है। इस दिशा में सुरेंद्रनाथ दासगुप्त, एम. हिरियन्ना एवं देवीप्रसाद चट्टोपाध्याय की रचनाओं का मैं विशेष ऋणी हूँ। अन्य सभी ग्रंथ जिनकी सहायता ली गई है, ग्रंथ-सूची में उद्धृत हैं। इन सबके प्रति मैं अपनी गहन कृतज्ञता प्रकट करता हूँ।

मृणालकांति गंगोपाध्याय

विषय-सूची

भाग एक

विषय-प्रवेश

भारतीय दर्शन की प्राचीनता

कदाचित भारतीय दर्शन की सबसे बड़ी विशेषता, जिससे आम पाठक भी परिचित हैं, इसकी प्राचीनता है। वस्तुतः इसका आरंभ खोजने के लिए तो हमें बहुत पीछे जाना पड़ेगा। यहाँ तक कि *ऋग्वेद* की कुछ ऋचाओं में दर्शन के अंकुरों को खोजने का प्रयास किया गया है। बहुत संभव है कि *ऋग्वेद* की रचना आर्यों ने ईसा-पूर्व दूसरी सहस्राब्दी के मध्य में, अपने नए स्थान में बसने के शीघ्र बाद ही की हो। चिंतन का यह आरंभिक क्रम आगे एक या दो शताब्दियों तक चलता रहा। इस प्रकार अत्यंत प्राचीन समय से आरंभ होकर भारतीय दार्शनिक चिंतन की प्रक्रिया अपने पारंपरिक रूप में, नव्य-न्याय के समय तक चलती रही जिसमें बीच-बीच में व्याघात भी पड़ते रहे। नव्य-न्याय को, सही या गलत, पांडित्यवाद भी कहा जाता है। इसकी बाल की खाल निकालनेवाली परिभाषाएँ और अमूर्त विवेचनाएँ कुख्यात रही हैं। इस चिंतन-परंपरा के अंतिम महत्वपूर्ण प्रतिनिधि नवद्वीप (बंगाल) के गदाधर थे जिनका समय सत्रहवीं सदी था।

आज यह न्यूनाधिक मान्य तथ्य है कि दार्शनिक चिंतन का आरंभ स्पष्ट रूप से उपनिषदों में हो चुका था। आरंभिक उपनिषदों का काल ईसा-पूर्व सातवीं शताब्दी माना जाता है। किंतु कुछ प्रमुख उपनिषद तो पहले से विद्यमान सामग्री का ही संग्रह हैं। अतः यह मान लेना स्वाभाविक ही है कि जिन दर्शनशास्त्रियों के विचार इनमें संग्रहित हैं वे अवश्य ही इससे पूर्वकाल के चिंतक हैं। जो भी हो, भारतीय दर्शन की चर्चा का आरंभ संसार के कतिपय प्राचीनतम दर्शनशास्त्रियों के विचारों से ही किया जाता है।

सामग्री का संग्रह

इस निरंतर चली आनेवाली दार्शनिक चिंतन की प्रक्रिया का एक तात्कालिक एवं स्पष्ट

परिणाम तो यह हुआ कि चिंतन के सामान्य कोष में बहुत अधिक दार्शनिक सामग्री एकत्रित हुई। पाठक भारतीय चिंतन के विविधतापूर्ण वैभव से प्रभावित हुए बिना नहीं रह सकता। चिंतन का शायद ही कोई रंग हो जो इसमें न मिले। क्या संसार शून्य से उत्पन्न है? अथवा इसकी उत्पत्ति किसी वस्तु से होती है? क्या बाह्य जगत सत् है? या यह कल्पना की उड़ान मात्र है? क्या ज्ञान स्वयं अपने को भी प्रकट करता है? या इसे प्रकट करनेवाला कोई अन्य ज्ञान होता है? ऐसे सैकड़ों प्रश्न और उनके सैकड़ों उत्तर भारतीय दर्शन में मिलते हैं।

इतना ही नहीं, उपनिषदों से लेकर नव्य-न्याय के बीच की अवधि में सहस्रों दार्शनिक ग्रंथ लिखे गए। उनकी संपूर्ण तालिका की तो बात करना ही व्यर्थ है, हमें तो उनकी ठीक-ठीक संख्या भी ज्ञात नहीं। एक उदाहरण से यह बात स्पष्ट हो जाएगी। ग्यारहवीं सदी के कुछ बाद जब भारत में बौद्ध धर्म का पराभव हो गया तो परवर्ती भारतीय बौद्ध चिंतकों द्वारा लिखे गए मूल संस्कृत ग्रंथ लुप्त हो गए। किंतु वे पूर्णतः लुप्त नहीं हुए क्योंकि चीनी, मंगोल एवं प्राचीन तिब्बती भाषा में उनके अनुवाद बचे रहे। इनमें तिब्बती अनुवाद का संग्रह सबसे बड़ा है। इन्हें *कंजुर* और *तंजुर* कहा जाता है और इनकी संख्या कम-से-कम साढ़े चार हजार है, यद्यपि आकार और महत्व में ये सभी एक समान नहीं हैं।

चूँकि भारतीय दर्शन के अधिकांश विद्वानों के पास तिब्बती पुस्तकों को जानने-समझने की आवश्यक सुविधा नहीं है, इसलिए इनमें से अधिकांश पुस्तकें अभी तक पढ़ी नहीं जा सकी हैं और उनमें उपलब्ध सामग्री का उपयोग भी नहीं किया जा सका है। हमें इन पुस्तकों के शीर्षक तो ज्ञात हैं पर यह ज्ञात नहीं कि उनमें लिखा क्या है। हाँ, इसकी एक अत्यंत अस्पष्ट और सामान्य जानकारी अवश्य है। फिर भी दार्शनिक दृष्टि से इन पुस्तकों का बहुत महत्व है। तर्कशास्त्र एवं ज्ञानमीमांसा पर परवर्ती भारतीय बौद्धों द्वारा रचित ग्रंथों—जो अब केवल तिब्बती भाषा में ही प्राप्य हैं—में से केवल कुछ का ही अध्ययन श्चेरबात्स्की, विद्याभूषण एवं कुछ अन्य विद्वानों ने किया है। इन विद्वानों द्वारा प्रस्तुत बौद्ध दर्शन के इस सीमित विश्लेषण के आधार पर 'बौद्ध तर्कशास्त्र' का जो स्वरूप सामने आता है वह भी अत्यंत विशद है। इनके अंतर्गत व्यापक समस्याओं को लिया गया है, जिनमें से कुछ तो आज भी दार्शनिक विवाद का सजीव विषय बनी हुई हैं। इन समस्याओं का तब के बौद्ध दर्शन में बहुत कुशलता और सूक्ष्मता के साथ विवेचन हुआ है।

यह भी स्पष्ट है कि परवर्ती बौद्धों का चिंतन केवल तर्कशास्त्र एवं ज्ञानमीमांसा तक सीमित नहीं था, और यह भी कि देश में बौद्धों के अतिरिक्त अन्य विचारक भी थे। तर्कशास्त्र एवं ज्ञानमीमांसा के अतिरिक्त अन्य दार्शनिक पक्षों पर भी बौद्ध चिंतकों ने बड़ी मात्रा में साहित्य रचा। इसके अतिरिक्त बौद्ध दर्शन का विरोध और खंडन करनेवाले

विचारकों ने जो ग्रंथ रचे उनकी संख्या भी कुछ कम नहीं।

परिणामस्वरूप भारतीय दर्शन के अंतर्गत विभिन्न चिंतन-प्रणालियों में जो ग्रंथ रचे गए उन सबको एकत्रित किया जाए तो उनकी विशालता देखकर अचंभित रह जाना पड़ेगा। निश्चित ही, यह नहीं कहा जा सकता कि इनमें से सभी ग्रंथ समान महत्वपूर्ण और सार्थक हैं। इनमें से अनेक तो ध्यान देने योग्य भी नहीं हैं और अनेक अन्य पूर्ववर्ती ग्रंथों की पुनरावृत्ति अथवा सार मात्र हैं। इन सबको निकाल देने पर भी जो महत्वपूर्ण ग्रंथ बच रहते हैं उनकी संख्या भी कुछ कम नहीं।

कहने का तात्पर्य यह कि गुणवत्ता एवं मात्रा, दोनों ही दृष्टियों से पारंपरिक भारतीय संस्कृति की दार्शनिक सामग्री का कोष अत्यंत समृद्ध है।

मूल्यांकन की कठिनाइयाँ

इस चर्चा से यह निष्कर्ष निकलता है कि दार्शनिक सामग्री के विशाल भंडार में जो कुछ संगृहीत है उसका एक समग्र तार्किक एवं यथार्थपरक मूल्यांकन करना सहज कार्य नहीं है।

सामग्री की बहुलता ही एकमात्र बाधा नहीं है। अन्य समस्याएँ भी हैं। उदाहरण के लिए, भारतीय दर्शन का उचित ऐतिहासिक विवेचन असंभव नहीं तो अत्यंत कठिन अवश्य है। कालानुक्रम निर्धारित करने के प्रयास में तो हमें अनिश्चितताओं के सागर में गोते लगाने पड़ते हैं। न तो कोई सही ऐतिहासिक लेखा उपलब्ध है, न ही जीवनी-संबंधी विश्वसनीय सूचनाएँ प्राप्त हैं। विचारकों के जीवन एवं उनके परिवेश के संबंध में बहुत कम सूचना उपलब्ध है। नामों का उल्लेख तो बहुत ही कम मिलता है। यहाँ तक कि किसी सिद्धांत विशेष के विस्तृत विवेचन के समय भी मूल विचारक का नाम नहीं लिया जाता। परिणामस्वरूप किसी एक दार्शनिक विचार के प्रत्येक चरण के विकास की जानकारी प्राप्त करना तो कठिन होता ही है, कभी-कभी तो एक चिंतन-प्रणाली का दूसरी चिंतन-प्रणाली से क्या संबंध है, इसका निर्धारण भी संतोषजनक ढंग से करना संभव नहीं होता। "इसी कारण आज तक यह निश्चित नहीं हो सका है कि सांख्य मौलिक सिद्धांत है अथवा किसी अन्य सिद्धांत से व्युत्पन्न।"

भारतीय दर्शन के संबंध में एक अन्य स्मरणीय बात इसके विकास एवं वृद्धि का विलक्षण ढंग है। जैसाकि विद्वानों ने दर्शाया है, भारतीय दर्शन का वैसा सर्वेक्षण, जैसाकि इतिहासकार सामान्यतः यूरोपीय दर्शन का करते हैं, असंभव नहीं तो कठिन अवश्य है। यूरोप में विचारकों में किसी दर्शन को मूलगामी दृष्टिकोण से विकसित करने की होड़ लगी रहती है और वे अपने पूर्ववर्ती विचारकों की समालोचना और प्रत्याख्यान करते रहते हैं। भारत में दार्शनिक विकास चिंतन की 'प्रणालियों' के माध्यम से होता

रहा है। वैकल्पिक दार्शनिक दृष्टिकोणों या प्रणालियों का स्रोत प्राचीनता में होता है और उनके आधार कोई कूट सूत्र होते हैं तथा बाद में होनेवाली दार्शनिक गतिविधि का लक्ष्य, कम-से-कम घोषणाओं के अनुसार, इन मौलिक परिप्रेक्ष्यों को ही अधिकाधिक सही रूप में विकसित करना होता है। एक के बाद एक विचारक होते रहे हैं किंतु उनके विचारों में सामान्यतः कोई मूलतः नया दर्शन नहीं होता। अपितु प्रत्येक नया विचारक किसी प्राचीन चिंतन-प्रणाली का ही पक्षधर होता है और उसी का पक्षपोषण करके नए सिरे से उसका औचित्य सिद्ध करना चाहता है। वह अपने पूर्ववर्ती विचारकों के तर्कों में त्रुटियाँ दिखाने के स्थान पर उन्हीं को अधिक दृढ़तापूर्वक स्थापित करने का प्रयास करता है। यद्यपि कभी-कभी कोई नई बात भी कही जाती है, किंतु उसमें भी निहितार्थ यही रहता है कि यह किसी मूल विचार से ही व्युत्पन्न है। संक्षेप में, एक ही समय अनेक वैकल्पिक दर्शनों का विकास होता रहा है या, जैसाकि उचित ही कहा गया है, "विधाएँ नहीं बदली हैं।"

भारतीय दर्शन के चरित्र एवं अंतर्वस्तु को तर्कात्मक एवं यथार्थ रूप से समझने में अंतिम कठिनाई (जो कुछ कम महत्वपूर्ण नहीं है) ऐसे विचारों की अधिकता है जो बहुत प्रचलित हैं और जिनका प्रतिपादन बड़ी तत्परता से हुआ है किंतु जो सदैव तथ्यों द्वारा अनुमोदित नहीं होते। सरसरी दृष्टि से देखने पर भी ज्ञात होगा कि भारतीय दर्शन की वर्तमान पाठ्य-पुस्तकें न्यूनाधिक एक ही ढर्रे पर चलती हैं, उन्हीं बातों पर ध्यान केंद्रित करती हैं और उन्हीं धारणाओं को प्रकाश में लाती हैं जो सामान्यतः पूर्वमान्य होती हैं। ये निर्धारित विचार वास्तविक लक्ष्यों को दृष्टि से ओझल कर देते हैं और संभवतः पाठक लेखक की यथार्थ भावना को देख ही नहीं पाता। अतः भारतीय दर्शन के संबंध में कोई धारणा बनाते समय इस बात का ध्यान रखना आवश्यक है कि तथ्य और मिथक के बीच भेद किया जाए, और सार को थोथे से अलग किया जाए।

दार्शनिक अन्वेषण की पद्धति

अपने सीमित क्षेत्र के बावजूद हम अपनी बात की पुष्टि के लिए एक उदाहरण देंगे। जो दृष्टांत हमने चुना है उसका अतिरिक्त महत्व है; वह यह भी दर्शाता है कि हमारे आरंभिक विचारकों की दृष्टि में सफल दार्शनिक अन्वेषण के लिए आदर्श कार्यपद्धति क्या थी।

विस्तार में जाने से पूर्व अच्छा हो कि इस कार्यपद्धति की मुख्य बात को संक्षेप में कह दिया जाए।

किसी निश्चित दार्शनिक पक्ष तक पहुँचने के प्रयास में हमें पक्ष और प्रतिपक्ष के विचारों के संघर्ष के माध्यम से, अर्थात प्रतिवादों के माध्यम से इसकी ओर बढ़ना चाहिए। बहुत

संभव है कि इस कार्यप्रणाली का स्रोत शास्त्रार्थों की उस प्राचीन परंपरा में मिले जिसकी झलक उपनिषदों के युग में दिखाई देती है। इसके लिए उपनिषद में एक शब्द है : 'वाकोवाक्य'। इसका अर्थ उससे मिलता-जुलता है जिसे प्राचीन यूनानवासी द्वंद्वन्याय कहते थे, अर्थात् प्रश्नोत्तरों के माध्यम से वाद-विवाद करने की कला। यह भी सत्य है कि उपनिषद-काल में ही कुछ विचारक ऐसे थे जो वाद-विवाद को हतोत्साहित करते थे। किंतु यह प्रवृत्ति वाद-विवाद की भावना और अंततः उससे विकसित होनेवाले तर्कशास्त्र को दबाने में असफल रही।

दूसरी ओर प्राचीन भारतीय चिकित्सकों ने वाद-विवाद के महत्व को पहचाना और स्वीकारा। इन्हें हम भारतीय विज्ञान एवं वैज्ञानिक पद्धति के अग्रदूत कह सकते हैं। उनके प्राचीनतम उपलब्ध विशाल ग्रंथ *चरक संहिता* में, जिसका संकलन प्रथम शताब्दी ई. से पहले हो चुका था, इस बात को स्पष्ट रूप से दर्शाया गया है कि वाद-विवाद एवं विचारों के घात-प्रतिघात से किस प्रकार सैद्धांतिक ज्ञान में सकारात्मक वृद्धि होती है। इस बात को हमारे दर्शन के एक इतिहासकार ने बहुत सुंदर ढंग से दर्शाया है; वे ऐसा करनेवाले शायद एकमात्र इतिहासकार हैं। इस ग्रंथ के अनुसार वाद-विवाद के दो रूप होते हैं—ध्वंसात्मक एवं रचनात्मक। दूसरा रूप ज्ञान-पिपासा में एवं इसे शांत करने में विशेष रूप से सहायक होता है। इससे संप्रेषण की तकनीक में सुधार होता है, संदेह दूर होकर पहले से वर्तमान ज्ञान के कोष में आस्था दृढ़ होती है, और उन लोगों की संकीर्णता का भी नाश होता है जो सामान्यतः अपना ज्ञान दूसरों को नहीं देना चाहते।

गंभीरतापूर्वक लिए जाने पर वाद-विवाद की कला सम्यक प्रमाण, ठीक तर्क एवं भ्रामक चिंतन के संबंध में प्रश्न उठाती है। उपरोक्त प्राचीन भारतीय चिकित्सा-ग्रंथ में इन प्रश्नों को उठाया गया है और इनके उत्तर दिए गए हैं। इस प्रकार इसे भारतीय तर्कशास्त्र का मूल उत्स कहा जा सकता है।

लेकिन स्वयं तर्कशास्त्र के क्षेत्र में रचे गए ग्रंथों की क्या स्थिति थी ? गोतम अथवा गौतम का *न्यायसूत्र* भारतीय तर्कशास्त्र का प्राचीनतम ग्रंथ माना जाता है जो संभवतः ईसा की दूसरी शताब्दी का है। इस प्रकार यह दावा किया जाता है कि *चरक संहिता* का 'आद्य तर्कशास्त्र' ही "संभवतः *न्यायसूत्र* में सूत्रीकृत तर्कशास्त्रीय विचारों का मूलाधार है।" इसकी सर्वप्रथम विस्तृत टीका वात्स्यायन की है जो अनुमानतः पाँचवीं सदी में रहे होंगे। गौतम एवं वात्स्यायन ने ही सर्वप्रथम भारतीय दार्शनिक कार्यपद्धति की स्पष्ट व्याख्या की।

दर्शन में वाद-विवाद की अत्यंत महत्वपूर्ण भूमिका होती है, इस बात को गौतम अपने ग्रंथ के पहले 'सूत्र' में ही स्वीकार करते हैं। इस सूत्र में वे उन सोलह पदार्थों

अथवा विशिष्ट विषयों के नाम गिनाते हैं जिनके सम्यक ज्ञान से, उनका दावा है कि परम-कल्याण की प्राप्ति होती है। परम-कल्याण को सामान्यतः 'मोक्ष' के समकक्ष माना जाता है, जो मानव-अस्तित्व का सर्वोच्च लक्ष्य है और दर्शनशास्त्र को इस लक्ष्य की प्राप्ति का एकमात्र साधन माना गया है। सोलह पदार्थों की इस सूची में वाद-विवाद के तीन रूप गिनाए गए हैं जिन्हें 'वाद', 'जल्प' और 'वितंडा' कहा जाता है। इनमें 'वाद' सर्वोत्तम है क्योंकि यह 'निर्णय' तक पहुँचने का अनिवार्य साधन है। ('निर्णय' भी सोलह पदार्थों में एक है।) 'निर्णय' क्या है ? वात्स्यायन के अनुसार यह किसी वस्तु के सम्यक ज्ञान का अंतिम निश्चय है। 'वाद' तब तक चलता रहता है जब तक कि 'निर्णय' न हो जाए। 'निर्णय' होते ही वाद-विवाद स्वतः समाप्त हो जाता है। इस प्रकार दर्शन का परम लक्ष्य है 'निर्णय' और इसकी प्राप्ति वाद-विवाद के माध्यम से हो सकती है।

'न्याय' की शब्दावली के सहारे दार्शनिक कार्यपद्धति के स्वरूप को कुछ और अच्छी प्रकार समझा जा सकता है। वात्स्यायन कहते हैं कि 'पदार्थों' के विवेचन में त्रिपक्षीय प्रक्रिया अपनाई जाती है। सर्वप्रथम किसी वस्तु का केवल नाम लिया जाता है और आवश्यकता हुई तो उसका वर्गीकरण किया जाता है। इसे 'उद्देश' कहा जाता है। तत्पश्चात् वस्तु की स्पष्ट परिभाषा दी जाती है, जिसे 'लक्षण' कहते हैं। सबसे अंत में 'परीक्षा' अथवा आलोचनात्मक परीक्षण होता है जिसमें विभिन्न दृष्टियों से वस्तु पर विचार किया जाता है तथा मिथ्या विचारों को हटाकर और आपत्तियों का प्रत्याख्यान करके वस्तु के स्वरूप पर अंतिम निर्णय देने का प्रयास किया जाता है। दूसरे शब्दों में, 'परीक्षा' दार्शनिक निर्णय तक पहुँचने की पूर्वदशा है।

संशय : दर्शन का प्रस्थान-बिंदु

आलोचनात्मक परीक्षण अथवा परीक्षा की भी अपनी एक अनिवार्य पूर्वदशा होती है। यह पूर्वदशा है संदेह जिसे गौतम 'विमर्श' अथवा 'संशय' भी कहते हैं। संदेह होने पर ही आलोचनात्मक परीक्षण की आवश्यकता पड़ती है।

आलोचनात्मक परीक्षण के लिए या कह लें कि समस्त दार्शनिक विवेचन के लिए संदेह के विशेष महत्व पर वात्स्यायन बार-बार बल देते हैं। गौतम के पहले 'सूत्र' की भूमिका में वे कहते हैं कि तर्कशास्त्र (अथवा अनुमान की प्रयुक्ति, न्याय) की प्रासंगिकता न तो पूर्ण रूप से ज्ञात वस्तु के लिए है, न ही पूर्ण रूप से अज्ञात वस्तु के लिए; इसकी प्रासंगिकता तो केवल उस वस्तु के लिए है जो संशय के घेरे में ('संशयित') हो। प्रथम सूत्र में गौतम जिन पदार्थों को गिनाते हैं उनमें 'प्रमाण' पहले और 'संशय' तीसरे स्थान पर हैं। किंतु दूसरे अध्याय में 'पदार्थों' का आलोचनात्मक परीक्षण करते

समय यह क्रम उलट जाता है; 'संशय' का परीक्षण पहले होता है और 'प्रमाण' का उसके पश्चात् । स्वीकृत क्रम का यह विपर्यय सामान्य नहीं है और इसका कारण बताया जाना चाहिए । इस संबंध में वात्स्यायन का कहना है कि सामान्य नियमानुसार किसी भी आलोचनात्मक परीक्षण के पूर्व संशय होना चाहिए; अतः 'प्रमाण' के परीक्षण के पूर्व भी संशय होना चाहिए । वस्तुतः आलोचनात्मक परीक्षण का कार्य आरंभ करने से पूर्व व्यक्ति को इसकी पूर्वदशा अर्थात् स्वयं संशय का पूर्ण ज्ञान होना चाहिए । इसी कारण सामान्य प्रक्रिया की अवहेलना करके संशय का परीक्षण पहले किया गया है । इतना ही नहीं, कभी-कभी तो गौतम किसी पदार्थ का परीक्षण करते समय किसी संशय का उल्लेख ही नहीं करते । किंतु वात्स्यायन सूत्र की यथार्थ व्याख्या आरंभ करने से पूर्व सदैव वहाँ पूर्वमान्य संशय को दर्शाते हैं जैसाकि वे *न्यायसूत्र* के तीसरे अध्याय में 'आत्मन्' का आलोचनात्मक परीक्षण करते समय करते हैं ।

दूसरी ओर, यह सब 'निर्णय' की परिभाषा के बहुत अनुकूल बैठता है । 'निर्णय' भी, जैसाकि हम पहले कह चुके हैं, सोलह पदार्थों में से एक है । 'निर्णय' की परिभाषा गौतम इस प्रकार करते हैं : आरंभिक संशय के पश्चात् पक्ष (के स्थापन) एवं प्रतिपक्ष (के प्रत्याख्यान) के माध्यम से किसी वस्तु के (इसके सम्यक स्वरूप के) अंतिम निश्चय का निर्धारण ।

निश्चय ही यह प्राचीन दर्शन में कही गई सबसे महत्वपूर्ण बातों में से एक है । न्याय-दर्शन की विलक्षणता केवल यही नहीं है कि इसने संशय को दर्शन का आरंभ-बिंदु बनाया, अपितु यह भी है कि यह संशय की पूर्वदशा का भी निरूपण करता है ।

गौतम समान लक्षण इत्यादि के बोध से उत्पन्न (समानधर्मोपपत्ति) पाँच प्रकार के संशयों की बात करते हैं । इनमें से पहला, दूसरा, चौथा और पाँचवाँ प्रकार स्पष्टतः वस्तुओं के यथार्थ क्रम की व्याख्या है और इनमें वाद-विवाद की कोई प्रासंगिकता नहीं है । किंतु संशय के तीसरे विशिष्ट रूप की वाद-विदाद में विशेष प्रासंगिकता है । एक ही वस्तु के संबंध में दो विरोधी दावों (विप्रतिपत्ति) के परिणामस्वरूप यह संशय उत्पन्न होता है । वात्स्यायन की टीका से प्रतीत होता है कि दार्शनिक वाद-विवाद के लिए विशेष रूप से इसकी व्यवस्था की गई है ।

संक्षेप में, यह धारणा सहज ही बनती है कि विचारों के ऐसे घात-प्रतिघात अथवा दो पक्षों के ऐसे संघर्ष के बिना दर्शन संभव नहीं है जिसमें एक पक्ष दूसरे का और दूसरा पक्ष पहले का प्रत्याख्यान करना चाहते हैं । प्रत्याख्यान दार्शनिक गतिविधि का सार है ।

इस कार्यपद्धति के अनुसार भारतीय विचारक को सर्वप्रथम विवेच्य समस्या की वैधता स्थापित करनी पड़ती है । इसके लिए यह दर्शाना पड़ता है कि विवेच्य समस्या

में कोई संशय है और यह कि इसमें दो परस्पर-विरोधी पक्ष संबद्ध हैं। इस प्रकार आत्मा की समस्या से संबंधित दार्शनिक परीक्षण केवल इसलिए प्रासंगिक है कि इसके संबंध में दो धारणाएँ हैं—एक तो इसे स्वतंत्र सत्ता मानती है और दूसरी इस धारणा का खंडन करती है।

इस संबंध में अन्य ध्यान देने योग्य, महत्वपूर्ण बात पक्ष और प्रतिपक्ष दोनों की ऐतिहासिकता है। किसी भी वाद-विवाद में व्यक्ति का अपना पक्ष वाद अथवा 'सिद्धांत' स्थापित करने के लिए आवश्यक है कि विपक्ष का पक्ष प्रतिवाद अथवा 'पूर्वपक्ष' होता है। अपना पक्ष अथवा 'सिद्धांत' स्थापित करने के लिए आवश्यक है कि विपक्षी की धारणा का समस्त संभव दृष्टिकोणों से खंडन किया जाए। यह किसी काल्पनिक विपक्षी की धारणा नहीं होती, अपितु किसी प्रतिपक्षी दर्शनशास्त्री अथवा दर्शनशास्त्रियों की धारणा होती है जिसे ऐतिहासिक रूप से स्थापित किया जा चुका होता है। विपक्षी की धारणा अथवा प्रतिपक्ष को प्रस्तुत करते समय संभव है कि विचारक को उसमें निहित अर्थ को भी श्रमपूर्वक स्पष्ट करना पड़े। संभव हो तो पूर्वपक्ष के पक्ष में वह नए तर्क भी खोजेगा। यह सब इसलिए किया जाता है कि अंततः पूर्वपक्ष के खंडन को अधिक विश्वसनीय बनाया जा सके। किंतु इससे पूर्वपक्ष की मूल ऐतिहासिकता में कोई अंतर नहीं पड़ता।

स्वतंत्र तर्कशास्त्र का विरोध

तथापि यह मान लेना भूल होगी कि दार्शनिक गतिविधि की यह धारणा सभी भारतीय दर्शनशास्त्रियों को मान्य थी और वे इसका अनुगमन करते थे। स्वतंत्र चिंतन एवं पूर्वाग्रह-मुक्त तार्किकता की वह प्रक्रिया अनेक विचारकों को स्वीकार्य प्रतीत नहीं होती जिसे वात्स्यायन जैसे विचारकों ने स्थापित करने का प्रयास किया। अतः इसके साथ ही साथ अधिक प्रबल नहीं तो उतनी ही प्रबल एक और परंपरा का विकास हुआ जो स्वतंत्र चिंतन अथवा शुद्ध तार्किकता का खंडन करती है। जहाँ पहली परंपरा का प्रस्थान-बिंदु 'संशय' है वहीं दूसरी 'आस्था' (धर्मशास्त्रों की घोषणाओं में आस्था) को अपना प्रस्थान-बिंदु बनाती है।

यहाँ कुछ दृष्टांत प्रस्तुत किए जा रहे हैं जिससे इस बात का कुछ अनुमान हो सके कि प्राचीन भारत में स्वतंत्र चिंतन का विरोध किस सीमा तक एवं किस गंभीरता से किया जाता था।

कठोपनिषद में यम नचिकेता को बताते हैं : "नैषा तर्केण मतिरआपनेया", अर्थात् सर्वोच्च विवेक, आत्मा के स्वरूप की सच्ची अनुभूति, जो सदा के लिए मुक्ति दिलाती है, तर्क अथवा वाद-विवाद द्वारा प्राप्त नहीं की जा सकती। इसे केवल ऐसे सच्चे गुरु

की वाणी द्वारा प्राप्त किया जा सकता है जिसने धर्मग्रंथों का आधिकारिक ज्ञान प्राप्त किया हो, जिसकी उनमें दृढ़ आस्था हो और जो उन्हीं के अनुरूप शिष्य का प्रबोधन करता हो ।

महाभारत में इंद्र और काश्यप की कथा को भी दृष्टांत के रूप में लिया जा सकता है । आत्महत्या करने को उद्यत एक ब्राह्मण को इंद्र समझाते हैं कि मानव का जन्म अमूल्य होता है । पूर्व जन्म में इंद्र मानव थे और अब सियार के रूप में जन्म लेने के कारण वे इस बात को बहुत अच्छी प्रकार समझते हैं कि मानवेतर योनियों में जन्म लेनेवाले प्राणियों को क्या-क्या यंत्रणाएँ सहनी पड़ती हैं । इंद्र को सियार का घृणित जीवन क्यों मिला ? इस कारण कि स्वतंत्र चिंतक होने के नाते उन्होंने केवल तर्कणा के आधार पर धर्मग्रंथों पर संदेह करने का पाप किया था :

"(पिछले जन्म में) मैं तर्कशास्त्र को समर्पित था जोकि खोखले वाद-विवाद की विधि है । मैं अधम अर्थ में विद्वान था क्योंकि स्वतंत्र चिंतन (हैतुक) के रूप में मैं वेद-निंदक था । सभाओं में मैं तार्किक विचारणाएँ प्रस्तुत करता था जो बहुत ही अनुचित था । मैं ब्राह्मण-विरोधी था और जो कुछ वे कहते थे उनका विरोध करता था । मैं नास्तिक था और प्रत्येक बात पर संशय करता था । अतः मैं विद्वत्ता का ढोंग करनेवाला मूर्ख मात्र था । हे ब्राह्मण, सियार का यह जीवन जो मैं भोग रहा हूँ उसी का परिणाम है ।"

रामायण में भी स्पष्ट शब्दों में स्वतंत्र चिंतन की निंदा की गई है । आदर्श रूप से शासन कैसे किया जाए, इस बात की सलाह देते हुए राम भरत को तर्कशास्त्र में निपुण लोकायतिकों से सावधान रहने की सलाह देते हैं :

"प्रिय भरत, कभी ऐसे ब्राह्मण का आतिथ्य न करना जो लोकायत का अनुयायी हो । वे केवल दुखों को आमंत्रित करने में प्रवीण होते हैं । वे विद्वान होने का ढोंग करते हैं, किंतु उनकी बुद्धि शिशुओं जैसी होती है । यद्यपि (सम्यक मार्ग दिखाने के लिए) अनेक धर्मग्रंथ उपलब्ध हैं, फिर भी ये मूर्ख अपनी बुद्धि को तर्कणा की दया पर छोड़ देते हैं और नीति-ग्रंथों को शुद्ध अनुपयोगी बताते हैं ।"

किंतु स्वतंत्र तर्कशास्त्र पर अंतिम एवं सबसे प्रभावी आघात धर्मशास्त्रों के रचयिताओं ने किया । ये धर्मशास्त्र सामान्यतः लोगों के सामाजिक एवं नैतिक जीवन के रक्षक माने जाते हैं और लोगों को यह बताते हैं कि क्या अच्छा है और क्या बुरा । विशेष रूप से मनु बार-बार तर्कणा, विशेषतः स्वतंत्र तर्कणा के विरुद्ध सचेत करते हैं जो व्यक्ति को शास्त्रों के विरुद्ध जाने एवं उनकी प्रामाणिकता पर प्रश्न-चिह्न लगाने के लिए प्रोत्साहित करती है । मनु के नीति-वाक्यों का हमारे विचारकों पर दूरगामी प्रभाव हुआ है ।

मनु का एक बहु-उद्धृत कथन है : ''अपधर्मियों से, जाति के अनुशासन का उल्लंघन करनेवालों से, पाखंडियों से, स्वतंत्र चिंतकों (हैतुकों) से और दुरंगी चालवालों से तो बात भी नहीं करनी चाहिए ।'' वस्तुतः तर्कणा से लगाव रखना अपराध करने के समान है । मनु का कहना है कि श्रुति का तात्पर्य वेद एवं स्मृति का तात्पर्य विधि-संहिताएँ समझना चाहिए । ये दोनों विधि के मूल हैं, अतः इनका आकलन विपरीत तर्कों द्वारा नहीं किया जाना चाहिए । यदि कोई तर्कशास्त्र के बल पर वेदों एवं विधि-संहिताओं की अवहेलना करता है तो उसे नास्तिक समझना चाहिए । ऐसा व्यक्ति ब्राह्मण हो तो भी उसे समाज से निष्कासित कर देना चाहिए ।'' जैसाकि सब जानते हैं, मनु सामान्य परिस्थिति में ब्राह्मण के निष्कासन की बात नहीं करते । किंतु यदि ब्राह्मण अपने ही हित की चिंता न करके धर्मशास्त्रों एवं विधि-संहिताओं की अवहेलना करे और तर्कणा में आस्था रखे तो मनु भी क्या करें ? याज्ञवल्क्य-रचित मानी जानेवाली विधि-संहिता के अनुसार वेदों पर संदेह करने का अपराध ब्रह्महत्या के अपराध से कम नहीं है और ब्रह्महत्या से बड़े पाप की कल्पना कोई भी स्मृतिकार नहीं कर सकता । गौतम की विधि-संहिता, *विष्णुधर्मसूत्र* एवं *वसिष्ठधर्मसूत्र* में भी वेदों की अवज्ञा करने के विरुद्ध सचेत किया गया है क्योंकि ऐसा करनेवाले का सर्वनाश निश्चित है ।

भारतीय दर्शन का पारंपरिक वर्गीकरण

भारतीय विचारक मनु के प्रभाव से मुक्त होने में असफल रहे—इसका सरल किंतु ज्वलंत उदाहरण भारतीय दर्शन की प्रणालियों का व्यापक रूप से स्वीकृत वर्गीकरण है । कतिपय स्थानों पर असंतोषजनक होने पर भी इस प्राचीन वर्गीकरण पर न केवल यह कि कोई प्रश्नचिह्न ही नहीं लगा, अपितु आज भी भारतीय दर्शन पर पाठ्य-पुस्तकें लिखनेवाले आरंभ ही इस वर्गीकरण से करते हैं । इस पारंपरिक वर्गीकरण के अनुसार दर्शन या तो 'आस्तिक' होते हैं या 'नास्तिक' । इसमें निहित सिद्धांत का विवेचन करने के पूर्व उचित होगा कि इन दो शब्दों का अर्थ स्पष्ट कर दिया जाए ।

आस्तिक-नास्तिक का तात्पर्य

पहले हम व्याकरणाचार्यों की धारणा जान लें जिनका कार्य शब्दों की व्युत्पत्ति एवं अर्थ बताना है । पाणिनि (4.4.60) का कथन है कि 'आस्तिक' और 'नास्तिक' शब्द 'अस्ति' और 'नास्ति' शब्दों में 'ठक' प्रत्यय जोड़कर बने हैं । इस प्रकार 'आस्तिक' और 'नास्तिक' शब्दों के शाब्दिक अर्थ क्रमशः 'इस' में 'आस्था रखनेवाला' और 'इस' में 'आस्था नहीं रखनेवाला' है । किंतु 'इस' से क्या तात्पर्य है ? टीकाकारों में इस बात पर न्यूनाधिक मतैक्य है कि 'इस' का तात्पर्य 'परलोक' से है । अर्थात् जो पुनर्जन्म

और आत्मा के आवागमन में विश्वास रखता हो वह 'आस्तिक' और जो विश्वास नहीं रखता हो वह 'नास्तिक' है। किंतु भारतीय दर्शन के पारंपरिक वर्गीकरण में इस अर्थ को ध्यान में नहीं रखा गया है। कारण ? यह कि ऐसा करने से बौद्धों एवं जैनों को भी आस्तिक मानना पड़ता क्योंकि वे भी आत्मा के अमरत्व एवं पुनर्जन्म में विश्वास करते हैं। भला ब्राह्मणवादी संस्कृति के प्रतिनिधियों को यह कैसे स्वीकार होता ? अंततः 'आस्तिक' शब्द के साथ मान-सम्मान जो जुड़ा होता है ! बौद्धों एवं जैनों जैसे प्रतिपक्षियों को इस मान-सम्मान का अधिकारी नहीं बनाया जा सकता था।

इन शब्दों के अन्य लोकप्रिय अर्थ ईश्वर में आस्था या अनास्था पर आधारित हैं। ईश्वर में आस्था रखनेवाला 'आस्तिक' और ईश्वर में आस्था नहीं रखनेवाला 'नास्तिक' है। इस अर्थ पर आधारित वर्गीकरण से जैनों एवं बौद्धों को सरलता से बहिष्कृत किया जा सकता है। किंतु इसमें भी कुछ कठिनाइयाँ है। ऐसी स्थिति में दो ब्राह्मणवादी दर्शनों अर्थात् सांख्य एवं मीमांसा को भी 'नास्तिक' घोषित करना पड़ता क्योंकि वे स्पष्ट रूप से ईश्वर की सत्ता को नकारते हैं। शायद यही कारण था कि दर्शनों का वर्गीकरण करते समय इस अर्थ को भी आधार नहीं बनाया गया। अतः दार्शनिक पद्धतियों का 'आस्तिक' एवं 'नास्तिक' में वर्गीकरण करते समय इन शब्दों को विशिष्ट अर्थ प्रदान किया गया। इसके अनुसार 'आस्तिक' का अर्थ हुआ वेदों में आस्था रखनेवाला, वह व्यक्ति जो धर्मग्रंथों की परमप्रामाणिकता एवं अमोघता में आस्था रखे। 'नास्तिक' का तात्पर्य इसके ठीक विपरीत है—वह जो वेदों में आस्था न रखे और धर्मग्रंथों की निंदा करे। किंतु इस प्रकार अर्थों का विपर्यय करके विशिष्ट अर्थ प्रदान करने के पीछे क्या कारण रहे होंगे ? इस प्रश्न पर विद्वानों ने ध्यान नहीं दिया है। एक जाने-माने विद्वान ने इन विभिन्न अर्थों की विवेचना करने के पश्चात् गोलमाल ढंग से कहा कि "एक बुद्धोत्तर, किंतु ईसा-पूर्व परंपरा" ने ही इन शब्दों के ये विशिष्ट अर्थ निश्चित किए। शायद इस संबंध में स्पष्ट वक्तव्य देनेवाले एकमात्र विद्वान एस. एन. दासगुप्त हैं, जिनका कथन है : "किंतु नास्तिक की परिभाषा स्वयं मनु ने दी है : 'वह जो वेदों का प्रत्याख्यान करे' (वेद-निंदक)। इसे सौभाग्य कहें या दुर्भाग्य, यह परंपरा मानो सदैव के लिए स्थिर हो गई और स्मृतिकार के दिए हुए इस अर्थ को जैसे परम दार्शनिक महत्व मिल गया।"

इस बात के उदाहरण के रूप में कि हमारे प्राचीन विचारकों पर वेदों की परमप्रामाणिकता का कितना प्रभाव था, हम ऐसे ही विचारकों के कथनों को लेते हैं। इनमें से एक विचारक तो आरंभिक समय के हैं और दूसरे बाद के। प्रशस्तपाद (लगभग पाँचवीं शताब्दी) जो वैशेषिक दर्शन के आधिकारिक विद्वान माने जाते हैं, मिथ्या ज्ञान (अविद्या) का चार रूपों में वर्गीकरण करते हैं। इनमें से एक रूप को वे 'विपर्यय' कहते हैं—अर्थात् वह मिथ्या ज्ञान जो सत्य ज्ञान का ठीक विपरीत होता है। विपर्यय के जो

उदाहरण वे देते हैं उनमें से एक इस प्रकार है : 'यह लाभप्रद है' प्रकारवाले, शाक्यों (बौद्धों) इत्यादि द्वारा अनुमोदित विचार जो 'त्रयी' (ऋक्, यजुस, साम) की शिक्षाओं के विपरीत शिक्षा देते हैं, विपर्यय के उदाहरण हैं। इसके अतिरिक्त मधुसूदन सरस्वती (लगभग 1540 ई.), जो अद्वैत वेदांती थे, विद्वत्ता की विभिन्न शाखाओं (प्रस्थान) की विस्तृत सूची देते समय बौद्धों, जैनों एवं चार्वाकों को इस सूची में सम्मिलित नहीं करते क्योंकि ये सब 'वेद-बाह्य' अर्थात् वैदिक रूढ़िवादी तंत्र की सीमा से बाहर हैं और इस कारण उनसे अपरोक्ष रूप में भी मानवता का कोई कल्याण नहीं हो सकता। अच्छा यही है कि उन पर विचार ही नहीं किया जाए।

इस पारंपरिक दृष्टिकोण से तीन दर्शनों को 'नास्तिक' घोषित किया गया और निस्संदेह ये तीनों दर्शन प्रबल वेद-विरोधी है। ये हैं : (1) भौतिकवादी दर्शन जिसे लोकायत, चार्वाक अथवा बार्हस्पत्य कहा गया, (2) वे विभिन्न दार्शनिक विचार जो बुद्ध की शिक्षाओं से अपना नाता जोड़ते हैं और इसी कारण मोटेतौर पर बौद्ध कहलाते हैं; (3) एक अन्य संप्रदाय-सह-दर्शन जो शायद बौद्ध दर्शन से प्राचीन है, जिसे जैन धर्म कहा जाता है और जिसकी व्युत्पत्ति 'जिन' (अर्थात् विजयी) शब्द से हुई, अर्थात् वह जिसने अपने समस्त आवेगों को जीतकर अपने-आप पर पूर्ण विजय प्राप्त कर ली हो।

दूसरी ओर छः दर्शनों को 'आस्तिक' माना गया है। ये हैं : (1) पूर्व-मीमांसा (अथवा केवल मीमांसा); (2) वेदांत, जिसका शाब्दिक अर्थ है, वेदों का अंत जिसे उत्तर-मीमांसा भी कहा जाता है; (3) सांख्य; (4) योग; (5) न्याय; और (6) वैशेषिक।

पारंपरिक वर्गीकरण की कठिनाइयाँ

यद्यपि यह वर्गीकरण भारतीय दर्शन की परंपरा में दृढ़ रूप से स्थापित है, फिर भी इसके दोषों को अनदेखा करना उचित नहीं होगा। सर्वप्रथम तो 'आस्तिक' एवं 'नास्तिक' शब्दों की जो विशेष व्याख्या की गई है वह व्युत्पत्तिविज्ञान के विरुद्ध है। संस्कृत भाषा में शब्दों के अर्थ निर्धारित करना मुख्यतः वैयाकरण का कार्य है। जहाँ तक व्याकरणिक व्युत्पत्ति का प्रश्न है, इसमें कहीं भी वेदों में आस्था रखने या न रखने की कोई बात नहीं कही गई है, जैसाकि मनु आदेश करते हैं। यह सत्य है कि शब्दों का व्युत्पन्न अर्थ सदैव प्रचलित नहीं रहता। उनके अर्थ स्थायी रूप से स्थिर नहीं रहते। सादृश्य, प्रचलित प्रयोग, विचार-साहचर्य एवं अन्य भाषाओं के संपर्क के कारण उनमें परिवर्तन आता रहता है और उनकी व्युत्पत्ति भुलाई जा सकती है। किंतु ऐसा दृष्टांत विरल ही होगा जिसमें व्युत्पत्ति की पूर्ण अवहेलना करके किसी व्यक्ति विशेष की मनमानी के आधार पर किसी शब्द को एक स्थायी अर्थ में रूढ़ कर दिया गया हो।

यह वर्गीकरण करनेवाला व्यक्ति दार्शनिक नहीं था—यह इसकी अन्य विशेषता

है। मनु स्मृतिकार हैं, दर्शनशास्त्री नहीं। संभव है कि स्मृतिकार दर्शनशास्त्री की भाँति सत् के प्रति मूलतः तार्किक दृष्टिकोण न अपनाए। अपितु स्मृतिकार की चिंता उस सामाजिक संरचना को सुरक्षित रखने की होती है जिसे वह सर्वाधिक वांछनीय एवं आदर्श मानता है। हम पहले ही देख चुके हैं कि स्मृतिकार किस प्रकार स्वतंत्र चिंतन, आस्था की सीमा के बाहर चिंतन करने एवं धर्मशास्त्रों में घोषित बातों के प्रतिकूल तर्क करने को अत्यंत घृणित गतिविधियाँ मानते हैं। स्वतंत्र चिंतन को वे विधि-विरुद्ध आचरण, गुरुतर अपराध मानते हैं। यद्यपि विभिन्न विधि-संहिताओं में इस अपराध की एक गुरुता एक-सी नहीं है, फिर भी इसके लिए प्रस्तावित दंड कहीं भी हल्का नहीं है। स्वतंत्र चिंतन के विरोधियों में मनु को अग्रणी माना जा सकता है। ब्राह्मणवाद एवं ब्राह्मण-प्रधान समाज के प्रति उनका विशेष आग्रह भी सर्वविदित है। शायद यही कारण है कि अपने इस आदर्श समाज की रक्षा करने के लिए, स्वयं दर्शनशास्त्री न होते हुए भी, मनु ने दार्शनिक विषयों में निश्चित पक्ष ग्रहण करने की आवश्यकता अनुभव की। अतः इस बात को ध्यान में रखते हुए कि मनु दार्शनिक नहीं थे और साथ ही दर्शन के प्रति उनकी मूल अभिवृत्ति को देखते हुए, यह बात थोड़ी विचित्र लग सकती है कि मनु द्वारा दिए गए दर्शनों के वर्गीकरण को इतनी मान्यता मिली।

दर्शनों का यह पारंपरिक वर्गीकरण एक अन्य कसौटी पर भी खरा नहीं उतरता। 'आस्तिक' और 'नास्तिक' होना वेदों में आस्था रखने पर निर्भर करता है। वेद एक धर्म-विशेष के धर्मग्रंथ हैं। यदि अन्य धर्म या प्रणालियाँ भी वर्गीकरण का यही सिद्धांत प्रयुक्त करें तो? यदि चार्वाक कहें कि (*बृहस्पति-सूत्र* में) आस्था रखनेवाले ही आस्तिक हैं तो ऐसी स्थिति में अन्य प्रणालियों की क्या गति होगी? क्या हमें अपनी प्रणाली के अतिरिक्त अन्य सभी प्रणालियों को 'नास्तिक' मानना चाहिए? इसी प्रकार यदि बौद्ध और जैन धर्मावलंबी भी यह निश्चय कर लें कि बुद्ध और महावीर के अनुयायी ही आस्तिक हैं और अन्य सभी नास्तिक हैं, तो आस्तिकों और नास्तिकों का एक नया ही वर्गीकरण दिखाई देगा। संक्षेप में, हम ऐसे दलदल में फंस जाएंगे जिससे निकलने का कोई उपाय नहीं।

वेदों के प्रति श्रद्धा : सच्ची अथवा झूठी ?

यहाँ एक अन्य बात की ओर ध्यान आकर्षित किया जा सकता है। यद्यपि वर्तमान पीढ़ी के लेखन में इसका अभाव स्पष्ट दिखाई देता है, फिर भी कम-से-कम एक अकेला व्यक्ति तो ऐसा है जो हमारा ध्यान इस ओर आकर्षित करने का प्रयास कर रहा है।

प्रश्न है : क्या वेदों की प्रामाणिकता को स्वीकार करनेवाले सभी दर्शन सामान्यतः

आस्तिक की श्रेणी में सम्मिलित किए जाते हैं ? वैदिक परंपरा में उनकी आस्था सच्ची है अथवा मात्र काल्पनिक ? क्या वेदों के प्रति श्रद्धा में उनकी सच्ची भावना अथवा सार प्रतिबिंबित होता है ?

आस्तिक दर्शनों में केवल दो अर्थात् मीमांसा एवं वेदांत ही वेदों की प्रामाणिकता को निर्विविवाद रूप से निर्णायक मानते हैं। ये दोनों दर्शन वेदों को अमोघ एवं अनुल्लंघनीय मानते हैं और वेदों के आधार पर व्यवस्थित दार्शनिक प्रणालियाँ विकसित करने का दावा करते हैं। निश्चित ही, इस दावे को सरल, सामान्य और निर्बंध अर्थ में स्वीकार करना भूल होगी। इनमें से कोई भी दर्शन संपूर्ण वैदिक साहित्य के व्यापक एवं यथार्थ सर्वेक्षण पर आधारित नहीं है। वेदांत ने उपनिषदों को अपना आधार बनाया है और इसका दावा है कि इसने उपनिषदों में प्राप्य विभिन्न दार्शनिक अंतर्वस्तुओं को व्यवस्थित एवं संश्लिष्ट करके एक समांग दर्शन विकसित किया है। इसका तात्पर्य यह नहीं है कि यह 'संहिताओं' अथवा 'ब्राह्मण' ग्रंथों की प्रामाणिकता पर संदेह करता है; किंतु यह उनकी न्यूनाधिक अवहेलना अवश्य करता है। मीमांसा की अभिवृत्ति इनसे अलग ही नहीं, विलक्षण भी है। यह लंबे-चौड़े तर्कों द्वारा यह सिद्ध करता है कि समस्त वेद अमोघ एवं अनंत हैं; कि ये श्रुति हैं, रचना नहीं; कि मानव रचनाकार की तो बात ही क्या, वेदों को स्वयं ईश्वर भी प्रकाशित नहीं कर सकता। इसकी एकमात्र विचारणा है 'यज्ञ' अथवा बलि। यज्ञ को सर्वस्व मानने के कारण मीमांसक यह सिद्ध करना चाहते हैं कि समस्त वेदों में आनुष्ठानिक आदेशों एवं निषेधों के अतिरिक्त अन्य कुछ है ही नहीं।

सांख्य की स्थिति

तथापि अन्य तथाकथित आस्तिक दर्शनों के संबंध में निश्चयपूर्वक यह नहीं कहा जा सकता कि वेदों की प्रामाणिकता में उनकी आस्था है।

उदाहरण के लिए, सांख्य दर्शन को लिया जा सकता है जिसे सामान्यतः भारतीय दर्शन की प्राचीनतम प्रणाली माना जाता है। इस दर्शन का प्राचीनतम उपलब्ध ग्रंथ *सांख्यकारिका* है। इसके पहले दो श्लोकों में निश्चित रूप से वेद-विरोधी अभिवृत्ति दिखाई देती है। इनमें जो कहा गया है, वह संक्षेप में इस प्रकार है : (क) मानव के दुखों के जो उपाय वेदों में बताए गए हैं वे दैनंदिन जीवन में यथार्थतः प्रयुक्त होनेवाले उपायों से अधिक अच्छे नहीं है, अर्थात् ये वही उपाय हैं जिन्हें चिकित्साशास्त्र भी बतलाता है; (ख) वेदों में बताए गए उपायों में तीन दोष हैं। ये अशुद्ध हैं (और इनमें कष्ट होता है), अस्थायी हैं (स्थायी मुक्ति का आश्वासन नहीं देते) तथा इनमें श्रेष्ठता की कोटियाँ होती हैं (जिससे अंततः दुख की प्राप्ति हो सकती है); (ग) सांख्य जिस

ज्ञान का पक्षधर है वह वैदिक उपायों के ठीक विपरीत है । केवल सांख्य का ज्ञान ही वांछनीय है क्योंकि यह दोषों से मुक्त है और समस्त दुखों से स्थायी मुक्ति का आश्वासन देता है ।

महान अद्वैत वेदांती शंकर सांख्य को वेदांत का प्रमुख विरोधी मानते हैं । सांख्य दर्शन का खंडन करने में उनका प्रमुख तर्क है कि यह वेदों का एवं वेदों के अनुयायी मनु के सिद्धांत का प्रत्याख्यान करता है ।

अनेक विद्वान सांख्य दर्शन को "वेदों से पहले का अनार्य चिंतन-संकुल" मानते हैं । ऐसे ही एक विद्वान की धारणा यहाँ उद्धृत है : "सांख्य दर्शन के उद्भव को उचित रूप से तभी समझा जा सकता है जब हम यह समझ लें कि भारत के उन भागों में, जहाँ ब्राह्मणवाद का प्रभाव नहीं था, संसार एवं मानव-अस्तित्व की पहेलियों का समाधान केवल बुद्धि के आधार पर करने का सर्वप्रथम प्रयास हुआ । कारण कि सांख्य दर्शन का सार न केवल अनीश्वरवादी अपितु वेद-विद्वेषी भी है । सांख्य के जो ग्रंथ हमें उपलब्ध हैं उनमें श्रुति की समस्त अभ्यर्थनाएँ बाद में जोड़ी गई हैं । ऊपर से जोड़े गए समस्त वैदिक तत्वों को निकाल देने पर भी सांख्य दर्शन में तनिक भी अंतर नहीं पड़ेगा । सांख्य दर्शन का यथार्थ अंतर्तत्व आरंभ से लेकर आज तक अवैदिक एवं ब्राह्मणवादी परंपरा से स्वतंत्र रहा है ।"

न्याय-वैशेषिक की विलक्षण स्थिति

एक अन्य विलक्षण स्थिति न्याय-वैशेषिक दर्शनों की है । वे अपनी तार्किकता एवं परमाणुवाद को 'आभासी धर्मनिष्ठा' के साथ चलाते प्रतीत होते हैं । वे अपनी गतिविधियाँ धर्मशास्त्रों में आस्था की आड़ में चलाते हैं ताकि ब्राह्मणवादी रूढ़िवादी तंत्र एवं उसके प्रवक्ता स्मृतिकारों की निंदा से बच सकें ।

कणाद का *वैशेषिकसूत्र* इस घोषणा से आरंभ होता है कि अब वह 'धर्म' के स्वरूप की व्याख्या करेगा । अपने ग्रंथ के तीसरे ही वाक्य में कणाद घोषणा करते हैं कि वेद श्रुति हैं और वे ग्रंथ के अंतिम वाक्य में अक्षरशः यही घोषणा करते हैं । किंतु इस ग्रंथ में यथार्थतः क्या विवेचित हुआ है ? कणाद छः 'पदार्थों' की विवेचना करते हैं । द्रव्य, गुणवत्ता, क्रिया इत्यादि इन छः मूल पदार्थों के अंतर्गत संसार की समस्त ज्ञातव्य एवं अभिधेय वस्तुओं को वर्गीकृत करने का प्रयास किया गया है । बीच में कहीं-कहीं धर्मनिष्ठा के कृत्यों को गौरवान्वित करनेवाले वाक्य भी मिलते हैं, किंतु यह सहज ही देखा जा सकता है कि यह गौरवमंडन उतना आंतरिक नहीं है जितना कि बाह्य है । कणाद का मखौल उड़ाते उए एक लोकप्रिय पद्य में कहा गया है कि "धर्म की व्याख्या करनेवाले के लिए छः पदार्थों की विवेचना वैसी ही है जैसाकि समुद्र की ओर जाने का निश्चय करके कोई

हिमालय की ओर चल पड़े ।'' कदाचित कणाद जान बूझकर ऐसा करते हैं क्योंकि वे अपने ग्रंथ को निंदा से बचाने के लिए चिंतित हैं ।

न्यायसूत्र के रचयिता गौतम और उनके टीकाकार वात्स्यायन भी धर्मग्रंथों के प्रति आस्था दर्शाने में पीछे नहीं रहते और इस प्रकार 'नास्तिक' घोषित होने से बचे रहते हैं । *न्यायसूत्र* में बारह सूत्र वेदों की प्रामाणिकता को समर्पित हैं । वात्स्यायन भी उनके निहितार्थों को बड़े उत्साहपूर्वक स्पष्ट करते हैं । किंतु ध्यानपूर्वक परीक्षण करने पर उनके यथार्थ उद्देश्य एवं तर्क पर चकित रह जाना पड़ता है । वेदों के विरुद्ध एक अभियोग उनके मिथ्या होने का है । वेदों में बताया गया है कि पुत्रेष्ठि यज्ञ का अनुष्ठान करने पर पुत्र की प्राप्ति होती है । किंतु देखा गया है कि पुत्रेष्ठि यज्ञ करने पर भी सदा पुत्र की प्राप्ति नहीं होती । वात्स्यायन लंबे-चौड़े आनुष्ठानिक शब्दजाल का प्रयोग करके इस आपत्ति का उत्तर देने का आभास देते हैं । वे यह तर्क नहीं देते कि पुत्रेष्ठि यज्ञ करने से अनिवार्य रूप से पुत्र की प्राप्ति होती है । हो सकता है यज्ञ करने पर भी पुत्र न हो । किंतु इसकी व्याख्या तो सहज है । यज्ञ करने पर भी पुत्र प्राप्त न होने के अनेक कारण हो सकते हैं—पुरुष की नपुंसकता, स्त्री का रोग अथवा असहज मैथुन । ऐसी ही प्रवृत्ति को दर्शानेवाले अन्य दृष्टांतों की भी कमी नहीं और ऐसी गतिविधियों के यथार्थ उद्देश्य के संबंध में संशय होना स्वाभाविक है ।

भारतीय दर्शन का एक अन्य वर्गीकरण

दूसरी ओर हमारे एक प्राचीन ग्रंथ *अर्थशास्त्र* में दार्शनिक पद्धतियों का पर्याप्त तार्किक वर्गीकरण मिलता है । यह ग्रंथ परंपरा से कौटिल्य अथवा चाणक्य द्वारा रचित माना जाता है जिनके बुद्धिबल से मौर्य साम्राज्य की स्थापना हुई थी । इस परंपरा को स्वीकार करने पर *अर्थशास्त्र* का काल मोटेतौर पर ईसा-पूर्व चौथी शताब्दी ठहरता है । यद्यपि मुख्यतः यह ग्रंथ राजनीतिक अर्थनीति का है, तथापि इसमें उस समय के ज्ञान (विद्या) की शाखाओं का स्पष्ट वर्गीकरण किया गया है जिसमें दर्शन का स्थान भी है । जैकोबी का कथन है : (इस ग्रंथ की खोज के साथ) ''हमें भारतीय दर्शन के इतिहास की रचना का प्रस्थान-बिंदु मिल गया है ।'' भारतीय दर्शन की पाठ्य-पुस्तकों में कौटिल्य की इस विवेचना की सामान्यतः अवहेलना की जाती है, किंतु जैसाकि हम अभी देखेंगे, इस विवेचना के संक्षिप्त होने पर भी इसमें प्राचीन भारतीय दार्शनिक परंपरा को समझने के लिए एक मूल्यवान एवं अर्थपूर्ण अभिलेख को सुरक्षित रखा गया है ।

अन्य विचारकों की धारणाओं के विपरीत कौटिल्य स्पष्ट रूप से कहते हैं कि ज्ञान की चार शाखाएँ हैं : 'आन्वीक्षिकी', 'त्रयी', 'वार्ता', और 'दंडनीति' । इनमें अंतिम दो कृषि-विज्ञान एवं राजनीति-विज्ञान से संबंधित हैं और हमारी वर्तमान विवेचना के लिए अप्रासंगिक हैं । किंतु पहली दो शाखाएँ वर्तमान संदर्भ में महत्वपूर्ण हैं और इनकी ओर

विशेष ध्यान देने की आवश्यकता है। स्पष्ट है कि दर्शन के लिए यहाँ 'आन्वीक्षिकी' शब्द का प्रयोग हुआ है। इस शब्द का चयन सारगर्भित है। 'दर्शन' का तात्पर्य दर्शन की किसी भी प्रणाली से नहीं अपितु केवल उन प्रणालियों से है जो तर्कशास्त्र पर आधारित हों। कारण कि 'आन्वीक्षिकी' वस्तुतः तर्कशास्त्र का प्राचीन भारतीय नाम है। शब्द-व्युत्पत्ति की दृष्टि से इसका अर्थ है—वह प्रणाली जो अनुमान के आधार पर चले अर्थात् आनुमानिक ज्ञान का विज्ञान, तार्किकता एवं वाद-विवाद का विज्ञान। इस प्रकार कौटिल्य दर्शन को मूलतः तार्किक मानते हैं; उनके लिए यह सत् का पौराणिक, अंतःप्रज्ञात्मक अथवा धर्मशास्त्रीय उपागम नहीं है।

त्रयी से कौटिल्य का तात्पर्य धर्ममीमांसा से है। किंतु यह एक विशेष प्रकार की अर्थात् वैदिक धर्ममीमांसा है। त्रयी शब्द का शाब्दिक अर्थ है 'तीन' और यह प्राचीन भारतीय साहित्य में वेदों के लिए सर्वाधिक प्रचलित एवं प्रयुक्त शब्द है। इसका कारण कदाचित यह है कि कौटिल्य के समय तक बौद्ध एवं जैन धर्ममीमांसा आदि को पर्याप्त महत्व प्राप्त नहीं हुआ था।

दर्शन एवं धर्ममीमांसा का भेद

यहाँ हमें कौटिल्य की एक बात को नहीं भूलना चाहिए। वे आन्वीक्षिकी एवं त्रयी में भेद करते हैं। यदि आन्वीक्षिकी से उनका तात्पर्य दर्शन से है, जो कि निश्चित रूप से है, तो उसका अर्थ यह हुआ कि शुद्ध दर्शन का स्पष्ट लक्षण धर्मनिरपेक्षता है। दर्शन धर्ममीमांसा, धर्मग्रंथों अथवा वेदों का ज्ञान नहीं है। यह अध्ययन की एक पर्याप्त भिन्न शाखा है।

कौटिल्य के दर्शनों के वर्गीकरण में दर्शन की यह धारणा तत्काल प्रतिबिंबित होती है, जैसाकि हम शीघ्र ही देखेंगे। अपनी स्वीकृत दार्शनिक धारणाओं की सूची देते समय वे दो मुख्य दार्शनिक प्रणालियों अर्थात् वेदांत और मीमांसा के संबंध में मौन रहते हैं। इसका कारण कदाचित यह हो कि वे धर्ममीमांसा अथवा त्रयी में सम्मिलित माने जाते रहे हों। वेदांत वेदों के 'ज्ञानकांड' का व्यवस्थित रूप है और मीमांसा वेदों की आनुष्ठानिक शाखा (कर्मकांड) का औचित्य सिद्ध करती है। अतः इन दोनों में से किसी को भी शुद्ध दर्शन से भ्रमित नहीं किया जाना चाहिए।

तथापि यह मान लेना भूल होगी कि कौटिल्य की धारणा एकमात्र धारणा थी और इसका विरोध नहीं हुआ। उनकी विद्या की चार शाखाओं की धारणा को अन्य विचारकों ने स्वीकार नहीं किया। स्वयं कौटिल्य इस संबंध में अन्य विचारकों की धारणाओं का उल्लेख करते हैं यद्यपि उनसे मतभेद दर्शाकर अपने पक्ष को स्पष्ट करने के लिए ही वे ऐसा करते हैं। इनमें से एक धारणा विशेष रूप से हमारी वर्तमान विवेचना के लिए

प्रासंगिक है। यह धारणा मानवों की मानी जाती है जो मनु के अनुयायी थे। उनके अनुसार ज्ञान की केवल तीन शाखाएँ होती हैं— त्रयी, वार्ता और दंडनीति। वे आन्वीक्षिकी अथवा दर्शन को छोड़ देते हैं। क्यों ? इस कारण कि यह त्रयी में सम्मिलित है और इसे अलग से स्थान देने की आवश्यकता नहीं है। दार्शनिक गतिविधि का संबंध केवल वेदों के अध्ययन से है; तार्किक विश्लेषण अनिवार्यतः धर्मग्रंथों के अधीन होना चाहिए। मनु के आस्तिक-नास्तिक वर्गीकरण का परीक्षण हम पहले ही कर चुके हैं।

किंतु कौटिल्य को यह धारणा स्वीकार्य नहीं। वे ज्ञान की शाखाओं के रूप में आन्वीक्षिकी, धर्ममीमांसा एवं दर्शन में स्पष्ट भेद करते हैं। वे धर्मग्रंथों पर प्रश्नचिह्न नहीं लगाते, न ही वे उनके अध्ययन की महत्ता को कम करके दर्शाना चाहते हैं। किंतु वे सत् के तर्कपरक एवं बुद्धिवादी उपागम की स्वतंत्र स्थिति मानते हैं। वे स्वतंत्र बुद्धि की प्रभावकारिता पर बल देते हैं और आन्वीक्षिकी को सर्वोच्च गौरव का स्थान प्रदान करके तार्किकता के सर्वोच्च महत्व की घोषणा करते हैं। "आन्वीक्षिकी विद्या की समस्त शाखाओं के दीपक के रूप में सदैव विख्यात रही है; यह समस्त गतिविधियों की कार्यसाधिका एवं समस्त गुणों का आधार है।"

आन्वीक्षिकी का रोचक वर्गीकरण

दर्शन की इस धारणा के अतिरिक्त कौटिल्य द्वारा आन्वीक्षिकी का वर्गीकरण भी रोचक एवं महत्वपूर्ण है। आन्वीक्षिकी का तात्पर्य केवल तीन दर्शनों से है—सांख्य, योग और लोकायत। जैकोबी का कथन है : "कौटिल्य के अनुसार दर्शन का सार व्यवस्थित परीक्षण एवं तर्कपरक प्रदर्शन में निहित है : उनकी दृष्टि में केवल सांख्य, योग और लोकायत ही इन शर्तों को पूरा करते हैं।"

इस वर्गीकरण की विलक्षणताओं को अनदेखा नहीं किया जा सकता। हम पहले ही यह समझने का प्रयास कर चुके हैं कि जैन, बौद्ध, वेदांत एवं मीमांसा दर्शनों पर कौटिल्य के मौन के क्या कारण हो सकते थे। किंतु कौटिल्य की सूची में योग दर्शन का उल्लेख और भी उलझन में डालनेवाला है। क्या इससे उनका अभिप्राय पतंजलि के प्रसिद्ध योग दर्शन से है ? यदि ऐसा है तो कौटिल्य न्याय-वैशेषिक दर्शन को क्यों छोड़ देते हैं जो पारंपरिक भारतीय दर्शन-प्रणालियों में उनकी आन्वीक्षिकी की धारणा के सर्वाधिक निकट है ?

इस पहेली का समाधान योग की सही व्याख्या में मिल सकता है यद्यपि यह पर्याप्त समय तक विद्वानों के लिए अबूझ बनी रही। यह मानना कठिन है कि योग से कौटिल्य का आशय पंतजलि के दर्शन से है क्योंकि *योगसूत्र* की विषयवस्तु और कौटिल्य की दर्शन की धारणा एक-दूसरे के विपरीत ध्रुवों पर स्थित दिखाई देती हैं। किंतु कम-से-कम

हमारे दो प्रसिद्ध शास्त्रीय विद्वानों ने इसकी पर्याप्त विश्वसनीय व्याख्या प्रस्तुत की है यद्यपि कुछ बातों में उनमें भी मतभेद है। ये विद्वान हैं कुप्पुस्वामी शास्त्री और फणिभूषण तर्कवागीश। इन दोनों विद्वानों की मान्यता है कि दर्शनों की गणना में कौटिल्य ने निश्चित ही न्याय-वैशेषिक दर्शन को सम्मिलित किया है यद्यपि वे इसके सामान्य और अधिक लोकप्रिय नाम का प्रयोग नहीं करते।

कुप्पुस्वामी शास्त्री का कथन है : "कौटिल्य के इस उद्धरण में न्याय और वैशेषिक का इन्हीं नामों से उल्लेख नहीं है।··· जो लोग योग के प्राचीन अर्थ वैशेषिक से पर्याप्त परिचित हैं, वे वैशेषिक के रूप में कौटिल्य द्वारा प्रयुक्त शब्द योग की व्याख्या को दूर की कौड़ी नहीं मानेंगे, क्योंकि इस शब्द को इस अर्थ में प्रयुक्त करने के उदाहरण मिलते हैं, जैसाकि वात्स्यायन के *भाष्य* में i. 1. 29 में मिलता है। वास्तव में, वाचस्पति मिश्र की *तात्पर्यटीका* और *भाष्य* के i. 1. 29 पर *भाष्यचंद्र* के अनुसार योग शब्द को इसके तनिक व्यापक अर्थ में न्याय के रूप में भी लिया जा सकता है जिसमें वैशेषिक भी सम्मिलित है।"

योग से कौटिल्य का तात्पर्य न्याय-वैशेषिक से ही है, इसे दर्शाने के लिए फणिभूषण दो व्याख्याएँ प्रस्तुत करते हैं। पहली व्याख्या में उनका कथन है कि लोकायत और योग नाम क्रमशः न्याय और वैशेषिक के लिए प्रयुक्त हुए हैं। उनका दावा है कि एक प्राचीन परंपरा में न्याय का उल्लेख लोकायत के नाम से किया गया है। इसके अतिरिक्त लोकायत का शाब्दिक अर्थ है वह जो आम लोगों के बीच प्रचलित, उनमें स्थापित, उनमें प्रसिद्ध और उनके द्वारा स्वीकृत हो। चूँकि न्याय दर्शन के अनेक निष्कर्ष एवं सिद्धांत इस प्रकार के हैं और जनता के दैनंदिन जीवन को महत्वपूर्ण ढंग से प्रभावित भी कर सकते हैं, अतः न्याय का उल्लेख लोकायत नाम से करना उचित ही है। *रामायण* के टीकाकार रामानुज भी लोकायत और न्याय की व्याख्या पर्यायवाची के रूप में करते प्रतीत होते हैं। *न्यायसूत्र* i. 1. 29 की वात्स्यायन की टीका से न्यूनाधिक स्पष्ट है कि योग का आशय वैशेषिक हो सकता है। 'प्रतितंत्र सिद्धांतों' अर्थात ऐसे सिद्धांतों के दृष्टांत देते समय जो किसी की अपनी प्रणाली में तो स्वीकृत हैं किंतु अन्य प्रणालियां जिनका खंडन करती हों, वात्स्यायन अनेक स्थापनाओं का उल्लेख करते हैं जो उनके अनुसार योग के अनुयायियों द्वारा मान्य हैं। किंतु ये अनुयायी पंतजलि के प्रसिद्ध योग दर्शन के अनुयायी नहीं हो सकते क्योंकि जिन स्थापनाओं का उल्लेख यहाँ किया जा रहा है वे योग के स्वीकृत सिद्धांतों के ठीक विपरीत हैं। दूसरी ओर, यह सरलतापूर्वक सिद्ध किया जा सकता है कि ये वैशेषिक की कतिपय अभिलाक्षणिक धारणाएँ हैं। इसके अतिरिक्त, विशेषतः जैन परंपरा में, वैशेषिकों को यौग, अथवा योग के अनुयायी, कहा गया है। संक्षेप में, कौटिल्य अपनी सूची में न्याय और वैशेषिक को छोड़ते नहीं, अपितु उनका उल्लेख अन्य नामों, लोकायत एवं योग से

करते हैं।

निस्संदेह लोकायत में न्याय का अर्थ खोजना दूर की कौड़ी लाने जैसा प्रतीत हो सकता है। कारण कि लोकायत प्राचीन भारतीय भौतिकवादी दर्शन के रूप में अधिक प्रसिद्ध और स्वीकृत है और इसे चार्वाक एवं बार्हस्पत्य के नामों से भी जाना जाता है। इसी कारण अपनी वैकल्पिक व्याख्या में फणिभूषण कहते हैं कि यदि कौटिल्य चार्वाक दर्शन का उल्लेख लोकायत के नाम से करते हैं तो योग को न्याय और वैशेषिक, दोनों के लिए प्रयुक्त नाम स्वीकार करना पड़ेगा।

फणिभूषण और कुप्पुस्वामी, दोनों न्याय-वैशेषिक के लिए योग शब्द की प्रयुक्ति के आधार भी प्रस्तुत करते हैं। वे न्याय-वैशेषिक के आधारभूत सिद्धांतों, परमाणुवाद और तर्कशास्त्र की ओर संकेत करते हैं। पहले के अनुसार योग संयोग अर्थात् जोड़ने का पर्यायवाची है। न्याय-वैशेषिकों को योग का अनुयायी कहा जा सकता है क्योंकि उनकी विश्व-संबंधी धारणा अनंत परमाणुओं के संयोग के परिणामस्वरूप उत्पन्न होती है। पुनः योग को तर्कशास्त्र के अर्थ में भी प्रयुक्त किया जा सकता है क्योंकि यह युक्ति अथवा तर्क का पर्यायवाची है जो न्याय दर्शन की विशिष्ट विषयवस्तु है। *न्यायसूत्र* की एक बाद वाली टीका *भाष्यचंद्र* में वात्स्यायन द्वारा योग के प्रयोग को इसी अर्थ में व्याख्यायित किया गया है : "वे जिनके लिए तर्क के अर्थ में योग मुख्य विचारणीय विषय है।"

ग्रंथों में वर्णित दर्शन

भारतीय दर्शनों के जिन वर्गीकरणों पर अब तक हमने विचार किया है वे ऐसे व्यक्तियों के थे जो दर्शनशास्त्री नहीं थे। किंतु क्या इस संबंध में हमें किसी दर्शनशास्त्री की धारणा भी ज्ञात है ? हम पहले ही कह चुके हैं कि भारतीय दर्शन का विकास एवं वृद्धि प्रणालियों के रूप में हुई है। प्रत्येक दर्शनशास्त्री किसी एक प्रणाली में निष्ठा रखता है और उसका लेखन उसी प्रणाली-विशेष की व्याख्या एवं समर्थन करने के लिए होता है। अतः सामान्यतः भारतीय दर्शन पर लिखे गए ग्रंथों का विषय मुख्यतः इस अथवा उस प्रणाली-विशेष की व्याख्या होता है। तथापि इसके कुछ अपवाद भी हैं। विभिन्न दार्शनिक प्रणालियों के संग्रह भी मिलते हैं। ये अपने को किसी प्रणाली-विशेष तक सीमित नहीं रखते, अपितु विभिन्न प्रचलित प्रणालियों के मूलभूत सिद्धांतों को प्रस्तुत करने का प्रयास करते हैं। इसमें कोई संदेह नहीं कि प्रत्येक ग्रंथकार किसी न किसी प्रणाली में आस्था रखता है और अन्य प्रणालियों की तुलना में अपनी प्रणाली को श्रेष्ठ सिद्ध करने का प्रयास करता है। फिर भी, अपने घोषित उद्देश्य के अनुसार वह विभिन्न अध्यायों में विभिन्न प्रणालियों के सिद्धांतों की विवेचना करता है।

हरिभद्र की धारणा

भारतीय दार्शनिक प्रणालियों के ऐसे कम-से-कम दो महत्वपूर्ण संग्रह संस्कृत भाषा में मिलते हैं। प्राचीनतम संग्रह *षड्दर्शनसमुच्चय* (दर्शन की छः प्रणालियों का संग्रह) नाम से मिलता है। इसके रचयिता हरिभद्र थे जो जैन मतावलंबी थे। यह सत्तासी पद्यों की छोटी-सी रचना है और इसका समय लगभग आठवीं सदी ई. माना जाता है। जैसाकि नाम से ही प्रकट है, इसमें हरिभद्र भारतीय दर्शन की छः प्रणालियों की विवेचना करते हैं और (ग्रंथ में प्रयुक्त क्रमानुसार) ये हैं : बौद्ध, न्याय, सांख्य, जैन, वैशेषिक एवं मीमांसा। हरिभद्र का दावा है कि इन छः प्रणालियों के अंतर्गत दर्शन के सभी रूप आ जाते हैं : दर्शनों की संख्या न इससे कम है न अधिक। इस प्रकार वे यथार्थतः *सभी* दर्शनों के सिद्धांतों की विवेचना करते हैं। यह संभव है कि एक ही प्रणाली के अंतर्गत विभिन्न संप्रदाय और समूह विभिन्न दृष्टिकोण अपनाते हों, किंतु सामान्यतः दर्शनों की कुल संख्या छः ही मानी जानी चाहिए। क्यों ? विभिन्न दर्शनों के मूल भेदों के आधार पर। सर्वोच्च सत्य को प्राप्त करने के केवल छः मार्ग हैं और इन छः मूल उपागमों का प्रतिनिधित्व दर्शन की इन छः प्रणालियों में हुआ है।

दर्शनों की इस गणना में ध्यान देने योग्य बात यह है कि इसमें उत्तर-मीमांसा अथवा वेदांत को सम्मिलित नहीं किया गया है। इसका कारण बताना सहज नहीं है। हरिभद्र वेदांत की अवहेलना मात्र करते हैं। यह मान भी लें कि हरिभद्र के समय तक शंकर द्वारा प्रतिपादित वेदांत को अधिक ख्याति नहीं मिली थी, तब भी यह अकल्पनीय है कि हरिभद्र को बादरायण के *ब्रह्मसूत्र* का ज्ञान नहीं था जोकि वेदांत का पहला व्यवस्थित दार्शनिक रूप है। पतंजलि के योग दर्शन के प्रति उनकी उदासीनता भी स्पष्ट दिखाई देती है और इसका कोई कारण बताना भी सहज नहीं है। तथापि, सांख्य संबंधी पद्यों में वे सांख्य के दो संप्रदायों की चर्चा करते हैं जिनमें से एक तो ईश्वर को मानता है और दूसरा नहीं। संभव है उन्होंने योग को इसलिए छोड़ दिया हो कि योग तो मूलतः सांख्य ही है जिसमें ईश्वर को और जोड़ दिया गया है। जो भी हो, हमें इसका निश्चित कारण ज्ञात नहीं कि क्यों हरिभद्र ने अपनी गणना में इन दो महत्वपूर्ण दार्शनिक पद्धतियों को सम्मिलित नहीं किया।

अंत में, हरिभद्र अपनी गणना में एक सुधार करते हैं। इसका भी निश्चित कारण ज्ञात करना संभव नहीं है। कुछ भी हो, इस संबंध में एक बात विचारणीय है।

हम आस्तिक और नास्तिक शब्दों के विभिन्न अर्थ पहले ही जान चुके हैं। उपर्युक्त छः दर्शनों की विवेचना करने के पश्चात् हरिभद्र कहते हैं कि उन्होंने छः आस्तिक दर्शनों के पक्षों की व्याख्या दे दी है। किंतु इन छः दर्शनों में बौद्ध एवं जैन दर्शन भी सम्मिलित हैं। इसका तात्पर्य हुआ कि यहाँ आस्तिक शब्द का व्याकरण-सम्मत अर्थ लिया गया

है अर्थात् वह जो परलोक एवं पुनर्जन्म में आस्था रखता हो। इस अर्थ में केवल लोकायत ही नास्तिक दर्शन ठहरता है और वस्तुतः भारतीय दार्शनिक परंपरा में लोकायत को सामान्यतः नास्तिक-शिरोमणि माना गया है। अतः संभव है कि हरिभद्र ने अनुभव किया हो कि विरोधी धारणा अर्थात् नास्तिकों की धारणा की विवेचना के बिना उनकी गणना अधूरी अथवा एकपक्षीय रह जाएगी। इस कमी को दूर करने का सर्वोत्तम उपाय लोकायत अथवा चार्वाक दर्शन को इस गणना में सम्मिलित करना था।

इसके अतिरिक्त, भारतीय दर्शन के महत्वपूर्ण ग्रंथों से स्पष्ट है कि वे चाहे किसी भी प्रणाली से संबंधित हों, लोकायत से घृणा करते हों और उसकी अवमानना भी करते हों, किंतु यह संभव नहीं है कि उसकी पूर्ण रूप से अवहेलना की जाए या उसका उल्लेख न किया जाए। भारतीय दर्शन पर लिखे गए किसी भी महत्वपूर्ण ग्रंथ में लोकायत की विवेचना और इसका खंडन अनिवार्य हैं और हरिभद्र ने भी यही विचार कर लोकायत को अपने ग्रंथ में स्थान दिया होगा। किंतु इससे एक छोटी-सी समस्या उत्पन्न हो गई। षड्दर्शन अथवा 'छः दर्शनों' का विचार भारतीय दार्शनिक परंपरा में दृढ़ रूप से स्थापित था। लोकायत को जोड़ देने से यह संख्या सात हो जाती और इस परंपरा का उल्लंघन होता। हरिभद्र को इसका उपाय खोजना था। उपाय उन्हें मिल भी गया। उन्होंने कहा कि कुछ विचारक न्याय और वैशेषिक को एकीकृत प्रणाली मानते हैं जो कुछ सीमा तक इनके परवर्ती विकास के संबंध में सत्य है। अब यदि इस धारणा को मान लें तो लोकायत को सम्मिलित करने पर भी कुल संख्या छः ही रहती है।

माधव की गणना

भारतीय दार्शनिक धारणाओं का दूसरा और सर्वाधिक प्रसिद्ध एवं लोकप्रिय संग्रह माधवाचार्य का *सर्वदर्शनसंग्रह* है जिसका काल कदाचित चौदहवीं सदी ई. है। माधव शांकर वेदांत के कट्टर अनुयायी थे और इस ग्रंथ की रचना उन्होंने अन्य सभी प्रणालियों पर वेदांत की श्रेष्ठता सिद्ध करने के उद्देश्य से की थी। इसमें विवेचित प्रणालियों की संख्या सोलह है जिनमें उनकी अपनी प्रणाली भी सम्मिलित है। ये हैं (माधव के क्रम) 1. चार्वाक, 2. बौद्ध (सामान्य सिद्धांत एवं चार संप्रदाय), 3. अर्हत (अथवा जैन), 4. रामानुज (अर्थात् वेदांत की रामानुजीय व्याख्या), 5. पूर्णप्रज्ञा, 6. नकुलीश-पाशुपत, 7. शैव, 8. प्रत्यभिज्ञा, 9. रसेश्वर, 10. औलुक्य (अर्थात् वैशेषिक), 11.अक्षपाद (अर्थात् न्याय), 12. जैमिनीय (अर्थात् पूर्व-मीमांसा), 13. पाणिनीय (अर्थात् व्याकरण का दर्शन), 14. सांख्य, 15. पातंजल (अर्थात् योग), और 16. शांकर (वेदांत का शांकर संप्रदाय)।

स्पष्ट है कि माधव षड्दर्शन की परंपरा को गंभीरता से नहीं लेते और भारतीय दर्शन के सभी प्रकारों को बलपूर्वक छः दर्शनों में समेटने का प्रयास नहीं करते। यथार्थतः उनके

ग्रंथ के शीर्षक का शाब्दिक अर्थ ही है : "दर्शन की समस्त प्रणालियों का संग्रह।"

किंतु इस गणना के आधार पर माधव की 'दर्शन' संबंधी धारणा को स्पष्ट रूप से समझना सहज नहीं है। इनमें कम-से-कम एक प्रणाली ऐसी है जिसके संबंध में आश्चर्य होता है कि इसे 'दर्शन' कैसे कहा जा सकता है। यह है नवीं प्रणाली जिसे 'रसेश्वर-दर्शन' कहा गया है। प्रतीत होता है कि इसका मुख्य लक्ष्य स्वस्थ रहने एवं भौतिक सुखों का आनंद लेने में पारे की अतिशय प्रभावकारिता को दर्शाना है। इसके अनुसार पारे से निर्मित विभिन्न औषधियों से मनुष्य बुढ़ापे इत्यादि समस्त रोगों से छुटकारा पा सकता है, यहाँ तक कि मृत्यु से भी। इसमें शरीर के प्रति घृणा नहीं है, अपितु इसे स्वस्थ और दृढ़ रखने की आवश्यकता पर बल दिया गया है और इसके लिए पारे के प्रयोग की अत्यंत प्रशंसा की गई है। अतः यह, अधिक से अधिक, भारतीय रसायन के इतिहास के विद्यार्थी की रुचि का विषय हो सकता है। इसके अतिरिक्त कुछ 'दर्शन' पूर्ण-विकसित दार्शनिक प्रणालियाँ नहीं हैं; वे केवल कुछ विशेष पक्षों अथवा समस्याओं से संबंधित हैं।

जो भी हो, ऐसा प्रतीत होता है कि माधव ने एक सामान्य और विस्तृत दृष्टिकोण अपनाया है और वे अपने सर्वेक्षण को यथासंभव व्यापक बनाना चाहते हैं। वे एक ग्रंथ में अपने समय में प्रचलित सभी महत्वपूर्ण धारणाओं का विवरण देना चाहते हैं और इसमें वे उन प्रणालियों को भी सम्मिलित करते हैं जो प्राचीन काल से दर्शन के रूप में मान्य रही हैं। इसमें वे चिंतन के सभी रूपों को समाविष्ट करना चाहते हैं। वे उन सभी विभिन्न संप्रदायों के विचारों को अपने ग्रंथ में सम्मिलित करते हैं जो उस समय देश के विभिन्न भागों में फल-फूल रहे थे। उस समय दक्षिण में रामानुजीय, पश्चिम में पाशुपत एवं उत्तर में शैव दर्शन की प्रधानता थी।

यह सत्य है कि इस प्रक्रिया में माधव ने कतिपय ऐसे संप्रदायों को प्रधानता दी जो मूलतः धार्मिक थे। किंतु हमें यह स्मरण रखना चाहिए कि भारतीय दर्शन के संदर्भ में धार्मिक अभिप्रेरणा की उपस्थिति या अनुपस्थिति को मानदंड नहीं बनाया जाना चाहिए। जो लोग बौद्धों के विशालकाय *महायानसूत्र* अथवा शकर के *शारीरकभाष्य* अथवा रामानुज के *श्रीभाष्य* से थोड़े- से भी परिचित हैं वे सहज ही जानते हैं कि इन ग्रंथों में भी धार्मिक अभिप्रेरणा कम नहीं है।

इस प्रकार इस तथ्य के बावजूद कि माधव विभिन्न दार्शनिक पद्धतियों की विवेचना अपनी दार्शनक प्रतिबद्धता के साथ, प्रत्यक्ष रूप से न सही, इस प्रकार करते हैं मानो वे अद्वैत वेदांत के परम विवेक की ओर ले जानेवाले सोपान मात्र हैं, लेकिन अगर वस्तुगत दृष्टि से देखा जाए तो भारतीय दार्शनिक परिदृश्य का उनका सर्वेक्षण पर्याप्त यथार्थवादी प्रतीत होगा।

भाग दो

दार्शनिक प्रणालियाँ एवं उनका साहित्य

हम पहले ही देख चुके हैं कि भारतीय दर्शन का विकास 'प्रणालियों' अथवा 'संप्रदायों' के माध्यम से हुआ है। अनेक प्रकार के सिद्धांतों एवं स्थापनाओं का विवेचन हुआ है और साहित्य का विशाल भंडार बना है। समय बीतने के साथ और नए-नए विचारकों के उदय के साथ एक संप्रदाय भी कई शाखाओं एवं उपसंप्रदायों में बँट जाता है। मूल ग्रंथों अथवा सामग्रियों की विभिन्न व्याख्याएँ प्रस्तुत की जाती हैं और संप्रदाय के भीतर संप्रदाय विकसित होते रहते हैं। यहाँ हम कुछ महत्वपूर्ण प्रणालियों एवं उनके साहित्य की संक्षिप्त एवं सामान्य विवेचना करने का प्रयास करेंगे जो हमें परंपरा द्वारा प्राप्त हुए हैं। ये प्रणालियाँ हैं : बौद्ध (परवर्ती संप्रदाय), जैन, सांख्य, योग, मीमांसा, वेदांत, न्याय, वैशेषिक और लोकायत।

बौद्धों के परवर्ती संप्रदाय

बुद्ध की शिक्षाओं का उनकी जन्मभूमि में ही नहीं अपितु इसके बाहर भी जो त्वरित और व्यापक प्रसार हुआ, उसने आगे चलकर अनेक विविध धारणाओं को जन्म दिया। स्वयं बौद्ध परंपरा में कहीं-कहीं अट्ठारह बौद्ध संप्रदायों का उल्लेख मिलता है। बौद्ध परिषदों की बात भी सुनने में आती है : संसार के विभिन्न भागों में बौद्ध भिक्षुओं की परिषदें बार-बार बुलाई गई हैं ताकि विभिन्न प्रश्नों एवं समस्याओं की विवेचना करके संप्रदाय की शुद्धता एवं सच्ची भावना को सुरक्षित रखा जा सके। (ऐसी कम-से-कम चार परिषदों के प्रमाण हैं।) इसके अतिरिक्त वे तर्कशास्त्र, ज्ञानमीमांसा, सत्तामीमांसा एवं अन्य संबद्ध प्रश्नों में अधिकाधिक उलझते गए, और धीरे-धीरे अन्य संप्रदायों के दर्शनशास्त्रियों के विरोध में दर्शन की अपनी प्रणालियाँ विकसित कर लीं जिनमें प्रायः अत्यंत जटिल एवं सूक्ष्म तर्कों का प्रयोग हुआ है। तथापि परवर्ती भारतीय दर्शन के इतिहास कि दृष्टि से ये सभी संप्रदाय बहुत महत्वपूर्ण नहीं हैं। परवर्ती भारतीय चिंतन की किसी भी प्रणाली में इनमें से एक का भी उल्लेख नहीं हुआ है। अतः हम अपनी विवेचना को इनमें सर्वाधिक महत्वपूर्ण प्रणालियों तक ही सीमित रखेंगे, विशेषतः उन तक जिनकी धारणाओं का

सामान्यतः हिंदू एवं जैन दार्शनिक ग्रंथों में विवेचन हुआ है।

परवर्ती बौद्धों का सर्वप्रथम विभाजन मोटेतौर पर दो शीर्षकों के अंतर्गत हुआ है : हीनयान और महायान। इनमें से हीनयान का उदय निस्संदेह पहले हुआ। महायान के उदय के काल के संबंध में निश्चित रूप से कुछ कहा नहीं जा सकता। बहुत संभव है कि ईसवी सन् के आरंभ होने तक यह पर्याप्त प्रबल हो चुका था। ये नाम भी महायान के ही दिए हुए हैं। महायान का अर्थ है 'बड़ा वाहन', श्रेष्ठ मार्ग; इस नामकरण का आशय अपने अनुयायियों को गौरवान्वित करना था। इसकी तुलना में पूर्ववर्ती बौद्धों को हीनयान (निम्न मार्ग) का अनुयायी कहा गया अर्थात् उन्हें निकृष्ट माना गया।

इन दोनों संप्रदायों के नैतिक एवं दार्शनिक दृष्टिकोणों में बहुत अंतर हैं। उदाहरण के लिए, हीनयान संप्रदाय में सामूहिक मानवता की मुक्ति के स्थान पर व्यक्ति को अधिक महत्व दिया गया है। किंतु महायान का आदर्श यह है कि प्रबुद्ध व्यक्ति न केवल अपने लिए, अपितु सभी संचेतन प्राणियों के लिए परम बोधत्व की खोज करे। इसके अतिरिक्त हीनयान बाह्य जगत की यथार्थता में विश्वास करता है, महायान नहीं करता।

इन दोनों संप्रदायों को पुनः चार संप्रदायों में विभाजित किया जाता है। हीनयान के वैभाषिक एवं सौत्रांतिक तथा महायान के माध्यमिक एवं योगाचार, ये दो-दो संप्रदाय हुए।

वैभाषिक संप्रदाय

सन् 100 ई. के आसपास कनिष्क के संरक्षण में बौद्धों की एक परिषद बुलाई गई जिसे सामान्यतः चौथी परिषद कहा जाता है। कहा जाता है कि इस परिषद में बड़े स्तर पर साहित्यिक गतिविधियाँ हुईं। "राजा ने पाँच सौ भिक्षुओं के ठहरने के लिए एक मठ का निर्माण करवाया। इन भिक्षुओं को पिटकों पर टीकाएँ लिखनी थीं। *सुत्त पिटक* पर 1,00,000 श्लोकों की टीका लिखी गई। *विनय पिटक* की टीका *विनय-विभाषा* में भी एक लाख श्लोक थे और परिषद में रचित *अभिधर्म-विभाषा* में भी इतने ही श्लोक थे।" *अभिधर्म-विभाषा* जिसे *महाविभाषा* अथवा केवल *विभाषा* भी कहा जाता है, सर्वास्तिवादियों (वे बहुसंख्यक भिक्षु जिन्हें तीसरी परिषद में निष्कासित कर दिया गया था और जो नालंदा में शरणार्थी थे) के लिए धर्मग्रंथ संबंधी सर्वोच्च आप्त प्रमाण बन गया। तथापि यह *अभिधर्म पिटक* की टीका नहीं था; यह कात्यायनीपुत्र रचित *ज्ञानप्रस्थान* नामक ग्रंथ की टीका था। *ज्ञानप्रस्थान* स्वयं सर्वास्तिवादियों का ही ग्रंथ था। यह ग्रंथ एवं इसकी टीका, दोनों के ही मूल संस्कृत रूप अब प्राप्य नहीं हैं किंतु चीनी भाषा में इनके अनुवाद सुरक्षित हैं। सर्वास्तिवादियों ने *विभाषा* को इतना महत्व दिया कि उन्हें वैभाषिक

अथवा *विभाषा* के अनुयायी ही कहा जाने लगा।

सर्वास्तिवादियों ने विराट अभिधर्म साहित्य की रचना की (जिसमें से कुछ चीनी अनुवादों के रूप में सुरक्षित है)। मूल ग्रंथ तो कात्यायनीपुत्र का *ज्ञानप्रस्थान* ही है, किंतु छः और रचनाएँ भी थीं जिन्हें इसका पूरक माना जा सकता है। ये हैं : वसुमित्र कृत *प्रकरणपाद*, देवशर्मा कृत *विज्ञानकाय*, सारिपुत्र कृत *धर्मस्कंध*, मौद्गल्यायन कृत *प्रज्ञप्ति-शास्त्र*, पूर्ण कृत *धातुकाय* और महाकौस्थिल कृत *संगीतिपर्याय*। इस संप्रदाय का आज उपलब्ध सबसे महत्वपूर्ण ग्रंथ वसुबंधु का *अभिधर्मकोष* (लगभग पाँचवी सदी ई.) है। यह आठ अध्यायों (कोशस्थानों) में विभाजित है और इसमें कुल मिलाकर छः सौ पद्य हैं। इसका एक स्वभाष्य भी है जिसे *भाष्य* कहा जाता है। यह न केवल इस संप्रदाय अपितु संपूर्ण बौद्ध सिद्धांत का प्रामाणिक स्रोत है। "इसमें सत्तामीमांसा, मनोविज्ञान, ब्रह्मांडमीमांसा, मोक्ष एवं संतों का सिद्धांत समाहित हैं और इसकी सामग्री का बहुत बड़ा भाग सभी बौद्ध संप्रदायों को समान रूप से स्वीकार्य है।" इस पर यशोमित्र की प्रसिद्ध टीका है *स्फुटार्थ*। कुछ अन्य वैभाषिक लेखकों का भी उल्लेख है जैसे धर्मत्रात, घोषक, भदंत और संघभद्र।

वैभाषिक यथार्थवादी हैं : वे बाह्य जगत की वास्तविकता को स्वीकार करते हैं। इनके अनुसार मानसिक और मानस-बाह्य, दोनों ही प्रकार की वस्तुएँ वास्तविक होती हैं। इतना ही नहीं, उनका यह भी दावा है कि वस्तुओं का प्रत्यक्ष साधारण रूप से किया जा सकता है, उनका प्रत्यक्ष संज्ञान किया जा सकता है। उन्हें सर्वास्तिवादी इसलिए कहा जाता है कि वे तीनों कालों अर्थात् भूत, वर्तमान और भविष्य में वस्तुओं की सत्ता को स्वीकार करते हैं। उनका तर्क है कि स्वयं बुद्ध के वचनों में इस स्थापना का प्रमाण मिलता है। इस स्थापना का स्वतंत्र आधार भी है। उदाहरण के लिए, हमें न केवल वर्तमान की वस्तु का अपितु भूत अथवा भविष्य की वस्तु का संज्ञान भी होता है। किंतु बिना किसी अंतरस्थ पदार्थ के संज्ञान का होना असंभव है। यदि कोई वस्तु भूत अथवा भविष्य में अस्तित्वमान न हो तो ऐसे संज्ञान का अंतरस्थ पदार्थ क्या होगा ? अन्य शब्दों में, वस्तु को तीनों कालों में विद्यमान होना चाहिए। इसके अतिरिक्त, विगत क्रियाओं से भावी परिणाम उत्पन्न होते हैं। किंतु केवल 'नास्ति' से कोई परिणाम नहीं निकल सकता। अतः विगत क्रियाओं को संपूर्ण मध्यांतर एवं आनेवाले समस्त समय में भी अस्तित्वमान होना चाहिए।

वैभाषिकों की एक विस्तृत एवं जटिल सत्तामीमांसा भी है। किंतु इसके विषय में निश्चित मत प्रस्तुत करना कठिन है। कारण कि इसकी विवेचना में शास्त्रीय सूक्ष्मताओं की भरमार है और विवेचना में प्रयुक्त शब्दावली भी सरलता से समझ में नहीं आती। यहाँ हम इसकी केवल संक्षिप्त रूपरेखा देने का प्रयास करेंगे।

इन दर्शनशास्त्रियों के अनुसार पचहत्तर 'धर्म' अर्थात् तत्व या यथार्थ होते हैं। इनमें

से बहत्तर तत्व तो 'संस्कृत' होते हैं और शेष तीन 'असंस्कृत'। शब्द 'संस्कृत' यहाँ ('संसार' अथवा पार्थिव अस्तित्व का माध्यम बनाने के लिए) 'संयुक्त' के विशिष्ट अर्थ में प्रयुक्त हुआ है। 'संस्कृत' तत्व इस प्रकार हैं : ग्यारह 'रूप', एक 'चित्त', छियालीस 'चैतसिक', और चौदह 'चित्तविप्रयुक्त'। ग्यारह 'रूप' पाँच ज्ञानेंद्रियों, पाँच संवेद्य पदार्थों एवं 'कर्म' से उत्पन्न एक प्रकार के सूक्ष्म पदार्थ ('अविज्ञप्ति') के प्रतिनिधि हैं। 'चित्त' मन है और 'चैतसिक' मानसिक अवस्थाएँ अथवा संवृत्तियाँ हैं। 'चित्तविप्रयुक्त' उन संबंधों के चौदह प्रकार हैं जौ भौतिक एवं मानसिक क्षेत्रों में समान रूप से विद्यमान हैं।

जब इन बहत्तर तत्वों पर 'संस्कारों' का समन्वित बल क्रिया करता है, जिसके साथ-साथ इनका दूषण अथवा 'आस्रव' होता है, तो संसार से आसक्ति उत्पन्न होती है। निर्वाण की इच्छा करनेवाले को इस आसक्ति से छुटकारा पानां पड़ता है। कैसे? इसके लिए पहले 'दूषण' अथवा 'आस्रव' को दूर करना पड़ता है। संयुक्त बल दूषण से पोषित होता है। दूषण दूर हो जाने पर संयुक्त बल घटने लगता है और यह प्रक्रिया अंततः ऐसी स्थिति तक ले जाती है जहाँ यह बल नितांत निष्क्रिय हो जाता है। इस अवस्था में कोई 'संस्कृत धर्म' नहीं रहता और यही 'निर्वाण' अथवा मोक्ष है।

तीन 'असंस्कृत धर्म' जिन पर संयुक्त बल क्रिया नहीं करता, इस प्रकार हैं : 'आकाश' (एक स्थायी, सर्वव्याप्त, अभौतिक द्रव्य, सारतः बाधा से मुक्ति), 'प्रतिसंख्या-निरोध' (ज्ञान की सहायता से समाप्ति), और 'अप्रतिसंख्या-निरोध' (बिना ज्ञान के समाप्ति)। अंतिम दो 'निर्वाण' ही हैं, पहला इसके व्याधिशामक पक्ष का प्रतिनिधित्व करता है तो दूसरा इसके निवारक पक्ष का।

सौत्रांतिक संप्रदाय

सौत्रांतिक अभिधर्म ग्रंथों के आप्त प्रमाण होने का खंडन करते हैं क्योंकि मानव-रचित होने के कारण इनमें त्रुटि की संभावना है। इनके स्थान पर वे 'सूत्रों' अथवा 'सूत्रांतों' को अपनी स्थापना का आधार बनाते हैं जो स्वयं बुद्ध के वचनों के साकार रूप माने जाते हैं। केवल 'सूत्र' ही आप्त प्रमाण हैं और इस सिद्धांत के लक्ष्य अथवा सच्चे सार का प्रतिनिधित्व करते हैं। इसीलिए इन्हें सौत्रांतिक, अर्थात् 'सूत्रांतों' का अनुयायी कहा जाता है।

दुर्भाग्य से इस संप्रदाय की कोई वास्तविक रचनाएँ उपलब्ध नहीं हैं। इसके सिद्धांतों की जानकारी हमें 'वैभाषिक, न्याय-वैशेषिक और मीमांसा ग्रंथों' में इनकी आलोचना से और कुछ परवर्ती बौद्ध तर्कशास्त्रियों द्वारा किए गए पक्ष-पोषण से मिलती है। कहा जाता है कि कुमारलाट या कुमारलब्ध, जो नागार्जुन के समकालीन थे, इस संप्रदाय के प्रवर्तक थे। तर्कशास्त्री एवं धर्मकीर्ति के भाष्यकार धर्मोत्तर (लगभग 847 ई.) और

अभिधर्मकोष के भाष्यकार यशोमित्र इस संप्रदाय के प्रतिनिधि कहे जाते हैं।

सामान्यतः सौत्रांतिकों एवं वैभाषिकों के दृष्टिकोणों में अधिक अंतर नहीं है, फिर भी उनके कुछ मतभेदों को यहाँ रखा जा सकता है।

सौत्रांतिक अभिधर्म ग्रंथों को आप्त प्रमाण नहीं मानते। शायद इसमें उस तत्वमीमांसी चिंतन के अतिरेक की निंदा निहित है जो अभिधर्मों पर आधारित पक्ष के लिए आवश्यक है। 'सूत्रों' के प्रति आस्थावान रहते हुए वे बुद्ध के क्षणिकवाद को बड़ी गंभीरता से लेते हैं। इसी कारण वे बड़े उत्साह के साथ उस सिद्धांत का विकास करते और उसकी हिमायत करते हैं जिसे सामान्यतः क्षणिकता का सिद्धांत अथवा 'क्षणभंगवाद' का सिद्धांत कहा जाता है। प्रत्येक वस्तु सदैव परिवर्तित होती रहती है और उसका अस्तित्व 'क्षण' मात्र का होता है जो समय की सूक्ष्मतम बोधगम्य इकाई है। आगे चलकर यह सिद्धांत सामान्यतः सभी बौद्धों की साझी थाती बन गया, किंतु इसे एक स्पष्ट स्थापना के साथ तार्किक आधार प्रदान करने का श्रेय सौत्रांतिकों को जाता है।

सौत्रांतिकों की एक अन्य विशिष्ट धारणा यह है कि पदार्थों का संज्ञान केवल अप्रत्यक्ष रूप से ही होता है। वैभाषिकों की भाँति वे बाह्य जगत की वास्तविकता को मानते हैं, किंतु उनके विपरीत वे इसके अमध्यस्थ ज्ञान की संभावना को नकारते हैं। इसका कारण उनका क्षणिकवाद के सिद्धांत का कट्टर अनुयायी होना है।

पदार्थों का संज्ञान प्रत्यक्ष नहीं हो सकता "क्योंकि क्षणिकवाद के सिद्धांत के अनुसार पदार्थ अपने प्रत्यक्ष के समय विद्यमान नहीं हो सकते। यदि वे विद्यमान हों तो उन्हें कम-से-कम दो क्षणों तक विद्यमान होना पड़ेगा—एक तो उस क्षण में जब वे प्रत्यक्ष के उद्दीपन का कार्य करते हैं और दूसरे उस क्षण में जब यथार्थतः उनका प्रत्यक्ष हो सकता है। यदि वस्तुएँ वास्तव में क्षणिक हैं तो केवल विगत वस्तु का ही प्रत्यक्ष हो सकता है। अतः प्रत्यक्ष के समय वास्तव में जो बाह्य रूप से वर्तमान होता है वह विचाराधीन वस्तु-शृंखला में उस वस्तु का परवर्ती होता है जो इसका कारण है। तथापि पूर्ववर्ती वस्तु अदृश्य होने से पहले प्रत्यक्षकारी चित्त पर अपनी छाप छोड़ देती है और इसी छाप अथवा 'आकार' से हम संबंधित पदार्थ के पूर्व-अस्तित्व का अनुमान करते हैं।"

माध्यमिक संप्रदाय

माध्यमिक संप्रदाय बौद्ध धर्म के उन दो संप्रदायों में से एक है जो विचारवादी पक्ष का औचित्य सिद्ध करते हैं। इस संप्रदाय का नाम मध्यमा अर्थात् 'बीच का' से निकला है। सर्वविदित है कि बुद्ध अपने उपदेशों को 'मध्यमा-प्रतिपाद' अथवा मध्यम मार्ग कहा करते थे। कुछ का दावा है कि इस संप्रदाय के अनुयायी मध्यम मार्ग के सच्चे

अनुयायी हैं और इसीलिए इन्हें माध्यमिक कहा जाता है । अन्य लोगों की मान्यता है कि ये इस अर्थ में मध्यममार्गी हैं कि वे दोनों अतियों से बचते हैं—वे संसार को न तो पूर्णतः असत् मानते हैं, न ही पूर्णतः सत्; वे बीच का मार्ग चुनते हैं और उनकी मान्यता है कि संसार का केवल सोपाधिक अस्तित्व है । यह भी कहा जाता है कि यह धारणा आत्मा में आस्था रखनेवाले सिद्धांत एवं 'नैरात्म्य' (आत्मा में आस्था न रखनेवाले सिद्धांत) के बीच की धारणा है और इसी कारण मध्यम मार्ग की अनुयायी है । यहाँ हमें मध्यमक और माध्यमिक के बीच अंतर करना होगा । इनमें से पहला तो उस दर्शन का नाम है जिसका उपदेश यह संप्रदाय देता है, और दूसरा इसके संप्रदाय के अनुयायियों का नाम । इन्हें शून्यवादी भी कहा जाता है क्योंकि इनके अनुसार सत् अथवा परम सत्य 'शून्य' के अतिरिक्त कुछ नहीं है ।

माध्यमिक संप्रदाय के प्रमुख विचारक नागार्जुन थे जो ईसा की दूसरी सदी के उत्तरार्ध में हुए थे । वे सातवाहन राजा गोतमीपुत्र यज्ञश्री के समकालीन एवं मित्र थे और दीर्घकाल तक नालंदा के मुख्य मठाधीश रहे थे । यद्यपि नागार्जुन के जीवन के संबंध में कुछ पारंपरिक विवरण उपलब्ध है, तथापि उनके व्यक्तिगत जीवन के संबंध में निश्चयपूर्वक कुछ भी कहना संभव नहीं है क्योंकि ये विवरण मिथकों एवं किंवदंतियों से भरे पड़े हैं जिनमें आपस में सामान्यतः कोई मेल नहीं है । केवल एक बात पर सहमति है कि वे दक्षिण भारत के एक प्रमुख ब्राह्मण परिवार में जन्मे थे । 'शून्य' की धारणा प्रज्ञापारमिता साहित्य में पहले से ही विद्यमान थी । इसी धारणा को नागार्जुन ने इस प्रकार सिद्धांतबद्ध एवं व्याख्यायित किया कि यह बौद्ध दर्शन के एक नए संप्रदाय का आधार बनी ।

तंजुर में सभी प्रकार के विषयों पर लगभग एक सौ अस्सी रचनाएँ नागार्जुन की बताई गई हैं, यद्यपि यह कहना कठिन है कि इनमें से कितनी वास्तव में नागार्जुन की रचनाएँ हैं । इस संप्रदाय का सर्वाधिक प्रातिनिधिक ग्रंथ उनका *मध्यमकशास्त्र* अथवा *माध्यमिककारिका* है जिसके सत्ताईस अध्यायों में लगभग चार सौ पद्य हैं । एक *अकुटोभय* नाम का स्व-भाष्य भी मिलता है । इस संप्रदाय के अन्य महत्वपूर्ण विचारक आर्यदेव थे जो नालंदा में नागार्जुन के उत्तराधिकारी थे । कहा जाता है कि वे सिंहल के राजकुमार थे और युवराज बनने के बाद संसार त्यागकर दक्षिण भारत आ गए और नागार्जुन के शिष्य बन गए । उनकी अनेक दार्शनिक रचनाओं में सबसे महत्वपूर्ण *चतुःशतक* (चार सौ पद्यों का संग्रह) है । शांतिदेव कृत *शिक्षासमुच्चय* एवं *बोधिचर्यावतार* भी माध्यमिक संप्रदाय की महत्वपूर्ण रचनाओं में हैं; उनका समय ईसा की सातवीं सदी था । अंततः यह संप्रदाय नागार्जुन की उपर्युक्त रचना पर लिखी गई अनेक टीकाओं के माध्यम से विकसित हुआ । अब इनमें से चंद्रकीर्ति द्वारा रचित

प्रसन्नपदा के अतिरिक्त अन्य कोई टीका संस्कृत में उपलब्ध नहीं है। यह एक विलक्षण टीका है जो इस संप्रदाय का प्रबल समर्थन करती है और संभव है कि आगे चलकर अन्य टीकाओं के विलुप्त हो जाने का कारण भी यही हो। अन्य दो प्रसिद्ध टीकाएँ बुद्धपालित (पाँचवीं सदी ई.) कृत *मध्यमक-वृत्ति* और भावविवेक (पाँचवीं सदी ई.) कृत *प्रज्ञाप्रदीप* हैं।

संसार के निषेध के दर्शन का प्रतिपादन करते समय नागार्जुन दो पदों का विशेष रूप से प्रयोग करते हैं—'शून्य' और इससे व्युत्पन्न 'शून्यता'। इन शब्दों के प्रयोग से कभी-कभी भ्रम उत्पन्न हो जाता है। शून्य शब्द का अर्थ सामान्यतः रिक्त, नास्ति, अस्तित्वहीन इत्यादि होता है। अतः नागार्जुन की धारणा को प्रायः मूलतः निषेधवादी मान लिया जाता है। सभी वस्तुएँ असत् हैं; कुछ भी सकारात्मक नहीं है, परम सत्ता भी नास्ति मात्र है। यह घोर नास्तिवाद का एक रूप मात्र है। किंतु यह सब भ्रम है। अपने शून्यता के सिद्धांत द्वारा नागार्जुन यह सिद्ध करना चाहते हैं कि निरपेक्ष या परम सत्ता भौतिक जगत अथवा मात्र आभासों के जगत के अवास्तविक प्रदर्शन से परे है, और इस कारण दैनंदिन अभिव्यक्तियों की दृष्टि से, जो केवल आभासों की ही उचित अभिव्यक्तियां हैं, परम सत्ता अनिवार्य है। 'शून्य' की अवधारणा पर दो दृष्टियों से विचार किया जा सकता है—आभास की दृष्टि से और सत् की दृष्टि से। पहली दृष्टि से भौतिक जगत की प्रत्येक वस्तु रिक्त अथवा नास्ति है। समस्त गोचर जगत छाया मात्र है। साथ ही, परम सत्ता भी 'शून्यता' ही है जिसका अर्थ है कि यह विकास और आविर्भाव, विविधता एवं बहुलता से शून्य है जो केवल आभासों के संसार की विशेषताएँ हैं। इन सब बातों से नितांत रहित यथार्थ ही 'शून्यता' है और इसे दैनंदिन भाषा में अभिव्यक्त करना नितांत असंभव है; यह दैनंदिन चिंतन के सभी प्रवर्गों से नितांत परे है। सामान्य अर्थ में इसका कोई सकारात्मक सिद्धांत नहीं हो सकता, यद्यपि निरपेक्ष या परम सत्ता के अस्तित्व को नकारने का कोई प्रश्न नहीं है। इस सत् या वास्तविकता को चेतना के केवल एक रहस्यात्मक रूप द्वारा ही ग्रहण किया जा सकता है जिसे 'प्रज्ञा-पारमिता' अथवा प्रागनुभविक सर्वोच्च विवेक कहते हैं। इसकी प्राप्ति का अर्थ है आभासी भौतिक संसार से मुक्ति और यह 'निर्वाण' अथवा मोक्ष है, जिसका पर्याय नागार्जुन के दर्शन में 'शून्यता' ही है।

'शून्य' को अनिवर्चनीय परम सत्ता का पर्याय मानना सहज ही उपनिषदों के विचारवादियों की धारणा का स्मरण कराता है, यद्यपि दोनों की शब्दावली में अंतर है। वे अनुभवगम्य संसार की सत्ता को नकारते हैं और परम सत्ता को 'ब्रह्म' की संज्ञा देते हैं। माध्यमिक भी वही दिशा अपनाते हैं और परम सत्ता को 'शून्य' कहते हैं। उपनिषदों के विचारक याज्ञवल्क्य का कथन है कि परम सत्ता को निश्चित रूप से 'इस' या 'उस' के रूप

में निरूपित करने का प्रयास करना अज्ञान के गर्त में गिरना है। इसे संदर्भित करने का एकमात्र उचित ढंग है अनिवार्यतः नकारात्मक अभिव्यक्ति के शब्दों का प्रयोग करना, जैसे "यह यह नहीं है", "यह वह नहीं है" (नेति नेति)। वे घोषणा करते हैं : "यह आग्रह्य है क्योंकि इसका ग्रहण नहीं होता है; यह अनश्वर है क्योंकि इसका नाश नहीं होता है; यह लिप्त नहीं है क्योंकि यह अपने को लिप्त नहीं करता; यह निबंध है; यह निष्कंप है; यह आहत नहीं होता।" एक बहुउद्धृत पद में नागार्जुन भी परम सत्ता के संदर्भ में आठ नकारों को गिनाते हैं : "यह नष्ट नहीं होता, उत्पन्न नहीं होता, इसका विलय नहीं होता, यह अनंत नहीं है, यह एक नहीं है, यह अनेक नहीं है, यह आंतरिक रूप से गतिशील नहीं है, यह बाह्य रूप से गतिशील नहीं है।" इसमें संदेह नहीं कि नागार्जुन अपना दर्शन बौद्ध धारणाओं की छाया में एवं उनके विशेष संदर्भ में ही विकसित करते हैं और उनका दर्शन उपनिषदीय सिद्धांत का पुनरुज्जीवन मात्र नहीं है, तथापि दोनों दर्शनों के मूल साम्य को अनदेखा नहीं किया जा सकता।

भौतिक संसार की अयथार्थता को सिद्ध करने के लिए नागार्जुन बड़ी चतुराई भरे तर्क देते हैं। वे कारणत्व के मौलिक बौद्ध सिद्धांत, 'प्रतीत्य-समुत्पाद' की एक नई ही व्याख्या प्रस्तुत करते हैं। अपने सरलतम रूप में इसका आशय है : 'वह' विद्यमान हो तो 'यह' होता है; उसके उत्पन्न होने से यह उत्पन्न होता है। इसका मूल निहितार्थ था कि कोई वस्तु तभी उत्पन्न हो सकती है जब कतिपय विशिष्ट परिस्थितियाँ वर्तमान हों। किसी वस्तु के सत् या वास्तविक होने के लिए इसके स्वयं के कुछ कारण होने चाहिए। किंतु नागार्जुन इस निहितार्थ को एकदम उलट देते हैं। जिसका कोई कारण हो वह निश्चित रूप से असत् होता है। "आश्रित अस्तित्व उसी प्रकार वास्तविक नहीं होता जिस प्रकार उधार लिया हुआ धन वास्तविक संपत्ति नहीं होता।" अतः उनका तर्क है : "आश्रित उत्पत्ति का नियम (प्रतीत्य-समुत्पाद) वस्तुओं की अंतर्भूत अयथार्थता के समकक्ष और इसका प्रमाण है। जिस वस्तु का अस्तित्व किसी पूर्वगामी तथ्य पर आश्रित हो उसकी अंतर्भूत यथार्थता का दावा ही छोड़ देना चाहिए"...। जिस भी वस्तु को किसी पूर्वगामी वस्तु से अस्तित्व में आते हुए पाया जाए और इस प्रकार जो अपने अस्तित्व के लिए पूर्वगामी वस्तु पर आश्रित हो, वह अपनी स्वयं की अंतर्भूत यथार्थता का दावा नहीं कर सकती। यदि वस्तुएँ अपने-आपमें और अपने अंतर्भूत स्वरूप के कारण सत् होतीं तो वे पूर्वगामी कारणों एवं परिस्थितियों से स्वतंत्र रूप से भी अस्तित्व ग्रहण कर सकती थीं। किंतु यथार्थतः वे पूर्वगामी घटनाओं से संलग्न रहती हैं और यों उन्हें अंतर्भूत अस्तित्व-संपन्न नहीं माना जा सकता जैसाकि किसी वास्तविक वस्तु को, जैसाकि इसकी परिभाषा ही बताती है, होना चाहिए।'

अपनी बात को सिद्ध करने के लिए नागार्जुन एक विशेष तार्किक विधि अपनाते

हैं जिसे 'प्रसंग' अथवा 'प्रसंगापत्ति' कहते हैं। प्रतिपक्षी की स्थापना को यथासंभव विस्तारपूर्वक अनेक विकल्पों में बाँट दिया जाता है और फिर एक-एक करके इन विकल्पों को तार्किक रूप से अप्रतिपाद्य और विसंगति की ओर ले जानेवाला सिद्ध किया जाता है। उदाहरण के लिए, वे दर्शाते हैं कि 'अस्तित्व में आने' का तथाकथित तथ्य परीक्षण पर खरा नहीं उतरता। यहाँ चार विकल्प प्रस्तुत हैं : (1) कोई वस्तु स्वयं से अस्तित्व में आती है; (2) कोई वस्तु किसी और वस्तु से अस्तित्व में आती है; (3) कोई वस्तु स्वयं और किसी अन्य वस्तु, दोनों से ही अस्तित्व में आती है; (4) कोई वस्तु न तो स्वयं से और न ही किसी अन्य वस्तु से अस्तित्व में आती है।

पहला विकल्प अप्रतिपाद्य है क्योंकि यह अर्थहीन है। यदि कोई वस्तु अपने-आपसे अस्तित्व में आती है तो यह माना जाना चाहिए कि वह पहले से ही अस्तित्व में थी। इसके पुनः उत्पन्न होने का कोई अर्थ ही नहीं। दूसरा विकल्प भी पहले से अधिक अच्छा नहीं है। इसका तात्पर्य यह होगा कि किसी भी वस्तु को किसी भी अन्य वस्तु से उत्पन्न किया जा सकता है। उदाहरण के लिए, (इस धारणा के अनुसार) तेल के संदर्भ में तिलहन और रेत, दोनों ही तेल से पूर्णतः भिन्न हैं। दोनों ही 'कुछ और' हैं। तीसरा विकल्प पहले और दूसरे विकल्प का मिश्रण है। अतः पहले दोनों विकल्पों में जो विसंगतियाँ अलग-अलग पाई जाती थीं, वे इस पर भी प्रयुक्त होती हैं। इसके अतिरिक्त यह भी कहा गया है कि कोई वस्तु स्वयं से और किसी अन्य वस्तु से अस्तित्व में आती है। किंतु प्रश्न यह है : कोई वस्तु स्वयं अपने-आपको या कोई अन्य वस्तु भी स्वतंत्र रूप से उस वस्तु को अस्तित्व में लाने में सक्षम है या नहीं? यदि इसका उत्तर 'हाँ' है तो तीसरा विकल्प स्वतः ही अनावश्यक हो जाता है। दूसरी ओर, यदि ये दोनों स्वतंत्र रूप से वस्तु को अस्तित्व में लाने में अक्षम हैं तो दोनों संयुक्त रूप से कैसे सक्षम हो जाते हैं? प्रतिपक्षी चौथे विकल्प की भी रक्षा नहीं कर पाता। इसको मानने का अर्थ यह है कि वस्तु के अस्तित्व में आने की धारणा की व्याख्या करने का प्रयास ही छोड़ देना होगा क्योंकि इसमें अंततः यह स्वीकार करना पड़ेगा कि किसी वस्तु के अस्तित्व में आने की कोई तर्कसंगत व्याख्या है ही नहीं।

योगाचार संप्रदाय

योगाचार का शाब्दिक अर्थ है योग का अभ्यास करनेवाला। मूलतः इसका अर्थ तपस्वी से था, किंतु धीरे-धीरे यह परवर्ती बौद्ध धर्म के एक विचारवादी संप्रदाय के लिए विशेष रूप से प्रयुक्त होने लगा। चरम लक्ष्य की प्राप्ति के लिए योग को आधार बनानेवाला व्यक्ति योगाचार है। योगाचार संप्रदाय के प्रवर्तन का कारण कदाचित यह था कि माध्यमिकों ने बौद्ध धर्म में अतिशय पंडिताऊपन, अतिवादी एवं नकारात्मक विश्लेषण

का समावेश कर दिया था जिसके विपरीत योगाचार ध्यान की प्रणाली को पुनः बौद्ध धर्म में उचित स्थान पर प्रतिष्ठित करना चाहते थे। निस्संदेह योग के अभ्यास की प्रभाविता को अन्य विचारक भी स्वीकार करते थे। योगाचार की विशेषता यह थी कि वे योगाभ्यास द्वारा प्राप्त की जानेवाली अलौकिक शक्तियों पर केवल आश्चर्य करने के स्थान पर, योग पर ही समस्त बल देते थे। वे चेतना को समस्त बाह्य वस्तुओं से सायास हटाकर शुद्ध आभ्यंतर में केंद्रित करने की पद्धति के रूप में चिंतन एवं तंद्रा पर बल देते थे और दार्शनिक ज्ञान तक पहुँचने की विशेष रीति के रूप में इस पर बल देते थे।

इन दर्शनशास्त्रियों को 'विज्ञानवादिन' भी कहा जाता था क्योंकि ये 'विज्ञानवाद' अथवा विज्ञप्ति-मात्रतावाद के अनुयायी थे। इस सिद्धांत के अनुसार केवल 'विज्ञान' या विज्ञप्ति (चेतना, विचार या संज्ञान) ही वास्तविक है। कोई बाह्य पदार्थ नहीं होता; केवल आंतरिक चेतना को ही भूल से बाह्य के रूप में प्रस्तुत किया जाता है। वस्तुतः, संज्ञान के सामान्यतः स्वीकृत तीन घटकों अर्थात् 'ग्राहक' (ज्ञाता), 'ग्राह्य' (ज्ञात) और 'संविति' (ज्ञान) में केवल संविति ही वास्तविक है। "इस प्रकार समस्त ज्ञान मात्र आत्मज्ञान होता है और ज्ञान एवं पदार्थ के बीच किया जानेवाला भेद एक भ्रम है जिसकी तुलना एक ही चंद्रमा के दो दिखाई देने के भ्रम से की जा सकती है।" चूँकि इस धारणा में विचारों को भौतिक वस्तुओं अथवा अंतर्भूत बाह्य पदार्थों के सहारे की आवश्यकता नहीं होती, इसलिए इसे निरालंबनवाद भी कहा जाता है। चूँकि यह सिद्धांत बाह्य पदार्थों की वास्तविकता को ध्वस्त करता है, अतः इसे बाह्यार्थ-भंगवाद भी कहा जाता है।

इस संप्रदाय की उत्पत्ति के संबंध में निश्चित रूप से कुछ कहना कठिन है। इसकी कुछ धारणाएँ *लंकावतारसूत्र* में उल्लिखित मिलती हैं जो महायान संप्रदाय के नौ प्रमुख ग्रंथों में एक माना जाता है। कहा जाता है इसमें बुद्ध एवं लंकेश रावण के वार्तालाप संगृहीत हैं। रावण को यहाँ एक सामान्य सद्बौद्ध के रूप में दर्शाया गया है। बौद्ध धर्म के तिब्बती इतिहासकार लामा तारनाथ एक विलुप्त भारतीय ग्रंथ की बात करते हैं जिसमें तीन आरंभिक योगाचारों का उल्लेख है—नंद, परमसेन और सम्यक्सत्य। इन्हें नागार्जुन का समकालीन बताया जाता है। किंतु इनकी कोई भी रचना तिब्बती अनुवादों में भी नहीं मिलती। कुछ लोग मैत्रेयनाथ (ईसा की लगभग चौथी सदी) को इस संप्रदाय का प्रवर्तक मानते हैं। वे अनेक ग्रंथों के रचयिता माने जाते हैं जिनमें *मध्यांत-विभंग* नाम का ग्रंथ विशेष उल्लेखनीय है।

इस संप्रदाय के सबसे प्रभावशाली एवं महत्वपूर्ण विचारक असंग एवं उनके सौतेले भाई वसुबंधु हैं जिनका समय 450 ई. के आसपास था। उनका मूल स्थान गांधार (कंधार) में स्थित पुरुषपुर (पेशावर) था। किंतु असंग ने अयोध्या को अपनी कर्मभूमि

बनाया। तारनाथ के अनुसार उन्होंने बारह वर्ष नालंदा के मठ में बिताए और उनकी मृत्यु राजगृह में हुई। आरंभ में वसुबंधु वैभाषिक संप्रदाय के अनुयायी थे और कश्मीर में रहते थे। (यह पहले ही कहा जा चुका है कि वे *अभिधर्मकोष* के प्रख्यात लेखक थे।) किंतु अपने अग्रज असंग के प्रभाव में वे योगाचार हुए और अयोध्या आ गए। तारनाथ के अनुसार वे दीर्घकाल तक नालंदा के प्रमुख रहे, किंतु उनकी मृत्यु नेपाल में हुई। असंग की सबसे महत्वपूर्ण दार्शनिक रचना *योगाचारभूमिशास्त्र* है। यह रचना गद्य में है और अभिधर्म ग्रंथ की शैली में लिखी गई है। योगाचार दर्शन का एक अत्यंत महत्वपूर्ण ग्रंथ वसुबंधु का *विज्ञप्तिमात्रतासिद्धि* है जिसमें दो छोटे ग्रंथ हैं—*विंशतिका* (जिसमें बाईस पद्य हैं) और *त्रिंशिका* (जिसमें तीस पद्य हैं)। पहले पर स्वयं वसुबंधु ने भाष्य लिखा है जबकि दूसरे की टीका उनके योग्य शिष्य स्थिरमति ने की है। सूरत (वल्लभी) और नालंदा उनकी गतिविधियों के मुख्य क्षेत्र रहे। उनकी रुचि मूलतः तत्वमीमांसा में थी और उनके भाष्यों में विरल श्रेष्ठता के दर्शन होते हैं।

अंत में, ऐसे अनेक विद्वान एवं ग्रंथकार हैं जो स्वयं को योगाचार संप्रदाय का अनुयायी बताते हैं, किंतु उनका संबंध ज्ञानमीमांसा एवं तर्कशास्त्र की समस्या से अधिक है। इनमें अग्रणी और परम आदरणीय दिग्नाग (पाँचवीं सदी ई.) हैं। तारनाथ के अनुसार उनका जन्म दक्षिण भारत में काँची के निकट एक ब्राह्मण परिवार में हुआ था जो उस समय पल्लव राजाओं की राजधानी थी। उन्हें ब्राह्मणों एवं बौद्धों की पारंपरिक शिक्षा मिली। पहले वे बौद्ध धर्म के वात्सिपुत्रिय संप्रदाय में दीक्षित हुए। किंतु इसकी शिक्षाओं से उन्हें संतोष नहीं हुआ और सत्य की खोज में वे नालंदा में वसुबंधु के पास पहुँचे जहाँ उन्होंने नागार्जुन से तर्कशास्त्र और विज्ञानवाद की शिक्षा ग्रहण की। उनकी एक रचना *प्रमाणसमुच्चय* को कदाचित बौद्ध तर्कशास्त्र का प्रथम श्रेणी का ग्रंथ माना जा सकता है। इसकी रचना पद्य में हुई है और इसमें छः अध्याय हैं। यह केवल तिब्बती भाषा में ही उपलब्ध है, यद्यपि कुछ आधुनिक विद्वानों ने इसके चुने हुए अंशों की पुनर्रचना की है। उनकी एक अन्य छोटी किंतु महत्वपूर्ण रचना *आलंबनपरीक्षा* है जिसमें केवल आठ पद हैं जिनके लिए स्वयं ग्रंथकार ने संक्षिप्त व्याख्यात्मक टिप्पणियाँ जोड़ी हैं। जैसाकि शीर्षक से ध्वनित होता है, इसमें ग्रंथकार हमारे अनुभवों में आविर्भूत माने जानेवाले तथाकथित बाह्य पदार्थों का आलोचनात्मक परीक्षण करता है और उसका दावा है कि इनकी सत्ता को तार्किक रूप से सिद्ध नहीं किया जा सकता। वे परमाणुवाद का भी खंडन करते हैं।

दिग्नाग की परंपरा को धर्मकीर्ति ने विकसित और समृद्ध किया। धर्मकीर्ति का जन्म दक्षिण भारत के त्रिमलय नामक स्थान में हुआ था। वे मगध (मध्यदेश) आए और धर्मपाल के संघ में दीक्षित होकर उनके शिष्य बन गए। वे शास्त्रार्थ के लिए विख्यात थे और उनके द्वारा सार्वजनिक शास्त्रार्थों में प्रतिपक्षियों के पराजित होने की

अनेक कथाएँ प्रचलित थीं। उनका काल ईसा की छठी या सातवीं शताब्दी था। उनकी रचना *प्रमाणवार्तिक* (अब संस्कृत में उपलब्ध) एक महत्वपूर्ण रचना मानी जाती है। यह चार अध्यायों में विभाजित है और इसमें लगभग एक हजार पाँच सौ पद्य हैं। *प्रमाणविनिश्चय* एवं *न्यायबिंदु* भी उनके सुविख्यात ग्रंथ हैं।

तत्वसंग्रह के ग्रंथकार शांतरक्षित (लगभग आठवीं सदी ई.) का जन्म संभवतः बंगाल में हुआ था। वे तिब्बत के प्रसिद्ध सम-ये मठ के प्रथम मठाधीश थे और उन्होंने तिब्बत में दीर्घ काल तक कार्य किया। *तत्वसंग्रह* पद्य में लिखा गया एक विस्तृत ग्रंथ है जिसमें मुख्यतः विज्ञानवादी दृष्टिकोण के प्रतिपादन के लिए अन्य भारतीय दार्शनिक प्रणालियों का खंडन किया गया है। क.मलशील ने इस पर *पंजिका* नामक श्रेष्ठ भाष्य लिखा है। कमलशील शांतरक्षित के समकालीन और उनके अनुयायी थे। वे कुछ समय तक नालंदा में तंत्र के आचार्य भी रहे।

उपर्युक्त विवेचना से यह जिज्ञासा उत्पन्न हो सकती है कि योगाचारों का, जोकि विचारवादी हैं, तर्कशास्त्र एवं ज्ञानमीमांसा से इतना प्रगाढ़ संबंध क्यों हैं? उनका दावा है कि केवल चेतना अथवा ज्ञान का ही वास्तविक रूप में अस्तित्व होता है और यह कि कोई पदार्थ नहीं होता। यदि वे वास्तव में मानते हैं कि भौतिक संसार असत् है, अज्ञान या कल्पना की उपज मात्र है तो उन्होंने इस प्रकार विस्तारपूर्वक ज्ञान के सिद्धांत का प्रतिपादन करने के प्रयास क्यों किए?

वस्तुतः ये विचारक स्वयं इस असंगति से अनभिज्ञ नहीं थे। अतः उन्होंने 'दोहरे सत्य' का सिद्धांत विकसित किया—'संवृति सत्य' और 'पारमार्थिक सत्य'। पहले से तात्पर्य सत्य के अनुभवगम्य अथवा व्यावहारिक रूप से और दूसरे का तात्पर्य परम अथवा तत्वमीमांसी सत्य से है। सत्य का पहला प्रकार उसका प्रतिनिधित्व करता है जो दैनंदिन अस्तित्व की अनिवार्यतः सीमित दृष्टि से सत्य है, किंतु यह चरम दार्शनिक परीक्षण में खरा नहीं उतरता, अतः इसे उससे भ्रमित नहीं किया जाना चाहिए जो उचित अर्थ में दार्शनिक सत्य है। धर्मकीर्ति का कथन है: "हाथियों की भाँति वास्तविक स्थिति से आँखें मूँदकर, हम सामान्य लोगों की भाँति वस्तुओं के स्वरूप पर विचार करते हैं।"

इस समस्या का एक अन्य समाधान यह बताया जाता है कि इन तर्कशास्त्रियों को 'सौत्रांतिक योगाचार' कहा जाए अर्थात् जहाँ तक उनके तत्वमीमांसी विचारों का संबंध है, वे योगाचार हैं और जहाँ तक उनके तर्कशास्त्र का संबंध हैं, वे सौत्रांतिक हैं।

जैन दर्शन

बौद्ध दार्शनिक प्रणालियों की भाँति जैन दार्शनिक प्रणाली भी मूलतः एक धार्मिक विश्वास से जुड़ी हुई है। बहुत संभव है कि जैन धर्म का उद्भव बौद्ध धर्म से पहले

हुआ हो। 'जैन' शब्द 'जिन' से व्युत्पन्न है जिसका शाब्दिक अर्थ है विजेता, वह जिसने अपने आवेगों का शमन कर लिया हो और अपने-आपको पूर्णरूपेण वश में कर लिया हो। 'जिन' शब्द सामान्यतः महावीर वर्धमान के लिए प्रयुक्त होता है जो इस धर्म के महानतम प्रवक्ता थे। वे बुद्ध के समकालीन थे किंतु उनसे थोड़े पहले हुए थे और बुद्ध की ही भाँति शासक वर्ग में जन्मे थे। किंतु परंपरा के अनुसार वे इस धर्म के प्रवर्तक नहीं थे। क्रमशः चौबीस प्रवक्ताओं की लंबी शृंखला में वे अंतिम थे। उन्होंने अपने पूर्ववर्ती प्रवक्ताओं के सिद्धांतों का प्रतिपादन मात्र किया।

कुछ अन्य बातों में भी बौद्धों एवं जैनों के बीच सहज ही सहमति देखी जा सकती है। दोनों ब्राह्मणवाद के विरोधी हैं। दोनों में से कोई भी वेद की प्रामाणिकता को स्वीकार नहीं करता और दोनों ही किसी सर्वशक्तिमान सर्वोच्च ईश्वर की सत्ता का प्रबल निषेध करते हैं। किंतु इन दोनों धर्मों के बीच अनेक बातों पर असहमति भी है। जैन क्षणिकवाद के सिद्धांत का प्रबल विरोध करते हैं और आत्मा एवं पदार्थ जैसी स्थायी सत्ताओं को स्वीकार करते हैं। वस्तुतः जहाँ तक दार्शनिक बातों का संबंध है, जैन लगभग प्रत्येक बिंदु पर बौद्धों से मतभेद रखते हैं और अपना विशिष्ट दृष्टिकोण प्रस्तुत करते हैं।

जैनों के दो संप्रदाय हैं (कहा जाता है कि यह विभाजन ईसा की पहली सदी में ही हो गया था) : श्वेतांबर (श्वेत-वस्त्रधारी) और दिगंबर (आकाश को वस्त्र माननेवाले अथवा निर्वस्त्र)। इन दोनों संप्रदायों का अंतर मताग्रह का उतना नहीं है जितना आनुष्ठानिक क्रियाकलाप का। जहाँ तक आधारभूत दार्शनिक सिद्धांतों का संबंध है, उनमें सामान्यतः सहमति है।

जैन परंपरा के अनुसार आरंभ में दो ही प्रकार के पवित्र ग्रंथ थे—चौदह पूर्व और ग्यारह अंग (जिन्हें आचार, सूत्रकृत, स्थान इत्यादि कहा जाता है)। इनमें से पहले प्रकार के सभी ग्रंथ अंततः विलुप्त हो गए। बादवाले जो बच रहे वे ही जैन धर्म के प्राचीनतम ग्रंथ हैं। इनको भी श्वेतांबर संप्रदायवाले ही प्रामाणिक मानते हैं। दिगंबर संप्रदायवालों की मान्यता है कि ये भी नष्ट हो गए थे और जो उनके नाम से अब चलते हैं वे मिथ्या हैं।

जैनों के एक आरंभिक ग्रंथकार और आचार्य कुंदकुंद थे जिनकी प्रामाणिकता निर्विवाद है। उनकी सभी रचनाएँ प्राकृत में हैं। उनकी एक महत्वपूर्ण रचना *पंचास्तिकायसार* है। उनका समय निर्धारित नहीं किया जा सका है। एक अन्य आरंभिक ग्रंथकार भद्रबाहु हैं जिनका समय भी निर्धारित नहीं है। उन्हें अनेक जैन धर्मग्रंथों का टीकाकार माना जाता है। इनमें से *दशवैकालिकनिर्युक्ति* नामक टीका में वे तर्कशास्त्र की कतिपय शाखाओं का विवेचन करते हैं। उन्होंने दस वाक्योंवाली न्यायिकी की रचना की और उन्हें सुविख्यात जैन सिद्धांत 'स्यादवाद' का मूल प्रवर्तक

माना जाता है ।

जैन दर्शन के व्यवस्थित प्रतिपादन का मुख्य स्रोत *तत्वार्थाधिगम-सूत्र* माना जाता है । इसके रचयिता उमास्वाति अथवा उमास्वामिन हैं जिन्हें दोनों संप्रदाय प्रामाणिक मानते हैं । उनका जन्म न्यग्रोधिका में हुआ था किंतु संसार त्यागने के पश्चात् उन्होंने पाटलिपुत्र में इस ग्रंथ की रचना की । कुछ विद्वान उनका काल 135-219 ई. मानते हैं तो अन्य 1-85 ई. । उक्त रचना में लगभग तीन सौ पचास सूत्र हैं और यह दस अध्यायों में विभाजित है । जैन दर्शन की सभी परवर्ती व्याख्याएँ इसी पर आधारित हैं । इस पर अनेक जैन विद्वानों ने भाष्य लिखे हैं जिनमें अकलंक भी हैं । यद्यपि मूलतः यह दर्शन का ग्रंथ है, तथापि प्राचीन भारतीय चिंतन के इतिहास के सामान्य अध्ययन के लिए भी यह महत्वपूर्ण है क्योंकि इसमें मनोविज्ञान, धर्ममीमांसा, खगोलशास्त्र, भौतिकी, रसायन एवं अन्य विषयों पर भी जैन दृष्टिकोण से विचार किया गया है ।

लगभग पाँचवीं सदी ई. के बाद अनेक जैन विद्वान हुए जिन्होंने बड़ी रुचि और उत्साह के साथ स्वयं को तर्कशास्त्र के अध्ययन के लिए समर्पित किया । सिद्धसेन दिवाकर (लगभग 480-550 ई.) ने अपनी रचना *न्यायावतार* से जैन तर्कशास्त्र की नींव रखी । यह संस्कृत में बत्तीस पद्यों की छोटी-सी रचना है । उनकी अन्य दो महत्वपूर्ण रचनाएँ हैं—उमास्वाति की उपरोक्त रचना की टीका एवं *सम्मतितर्कशास्त्र* नाम की रचना जो प्राकृत में लिखी गई है और जिसमें सामान्य दर्शन और तर्कशास्त्र के सिद्धांतों की विवेचना की गई है । उनको उज्जयिनी के शासक विक्रमादित्य का समकालीन और उसका दरबारी माना जाता है ।

समंतभद्र (लगभग 600 ई.) दक्षिण भारत के दिगंबर संप्रदाय से संबंधित थे । वे उमास्वाति की उपरोक्त रचना के टीकाकार के रूप में प्रसिद्ध हैं । इसमें *आप्तमीमांसा* नाम से एक परिचयात्मक अंश है जिसमें "तार्किक सिद्धांतों के विवेचन की भरमार है, साथ ही अद्वैतवाद सहित अन्य तत्कालीन दार्शनिक प्रणालियों की समीक्षा भी है ।" वाचस्पति मिश्र ने *भामती* में इसके उद्धरण दिए हैं । उनकी दो अन्य रचनाएँ भी हैं ।

कदाचित जैन तर्कशास्त्रियों में सबसे प्रमुख अकलंक (लगभग 750 ई.) थे जो राष्ट्रकूट के राजा शुभतुंग के समकालीन थे । उनकी अनेक रचनाएँ बताई जाती हैं जिनमें दो विशेष रूप से महत्वपूर्ण है—*तत्वार्थराजवार्तिक* (उमास्वाति के ग्रंथ की टीका) और *अष्टशती* (*आप्तमीमांसा* की टीका) । उन्होंने बौद्धों की प्रखर आलोचना करके जैन पक्ष का प्रतिपादन किया ।

मीमांसक कुमारिल ने अकलंक की धारणाओं का विरोध किया है, किंतु पाटलिपुत्र के दिगंबर तर्कशास्त्री विद्यानंद (लगभग 800 ई.) ने उनका समर्थन किया है । उनकी

रचनाओं में *अष्टसहस्री*, *तत्वार्थश्लोकवार्तिक* और *आप्तपरीक्षा* सम्मिलित हैं।

माणिक्यनंदिन का *परीक्षामुखसूत्र* जैन तर्कशास्त्र का मानक ग्रंथ है जो अकलंक के *न्यायविनिश्चय* पर आधारित है। माणिक्यनंदिन के इस ग्रंथ पर प्रभाचंद्र (लगभग 825 ई.) ने अपनी प्रसिद्ध टीका *प्रमेयकमलमार्तंड* लिखी। उनकी अन्य रचना *न्यायकुमुदचंद्र* है जो अकलंक के ग्रंथ *लघीयस्त्रय* का भाष्य है। इन रचनाओं में, जिनका स्वरूप स्वतंत्र प्रबंध का अधिक है, प्रभाचंद्र जैनेतर दर्शनों का विस्तृत विवेचन एवं खंडन करते हैं।

श्वेतांबर संप्रदाय के दर्शनशास्त्रियों में हरिभद्र (लगभग आठवीं सदी ई.) एवं हेमचंद्र (लगभग 1088-1172 ई.) उल्लेखनीय हैं। हरिभद्र *षड्दर्शनसमुच्चय* के रचयिता थे। हेमचंद्र का जन्म धंधुक (अहमदाबाद) में हुआ था और वे राजा जयसिंह के समकालीन थे। वे कदाचित गुजरात के महाराज कुमारपाल (संवत् 1199-1299 के लगभग) के गुरु थे। वे कवि, वैयाकरण एवं तर्कशास्त्री थे और प्रत्येक क्षेत्र में उत्कृष्ट थे।

जैन विचारक संसार की वस्तुओं को दो श्रेणियों के अंतर्गत रखते हैं—'अजीव' और 'जीव'। अजीव वस्तुओं को पुनः चार श्रेणियों में विभाजित किया गया है—'धर्म', 'अधर्म', 'आकाश' और 'पुद्गल'। जीव की भाँति ये सब भी 'द्रव्य' हैं।

यहाँ 'धर्म' और 'अधर्म' शब्दों का नितांत भिन्न अर्थ है। यहाँ इनका प्रयोग उस अर्थ में नहीं हुआ है जिसमें कि इन्हें सामान्यतः भारतीय दर्शन की अन्य प्रणालियों में प्रयुक्त किया जाता है। 'धर्म' और 'अधर्म' सर्वत्र व्याप्त हैं; जिस प्रकार अलसी के बीजों में तेल व्याप्त रहता है उसी प्रकार वे समस्त संसार में छाए हुए हैं और उनसे कोई स्थान अछूता नहीं है। ये क्रमशः गति और स्थिरता की दो सामान्य स्थितियाँ हैं। 'धर्म' ही वह कारण है जो गति को संभव बनाता है, जैसे पानी तैरती मछली को। यह एक निष्क्रिय घटक है, सक्रिय नहीं। पानी मछली को तैरने या स्थिर रहने के लिए बाध्य नहीं करता। इसी प्रकार जीव अथवा पदार्थ को 'धर्म' चालित नहीं करता, किंतु इनमें से कोई भी 'धर्म' की सहायता के बिना चालित नहीं होता। जहाँ तक स्थिरता का संबंध है, 'अधर्म'' का कार्य ठीक ऐसा ही है।

'आकाश' एक सूक्ष्म सत्ता है जो दैनंदिन संसार (लोक) और मुक्त जीवों के प्रागनुभविक क्षेत्र ('अलोक') में व्याप्त है। यह अन्य सभी वस्तुओं के निर्वाह की अनिवार्य शर्तों में एक है। ''यह मात्र निषेध अथवा आच्छादन या बाधा की अनुपस्थिति अथवा रिक्तता ही नहीं है, अपितु यह एक सकारात्मक सत्ता है जो अपना अंतर्वेधन करने में अन्य वस्तुओं की सहायता करती है।''

'पुद्गल' का अर्थ सामान्यतः पदार्थ है जिसमें परमाणु भी सम्मिलित हैं क्योंकि जैन

विचारक परमाणुवादी थे। इस शब्द का व्युत्पत्तिमूलक अर्थ है : वह जो भरे और घुल सके (मूल धातुएँ 'पूर' अर्थात् भरना और 'गल' अर्थात् घुलना), अर्थात् जो बनने और बिखरने जैसे परिवर्तन के अधीन हो। पदार्थ के अनेक रूप हो सकते हैं : गोलाकार, त्रिकोणात्मक, चतुर्भुजात्मक और इसी प्रकार अन्य भी। गुण चार होते हैं : रंग, स्वाद, गंध और स्पर्श। यद्यपि पदार्थ के अनंत प्रकार हो सकते हैं, तथापि इसे दो मोटे वर्गों में बाँटा जा सकता है : अणु और योग या 'स्कंध'। अणु अकेली इकाई है; इसके भाग नहीं होते। योग या स्कंध परमाणुओं का संकलन होता है जिसे हाथ से पकड़ा जा सकता है, फेंका जा सकता है और इसी प्रकार उस पर अन्य क्रियाएँ भी की जा सकती हैं। इसे (स्कंध को) विभाजन ('भेद') या एकीकरण ('संघात') से अथवा दोनों ही पद्धतियों से बनाया जा सकता है।

तत्व चार हैं : धरती, जल, अग्नि और वायु। इनमें से प्रत्येक अंततः अणुओं से ही निर्मित है, किंतु सभी अणु स्वरूप में एक जैसे होते हैं।

जीव, और अजीव के चार रूपों को 'अस्तिकाय' भी कहा जाता है। काल के तीन विभाजनों से जुड़े हुए शब्द अस्ति (अस्तित्वमान है) द्वारा भी उन्हें इंगित किया जा सकता है। उन पर 'काय' (शरीर) शब्द भी प्रयुक्त किया जा सकता है क्योंकि वे अनेक स्थानबिंदुओं को घेरे रहते हैं।

'काल' अथवा समय भी एक द्रव्य है। इसका मुख्य प्रकार्य तत्वों के परिवर्तन अथवा सुधार में सहायक होना है। समस्त तत्वों में उनकी अपनी प्रकृति के कारण निरंतर, प्रतिक्षण अदृश्य परिवर्तन होते रहते हैं। किंतु इन सूक्ष्म परिवर्तनों का बाह्य कारण समय का द्रव्य ही है। इसकी सीमा विश्व के स्थानबिंदुओं तक है, अर्थात् यह समस्त विश्व में व्याप्त है। द्रव्यों में होते रहनेवाले सूक्ष्म परिवर्तन समय के अस्तित्व को प्रमाणित करते हैं। आग पर चढ़ाया हुआ चावल थोड़े समय में पक जाता है। किंतु वह न तो एक क्षण में पकता है, न ही एकदम। प्रत्येक क्षण धीमे और अलक्ष्य परिवर्तन होते रहे हैं जिसके परिणामस्वरूप अंत में बड़ा परिवर्तन दिखाई देता है (जो चावल के बढ़े हुए आकार एवं मृदुलता के रूप में दिखाई देता है)। यदि निरंतर सूक्ष्म परिवर्तन न होते रहें तो अंत में कोई बड़ा परिवर्तन भी नहीं हो सकता। समय इन परिवर्तनों का बाह्य, सहायक कारण होता है, यद्यपि स्वयं इसमें कोई क्रिया नहीं होती।

जैन दर्शन में 'जीव' की धारणा अन्य भारतीय दर्शनों में 'आत्मा' या 'पुरुष' की धारणा के लगभग समान है। ज्ञान इसका सार है। अपनी शुद्धावस्था में यह अनंत प्रत्यक्ष, अनंत ज्ञान, अनंत आनंद और अनंत शक्ति से संपन्न होता है। यह सर्वसंपूर्ण है। जीवों की संख्या अनंत है। किंतु जैन दर्शन आत्मा के संबंध में एक विलक्षण प्रस्थापना प्रस्तुत करता है। इसमें अपने उस भौतिक शरीर के आयामों के अनुरूप

विस्तृत या संकुचित होने की क्षमता होती है जो यह थोड़े समय के लिए धारण करती है। यह एक दीपक की भाँति है जो बड़े कक्ष में रखे जाने पर बड़े कक्ष को और छोटे कक्ष में रखे जाने पर छोटे कक्ष को प्रकाशित करता है। हाथी में यह बड़ी होती है किंतु चींटी में छोटी। आत्मा या जीव का निवास संपूर्ण शरीर में होता है। अतः नख से शिख तक जहाँ कहीं भी शरीर में कोई संवेदन होता है, जीव उसे तुरंत अनुभव करता है।

जैन दर्शन की 'कर्म' की धारणा भी अत्यंत विलक्षण है। भारतीय दर्शन की अन्य प्रणालियों में 'कर्म' का तात्पर्य व्यक्ति के अच्छे या बुरे कार्यों और करनेवाले के लिए उनके अच्छे या बुरे परिणामों से होता है। किंतु जैन दर्शन में 'कर्म' मूलतः भौतिक है जो जीव से उसी प्रकार संलग्न हो सकता है जिस प्रकार किसी चिपचिपे पदार्थ से मैल चिपक जाती है। कर्म का तात्पर्य पदार्थ के उन सूक्ष्म कणों से है जो जीव को बाँधते हैं।

अब हम जीव के बंधन एवं मुक्ति की जैन दार्शनिक धारणा पर विचार करेंगे। "जीव निम्न प्रकार से दूषित होते हैं। कर्म में परिवर्तित होने को उद्यत सूक्ष्म पदार्थ जीव में प्रविष्ट होता है; इसे 'आस्रव' कहते हैं। सामान्य अवस्था में जीव ऐसे आवेगों (कसाय) को पोषित करता है जो किसी चिपचिपे पदार्थ की भाँति जीव के संसर्ग में आनेवाले सूक्ष्म पदार्थ को प्रतिधारित करते हैं। इस प्रकार जीव द्वारा ग्रहित सूक्ष्म पदार्थ मानो जीव के साथ एक रासायनिक संयोग करता है; इसे कर्म-पदार्थ का बंध कहते हैं। जीव द्वारा 'बद्ध' अथवा संलयित सूक्ष्म पदार्थ आठ प्रकार के कर्मों में परिवर्तित हो जाता है और एक प्रकार के सूक्ष्म शरीर (कर्मण-शरीर) का निर्माण करता है जो जीव के साथ उसके सभी जन्मों में चिपका रहता है और उस जीव-विशेष की अवस्था एवं नियति को निर्धारित करता है...। जब उपर्युक्त ढंग से कर्म-विशेष अपना प्रभाव दिखा चुकता है तो यह जीव से अलग हो जाता है या इसका उत्सर्ग हो जाता है। इस 'उत्सर्ग' को 'निर्जरा' कहा जाता है। यदि यह प्रक्रिया निर्बाध गति से चलती रहे तो अंत में समस्त कर्म-पदार्थ जीव से अलग हो जाता है और जीव उस भार से मुक्त होकर जिसने इसे नीचे की ओर दबा रखा था (क्योंकि पदार्थ भारी होता है और 'कर्म' पदार्थ होता है), अपनी मुक्ति के समय से पूर्व सीधे संसार के सर्वोच्च स्थान में पहुँच जाता है जहाँ मुक्त जीवों का निवास है।"

'अनेकांतवाद' का सिद्धांत जैन दर्शन से अनन्य रूप से जुड़ा हुआ है। इसे भारतीय दर्शन के सामान्य कोष में जैन विद्वानों का विशिष्ट अवदान माना जाता है। विद्वानों ने इसमें ऐसे विचारों के बीजांकुरों को निहित दर्शाने का प्रयास किया है जो आज विज्ञान के सुपरिचित सिद्धांतों का प्रतिनिधित्व करते हैं। उदाहरण के लिए, एक विद्वान का कहना है कि 1500 या 2500 वर्ष पूर्व इस सिद्धांत ने "गुणात्मक रूप में सांख्यिकी के सिद्धांत की पृष्ठभूमि प्रदान कर दी थी।" कुछ विद्वानों ने इस सिद्धांत के निहितार्थों एवं क्वांटम

भौतिकी के दावों के बीच आधारभूत समानता दर्शाने का प्रयास भी किया है।

संक्षेप में, जैन दर्शन की स्थापना निम्न प्रकार की है। दर्शन की सभी प्रणालियाँ सत् या वास्तविकता के स्वरूप की व्याख्या करने के प्रयास में किसी एक विशेष विकल्प से जुड़ी रहती हैं। उनका हठधर्मितापूर्ण दावा होता है कि केवल उन्हीं का विकल्प सच्चा विकल्प है जबकि अन्य प्रणालियों की धारणाएँ तार्किकता पर खरी नहीं उतरतीं और इसलिए उन्हें अस्वीकार किया जाना चाहिए। जैन दर्शन के अनुसार एक ही विकल्प को पकड़े रहना उचित नहीं है। संसार बहुलतायुक्त है। यहाँ तक कि एक अकेली वस्तु भी अनेकधर्मी होती है। वस्तुओं को निरपेक्ष रूप से एक ही विकल्प द्वारा निरूपित करना संभव नहीं है। वस्तुओं को अनेक दृष्टिकोणों से देखा जा सकता है। प्रत्येक दृष्टिकोण से भिन्न निष्कर्ष निकलेगा। किंतु ऐसे प्रत्येक निष्कर्ष में मात्र आंशिक सत्य होगा। परम स्वीकार या परम निषेध, दोनों ही भ्रमपूर्ण हैं। प्रत्येक स्थापना सशर्त होती है। कोई भी स्वीकृति या निषेध किसी विशिष्ट स्थिति में ही सत्य हो सकता है, यह अपने आपमें सत्य नहीं हो सकता।

अतः जैन दर्शनशास्त्रियों का तर्क है कि किसी वस्तु का आकलन करने के कुल मिलाकर सात संभव ढंग हैं—न कम, न अधिक। यह दर्शाने के लिए कि कोई कथन विशेष दशाओं में ही सत्य है, प्रत्येक कथन के साथ 'स्यात्' शब्द जोड़ा जाता है जिसका अर्थ है 'संभवतः' या 'किसी प्रकार'। ये सात कथन हैं : (1) संभवतः यह है (स्याद् अस्ति); (2) संभवतः यह नहीं है (स्याद् नास्ति); (3) यह है भी और नहीं भी (स्याद् अस्ति च नास्ति च); (4) संभवतः यह अनिवर्चनीय है (स्याद् अवक्तव्यम्) (5) संभवतः यह है और अनिवर्चनीय है (स्याद् अस्ति च अवक्तव्यम्); (6) संभवतः यह नहीं है और अनिवर्चनीय हैं (स्याद् नास्ति च अवक्तव्यम्); (7) संभवतः यह है और नहीं भी है और अनिवर्चनीय है (स्याद् अस्ति च नास्ति च अवक्तव्यम् च)। इसी के अनुरूप इस सिद्धांत को 'स्याद्वाद' अथवा 'सप्तभंगिनय' कहा जाता है।

उदाहरण के लिए, भूमि पर पड़े हुए घड़े को देखकर कोई कह सकता है कि 'घड़ा' है। किंतु इसका तात्पर्य यह नहीं है कि घड़े के अस्तित्व को निरपेक्ष रूप से स्वीकार कर लिया गया है। घड़े की सत्ता पृथ्वी के उत्पाद रूप में है, जल (अप) के उत्पाद के रूप में नहीं। इसका अस्तित्व स्थान के बिंदु विशेष में है, स्थान के अन्य बिंदुओं में नहीं। वर्तमान क्षण के संदर्भ में इसकी सत्ता है, किंतु विगत या भावी क्षणों के संदर्भ में इसकी सत्ता नहीं है। (यदि घड़ा कच्चा है तो) काले घड़े के रूप में इसकी सत्ता है, लाल घड़े के रूप में नहीं। इस प्रकार घड़े की सत्ता को स्वीकार करने के साथ ही अस्वीकार भी किया जा सकता है। किंतु एक ही घड़े के अस्तित्व और अनस्तित्व, दोनों को एक साथ कैसे स्वीकार किया जा सकता है ? इसी कारण इसे

अनिर्वचनीय कहा जा सकता है। इसी प्रकार, अन्य दृष्टिकोणों से, घड़े के अन्य विकल्पों को भी स्वीकार किया जा सकता है।

सांख्य दर्शन

सांख्य दर्शन को सामान्यतः भारतीय दर्शन की विभिन्न प्रणालियों में सर्वाधिक प्राचीन माना जाता है। *महाभारत, चरक संहिता, मनुस्मृति* और पुराणों में जहाँ-जहाँ दार्शनिक चर्चा है, सांख्य का उल्लेख हुआ है। इससे ज्ञात होता है कि किसी समय यह अत्यंत प्रभावशाली दर्शन रहा होगा। किंतु धीरे-धीरे इसकी महिमा कम होती गई और इसका प्रचलन समाप्त हो गया। इसका बचा हुआ साहित्य भी अपेक्षाकृत कम है।

इस दर्शन के संबंध में अनेक कठिनाइयाँ प्रतीत होती हैं। इसका नाम 'सांख्य' क्यों पड़ा, इसका कोई संतोषजनक समाधान नहीं मिलता। इसकी उत्पत्ति के संबंध में भी विद्वानों में मतैक्य नहीं है। इस तथ्य को अस्वीकार करने का कोई आधार नहीं है कि उपनिषदों में, विशेषतः परवर्ती उपनिषदों में, ऐसे सिद्धांत के संदर्भ मिलते हैं जिसे सांख्य-योग कहा जा सकता है। किंतु जहाँ कुछ विद्वानों की मान्यता है कि इस प्रणाली की स्वतंत्र उत्पत्ति है और वह बुद्ध-पूर्व काल की है और उपनिषदों में भी इसकी पूर्व-मान्यता मिलती है, वहीं कुछ अन्य विद्वानों का दावा है कि यह दर्शन प्राचीन ग्रंथों से विकसित हुआ है जिनमें पहले से ही इसके बीज विद्यमान थे। यह भी कहा जाता है कि सांख्य दर्शन का मूल स्वरूप लुप्त हो चुका है। परवर्ती ग्रंथों में इसका जो रूप उपलब्ध है वह संशोधित रूप है।

परंपरा कपिल नाम के मुनि को सांख्य का प्रणेता मानती है। एक उपनिषद में कपिल नाम के मुनि का उल्लेख मिलता है। किंतु प्राचीन भारतीय विचारकों और आधुनिक विद्वानों, दोनों का ही विचार है कि यहाँ कपिल से तात्पर्य कपिल मुनि नामक किसी वास्तविक व्यक्ति से न होकर हिरण्यगर्भ अथवा किसी अन्य पौराणिक जीव से है। सांख्य दर्शन के अन्य प्राचीन आचार्य जैसे आसुरि, पंचशिख, सनक या सनंद भी हमारे लिए मात्र नामों से कुछ अधिक नहीं हैं। कहा जाता है कि इस प्रणाली पर पंचशिख या वार्षगण्य द्वारा रचित माना जानेवाला *षष्टितंत्र* नामक एक प्राचीन ग्रंथ कभी था। किंतु अब यह लुप्त हो चुका है।

सांख्य दर्शन पर जो सबसे प्राचीन प्रामाणिक ग्रंथ उपलब्ध है वह ईश्वरकृष्ण (लगभग पाँचवीं सदी ई.) कृत *सांख्यकारिका* है। यह लगभग सत्तर 'आर्या' नामक छंदों में रचित ग्रंथ है और इसी कारण इसे *सांख्यसप्तति* भी कहा जाता है। यह संक्षिप्त किंतु स्पष्ट रूप से इस दर्शन का सैद्धांतिक प्रतिपादन करता है, यद्यपि इसके अंतिम पद्य में किसी पूर्ववर्ती ग्रंथ के प्रति आभार का संकेत मिलता है। एक अज्ञात टीकाकार

की टीका के अतिरिक्त चीनी भाषा में इसका अनुवाद भी मिलता है जो उज्जयिनी के परमार्थ नाम के ब्राह्मण ने किया था। वह 546 ई. के लगभग चीन गया था। चीन में यह *सुवर्णसप्तति* या *हिरण्यसप्तति* के नाम से जाना जाता था। इस पर गौडपाद (लगभग 800 ई.), माठर और वाचस्पति मिश्र (लगभग नौवीं सदी ई.) ने टीकाएँ लिखीं। वाचस्पति की *सांख्यतत्वकौमुदी* नाम की टीका एक लोकप्रिय रचना है। *युक्तिदीपिका* नाम की एक अन्य महत्वपूर्ण टीका भी मिलती है जिसके लेखक का नाम ज्ञात नहीं है।

इस दर्शन की एक अन्य लोकप्रिय रचना *सांख्यसूत्र* है। यद्यपि इसके रचयिता स्वयं कपिल माने जाते हैं, किंतु यह निश्चित रूप से बहुत बाद की रचना है। इसमें सचमुच ऐसी सामग्री हो सकती है जो बहुत प्रचीन हो। फिर भी यह चौदहवीं सदी ई. से पूर्व का नहीं हो सकता। इसमें छः अध्याय हैं। चार में सिद्धांत का प्रतिपादन है, एक में प्रतिपक्षियों की धारणाओं का खंडन है और एक में सिद्धांत की मुख्य बातों के उदाहरणस्वरूप आख्यायिकाएँ दी गई हैं। अनिरुद्ध (पंद्रहवीं सदी ई.) ने इस रचना पर एक संक्षिप्त वृत्ति लिखी है। इस पर विज्ञानभिक्षु (लगभग 1650 ई.) की एक और टीका मिलती है जिसमें सांख्य दर्शन की एक नई व्याख्या दी गई है। इसमें सांख्य और वेदांत के बीच का विरोध समाप्त करने का प्रयास किया गया है। उन्होंने *सांख्यसार* नाम का एक स्वतंत्र ग्रंथ भी लिखा। *तत्वसमास* नाम का एक अत्यंत संक्षिप्त ग्रंथ भी मिलता है जो लगभग एक विषय-सूची मात्र है। इसे कुछ विद्वान प्राचीनतम रचना मानते हैं।

उपनिषदों की भाँति सांख्य में भी संसार के मूल कारण को जानने का यत्न किया गया है। वस्तुतः सांख्य दर्शन हैतुकता की एक विशेष धारणा विकसित करता है जिसे 'सत्कार्यवाद' कहा जाता है। इसके अनुसार परिणाम अपनी उत्पत्ति से पहले वर्तमान होता है। 'उत्पत्ति' वास्तव में पहले से वर्तमान परिणाम की 'अभिव्यक्ति' अथवा 'आविर्भाव' होती है। उत्पत्ति से पहले परिणाम भौतिक कारण में सूक्ष्म रूप से निहित रहता है। भौतिक कारण एवं इसका परिणाम अनिवार्यतः एक होते हैं और उनमें अनिवार्यतः एक संबंध होता है। घड़ा अंततः मिट्टी के लोंदे से भिन्न नहीं होता। यदि परिणाम कारण से पूर्णतया भिन्न हो और उसमें निहित न हो तो फिर किसी भी वस्तु से किसी भी अन्य वस्तु की उत्पत्ति हो सकती है। रेत के कणों से तेल और धागे के गोले से घड़े की उत्पत्ति हो सकती है। किंतु यथार्थ में ऐसा होता नहीं है। तेल केवल तिलहन के बीजों से और घड़ा मिट्टी के लोंदे से ही बनते हैं। इस प्रकार अनुभव से परिणाम का पूर्व-अस्तित्व सिद्ध है। सांख्य दर्शन में इस सिद्धांत की महत्वपूर्ण भूमिका है।

सांख्य दर्शन के अब उपलब्ध संस्करण के अनुसार यह द्वैतवादी है। यह 'पुरुष'

एवं 'प्रकृति', दो परम सत्ताओं को मानता है ।

सांख्य का 'पुरुष' कारणहीन, शाश्वत, परिवर्तनहीन, और सर्वव्यापी शुद्ध चेतना है। यह पूरी तरह निष्क्रिय और निर्मल होता है। समस्त क्रियाएँ 'प्रकृति' ही करती है। पुरुष न तो कर्ता है और न ही भोक्ता। वेदांत के विपरीत सांख्य जीव की बहुलता को मानता है। यह किसी 'परम चेतना' अथवा ईश्वर को नहीं मानता।

'प्रकृति' (जिसे 'प्रधान' या 'अव्यक्त' भी कहा गया है) संसार का आदि-कारण है। यह संवेदनरहित एवं भौतिक है। जो कुछ भी भौतिक है वह इसी आदि-पदार्थ से उत्पन्न है। यह स्थूल एवं निर्धारित रूप में पदार्थ नहीं है; यह अपने सूक्ष्म एवं बीजभूत रूप में पदार्थ है जिसका प्रत्यक्ष संज्ञान नहीं हो सकता। इसके परिणामों से इसकी सत्ता का अनुमान करना पड़ता है। सांख्य की मान्यता है कि भौतिक संसार की समस्त वस्तुएँ तीन सूक्ष्म द्रव्यों जैसे तत्वों से निर्मित हैं जिन्हें 'गुण' कहते हैं। ये हैं—'सत्व', 'रज' और 'तम'। 'सत्व' में भारहीनता, प्रकाश एवं आनंद के, 'रज' में गति, उत्तेजना एवं वेदना के और 'तम' में भार, बाधा एवं प्रमाद के गुण होते हैं। चूँकि सत्कार्यवाद के अनुसार कारण एवं कार्य समांगीकृत होते हैं, इसलिए प्रकृति का निर्माण भी इन्हीं तीन गुणों से होता है।

अपने मूल रूप में 'प्रकृति' में तीनों 'गुणों' का पूर्ण संतुलन होता है और यह कोई अन्य रूप धारण नहीं करती। किंतु इस संतुलन के भंग होते ही सृजन की प्रक्रिया आरंभ हो जाती है। सांख्य दर्शन विकास की एक स्पष्ट प्रक्रिया का प्रतिपादन करता है। प्रकृति के इस उद्वेलन से सर्वप्रथम 'महत्' अथवा 'बुद्धि' उत्पन्न होती है। 'महत्' से 'अहंकार' उत्पन्न होता है। 'अहंकार' से उत्पन्न होते हैं —(1)'मन', (2) पाँच ज्ञानेंद्रियाँ, (3) पांच कर्मेंद्रियाँ और (4) पाँच 'तन्मात्राएँ'। तन्मात्राएँ ही अंततः पाँच सुपरिचित स्थूल ' महाभूतों' अर्थात् क्षिति, जल, पावक, गगन और समीर को जन्म देती हैं।

योग दर्शन

सामान्यतः योग दर्शन को सांख्य से घनिष्ठ रूप से संबद्ध माना जाता है। योग सांख्य के ज्ञान के सिद्धांत एवं तत्वमीमांसा के पच्चीस तत्वों को पूर्णरूपेण स्वीकार करता है। उनमें एकमात्र भेद योग द्वारा ईश्वर की स्पष्ट स्वीकृति है। अतः योग को 'सेश्वर सांख्य' भी कहा जाता है। यह भी कहा गया है कि ये दोनों दर्शन एक-दूसरे के पूरक हैं। सांख्य 'सिद्धांत' है तो योग उसका 'व्यावहारिक' पक्ष।

दूसरी ओर, कहा जाता है कि योग को इस प्रकार सांख्य से संलग्न कर देना उचित नहीं है। सांख्य की तत्वमीमांसा किसी भी प्रकार योग दर्शन के लिए आंतरिक नहीं है अपितु बाह्य है। यथार्थतः योग का अर्थ है कतिपय विशेष क्रियाएँ जिन्हें असाधारण शक्तियाँ प्रदान

करनेवाली माना जाता है और ये क्रियाएँ वस्तुतः अत्यंत प्राचीन हैं। हमारे देश में संभव है कि ये ईसा से तीन सहस्राब्दी पूर्व भी प्रचलित रही हों। समय बीतने के साथ ये मानो सभी धार्मिक संप्रदायों और यहाँ तक कि दार्शनिक प्रणालियों की भी साझी संपत्ति हो गईं जिनमें सांख्य मात्र एक है। वास्तव में भारतीय दर्शन की लगभग सभी प्रणालियों ने योग-क्रियाओं को न्यूनाधिक महत्व दिया है। अतः यह कहा गया है कि "योग को कोई विशिष्ट दर्शन न मानकर मूलतः प्राचीन आचार मानना तर्कसंगत होगा।"

पतंजलि-रचित माना जानेवाला *योगसूत्र* इस दर्शन का प्राचीनतम उपलब्ध ग्रंथ है। कुछ विद्वान *योगसूत्र* के रचयिता और पाणिनि की *अष्टाध्यायी* पर महाभाष्य (ई. पू. दूसरी सदी) लिखनेवाले पतंजलि को एक ही व्यक्ति मानते हैं। अन्य विद्वानों को इस पर आपत्ति है और वे *योगसूत्र* को पाँचवीं सदी के अंत की रचना मानते हैं। इसमें लगभग दो सौ सूत्र हैं और यह चार भागों (पाद) में विभाजित है जिनके नाम क्रमशः 'समाधि', 'साधना', 'विभूति', और 'कैवल्य' हैं। इस पर *व्यासभाष्य* नाम की एक टीका है। परंपरा *महाभारत* के प्रणेता वेदव्यास को इसका रचयिता मानती है किंतु आधुनिक विद्वानों का विचार है कि यह रचना चौथी सदी ई. की है। वाचस्पति मिश्र ने इस पर एक *तत्ववैशारदी* नामक टिप्पणिका लिखी है और इसी रचना पर नागेशभट्ट (अठारहवीं सदी ई.) की भी *छाया* नामक टिप्पणिका है। अन्य रचनाओं में भोज (ग्यारहवीं सदी ई.) कृत *राजमार्तंड* और विज्ञानभिक्षु (सोलहवीं सदी ई.) की दो रचनाएँ *योगवार्तिक* एवं *योगसारसंग्रह* उल्लेखनीय हैं। विज्ञानभिक्षु इस दर्शन की व्याख्या औपनिषदिक पूर्वाग्रहों से युक्त होकर करते हैं।

योग दर्शन पूर्ण ज्ञान एवं अंतिम मुक्ति प्राप्त करने के लिए योग के अभ्यास पर बल देता है। योगाभ्यास के मूलतः आठ चरण हैं। ये हैं : 'यम' (सत्य, अहिंसा, अस्तेय, ब्रह्मचर्य तथा अपरिग्रह), 'नियम' (शौच, संतोष, तप, आदि), 'आसन' (विभिन्न आसनों को करना), 'प्राणायाम' (श्वास-नियंत्रण), 'प्रत्याहार' (इंद्रियों को विषयों से हटाना), 'धारणा' (चित्त को स्थिर करना), 'ध्यान' (चिंतन), और 'समाधि' (आत्म-साक्षात्कार)। इनमें अंतिम सर्वाधिक महत्वपूर्ण है। यह सीधे मुक्ति की ओर ले जाता है।

सांख्य ईश्वर को नहीं मानता किंतु योग मानता है। ईश्वर आत्मोपलब्धि के लिए चिंतन का सर्वोच्च विषय है। ईश्वर पूर्ण सत्ता है; वह अनंत, सर्वव्याप्त, सर्वज्ञ, और अज्ञान, कष्टों एवं वासनाओं से सर्वदा मुक्त है। सांख्य के अनुसार प्रकृति में तीन गुणों का संतुलन भंग होने पर विकास की प्रक्रिया आरंभ होती है। किंतु यह उद्वेलन एक विशिष्ट क्षण में ही क्यों होता है, उसके पूर्व या पश्चात् क्यों नहीं ? इसका कारण स्वयं प्रकृति नहीं हो सकती जो असंवेदी है। इसका कारण कोई अन्य ही है, और यह

कारण ईश्वर है। ईश्वर की इच्छा ही निर्णायक कारक है। इसके अतिरिक्त प्रकृति संसार में सुव्यवस्था एवं सामंजस्य भी स्थापित नहीं कर सकती। ईश्वर की सत्ता के पक्ष में एक अन्य तर्क यह है कि जिस भी वस्तु में उत्तमता की कोटियाँ होती हैं उसकी पराकाष्ठा भी कहीं न कहीं होती ही है। सजीव प्राणियों में बुद्धि की कोटियाँ दिखाई देती हैं। जिस प्राणी अथवा सत्ता में बुद्धि की श्रेष्ठता पराकाष्ठा पर हो, जो सत्ता पूर्ण ज्ञान से युक्त एवं सर्वज्ञ हो, वही ईश्वर है।

मीमांसा दर्शन

मीमांसा (जिसे पूर्वमीमांसा अथवा कर्ममीमांसा भी कहा जाता है) भारतीय दर्शन की एकमात्र ऐसी प्रणाली है जो वेदों से अत्यंत घनिष्ठ रूप से जुड़ी हुई है। मीमांसा का शाब्दिक अर्थ है 'विवाद का समाधान करना' या 'विमर्श के पश्चात् किसी अंतिम निष्कर्ष पर पहुँचना'। मीमांसा का संबंध मूलतः वेदों एवं वेदों में वर्णित अनुष्ठानों की सही व्याख्या करने, वैदिक आदेशों में दिखाई पड़नेवाले अंतर्विरोधों का समाधान करने तथा उनके सही निहितार्थों को स्पष्ट करने से है। मीमांसावादी दर्शनशास्त्रियों के लिए वेदों की प्रामाणिकता सर्वोपरि है और वे श्रमपूर्वक वेदों की अमोघता की रक्षा करते हैं। लेकिन क्रमशः उन्हें अन्य समस्याओं का सामना भी करना पड़ता है। वाक्य की व्याख्या करने के लिए उन्हें शब्दों के स्वरूप, उनके अर्थों एवं उनके पारस्परिक संबंधों के सिद्धांत भी विकसित करने पड़े हैं। न्याय-वैशेषिक वेदों की प्रामाणिकता यह कहकर सिद्ध करते हैं कि इनमें ईश्वर के वचन साकार हुए हैं। किंतु मीमांसावादी ईश्वर को नहीं मानते और वेदों को अपौरुषेय मानते हैं। इसके परिणामस्वरूप ज्ञान का एक विस्तृत दर्शन आवश्यक हो जाता है। इस प्रकार मूलतः वेदों पर आधारित होते हुए भी मीमांसा एक सुविकसित दर्शन बन गया है।

मीमांसासूत्र इस पद्धति का मूलग्रंथ है। यह ढाई सहस्र सूत्रों का संग्रह है और इसका प्रणेता जैमिनी को माना जाता है। इसका काल ईसा पूर्व दूसरी सदी से लेकर दूसरी सदी ई. के बीच कहीं भी हो सकता है। जैमिनी नाम अत्यंत प्राचीन है और इसके संबंध में कोई ऐतिहासिक सूचना उपलब्ध नहीं है। ऐसा भी कहा जाता है कि यह एक प्राचीन गोत्र-नाम है। स्वयं जैमिनी अनेक पूर्ववर्ती विचारकों के नाम लेते हैं जिससे प्रतीत होता है कि इस दर्शन की उत्पत्ति जैमिनी से भी पहले हुई होगी। इस ग्रंथ पर प्राचीनतम उपलब्ध भाष्य शबर (लगभग 400 ई.) का है जो *शाबरभाष्य* कहलाता है। इससे भी प्राचीन भाष्य अवश्य रहे होंगे (जो अब लुप्त हैं) क्योंकि शबर उनके विचारों का संदर्भ देते हैं। किसी वृत्तिकार का उल्लेख उन्होंने अनेक स्थानों पर किया है।

सूत्र और *भाष्य,* दोनों पर ही दो महान मीमांसकों ने टीकाएँ लिखी हैं। ये हैं—प्रभाकर और कुमारिल। प्रभाकर की टीका *बृहती* कहलाती है। उन्होंने एक अन्य छोटी रचना भी लिखी जिसे *लघ्वी* कहते हैं। कुमारिल ने तीन ग्रंथ लिखे—*श्लोकवार्तिक, तंत्रवार्तिक* और *टुप्टीका*। इनमें से प्रथम जो पद्य में है, *सूत्र* के प्रथम अध्याय के प्रथम भाग की टीका है। दूसरे ग्रंथ में, जो मुख्यतः गद्य में किंतु कहीं-कहीं पद्य में भी है, तीसरे अध्याय के अंतिम भाग तक की टीका है। *सूत्र* के शेष भाग की टीका तीसरे ग्रंथ में की गई है। भारतीय दर्शन के क्षेत्र में कुमारिल का नाम बड़े आदरपूर्वक लिया जाता है। वे महान दर्शनशास्त्री और अंतर्दृष्टि-संपन्न तर्कशास्त्री थे। ब्राह्मणवादी रूढ़ि के प्रति उनका उत्साह उल्लेखनीय है। वे बौद्धों के खंडन-मंडन के विरुद्ध प्रबल तर्क देते हैं। कुमारिल और प्रभाकर की व्याख्याओं में बहुत अंतर है। इसी के अनुरूप मीमांसकों के दो संप्रदाय हुए—प्राभाकर संप्रदाय और भाट्ट संप्रदाय। कदाचित मुरारि के नाम से संबंद्ध एक तीसरा संप्रदाय भी था जिसके नाम के अतिरिक्त अब कुछ भी ज्ञात नहीं है। कुमारिल का समय 700 ई. हो सकता है। प्रभाकर कदाचित कुमारिल के वरिष्ठ समकालीन थे यद्यपि एक परंपरा के अनुसार वे कुमारिल के शिष्य भी माने जाते हैं।

प्राभाकर संप्रदाय के एक महत्वपूर्ण विचारक शालिकनाथ (लगभग नवीं सदी ई.) है। उन्होंने प्रभाकर की *बृहती* एवं *लघ्वी* पर क्रमशः *ऋजुविमला* एवं *दीपशिखा* नाम की टीकाएँ लिखीं। उनकी एक स्वतंत्र रचना *प्रकरणपंचिका* इस संप्रदाय की एक प्रामाणिक एवं उपयोगी दीपिका है। भवनाथ (लगभग 1050-1150 ई.) का *न्यायविवेक* इस संप्रदाय का एक अन्य महत्वपूर्ण ग्रंथ है। भाट्ट संप्रदाय पर लिखे गए ग्रंथों की संख्या पर्याप्त है। कुमारिल के *श्लोकवार्तिक,* जो दार्शनिक दृष्टि से अधिक महत्वपूर्ण है, पर उम्बेक अथवा भवभूति (आठवीं सदी ई.) ने, *काशिका* में सुचरितमिश्र (लगभग तेरहवीं सदी ई.) ने और *न्यायरत्नाकर* में पार्थसारथिमिश्र (दसवीं सदी ई.) ने टीकाएँ लिखी हैं। महान मीमांसक मंडनमिश्र (लगभग नवीं सदी ई.) ने भी अनेक महत्वपूर्ण ग्रंथों की रचना की। अन्य उल्लेखनीय स्वतंत्र रचनाएँ हैं—पार्थसारथिमिश्र की *शास्त्रदीपिका,* माधवाचार्य (चौदहवीं सदी ई.) की *जैमिनीयन्यायमाला,* आपदेव (सत्रहवीं सदी ई.) की *मीमांसान्यायप्रकाश,* लौगाक्षिभास्कर (सत्रहवीं सदी ई.) की *अर्थसंग्रह,* नारायणभट्ट (सत्रहवीं सदी ई.) की *मानमेयोदय* इत्यादि।

मीमांसक कट्टर यथार्थवादी हैं और बाह्य संसार की सत्ता का प्रबल समर्थन करते हैं। वे चेतना को भी एक अलग पदार्थ मानते हैं और इसकी बहुलता में विश्वास करते हैं। उनकी सत्ताओं की योजना मुख्य बातों में न्यायवैशेषिकों से मिलती है। किंतु यह सामान्य अर्थ में ही सत्य है और स्पष्टतः विस्तार में जाने पर इनमें अनेक भिन्नताएँ दिखाई पड़ती हैं। "अतः प्रभाकर और कुमारिल की भौतिकी अधिक महत्वपूर्ण नहीं है

क्योंकि दोनों सामान्य रूप से वैशेषिक धारणा से सहमत हैं। वस्तुतः उनके इस भाग पर विशेष बल न देने का औचित्य है क्योंकि बलिकर्म के लिए संसार की न्याय-वैशेषिक सामान्य-बुद्धिपरक धारणा सर्वाधिक अनुकूल है।"

हम पहले ही देख चुके हैं कि मीमांसक वेदों एवं उनकी सर्वोच्च प्रामाणिकता के पक्षधर थे। वेदों की प्रामाणिकता सिद्ध करने के लिए उन्होंने स्वतः-प्रामाण्यवाद का सिद्धांत विकसित किया जो ज्ञान की 'उत्पत्ति' एवं 'ज्ञप्ति' दोनों पर प्रयुक्त होता था। इसके अनुसार जो कारण ज्ञान की 'उत्पत्ति' के लिए उत्तरदायी हैं वे स्वयं ही इसकी प्रामाणिकता सिद्ध करने के लिए पर्याप्त हैं; इसके लिए अन्य कारक की आवश्यकता नहीं होती। इसी प्रकार जो परिस्थितियाँ स्वयं ज्ञान का संज्ञान कराती हैं वे ही इसकी प्रामाणिकता सिद्ध करने के लिए पर्याप्त हैं; इसके लिए अन्य साधन या उपाय की आवश्यकता नहीं होती। वेदों की प्रामाणिकता स्वयं-सिद्ध है। वेद वक्तव्यों का संकलन हैं। कोई भी वक्तव्य केवल वक्ता के दोष के कारण ही मिथ्या हो सकता है। संभव है वक्ता की किसी ज्ञानेंद्रिय में दोष हो और वह विषय का ठीक परिचय न पा सके। ऐसी स्थिति में उस विषय के संबंध में उसका वक्तव्य मिथ्या होगा। हो सकता है वह श्रोता को छलना चाहता हो और इस कारण मिथ्या कहता हो। हो सकता है उसकी स्मृति अच्छी न हो और इस कारण भी वह किसी तथ्य का मिथ्या वर्णन कर सकता है। किंतु किसी वक्तव्य को मिथ्या बनानेवाली ये परिस्थितियाँ वेदों पर लागू ही नहीं होतीं क्योंकि वेद तो अपौरुषेय हैं। ये अनंत एवं स्वयंभू हैं। इनका न कोई वक्ता है न रचयिता। अतः इनमें किसी भी प्रकार का दोष होने की कोई संभावना नहीं है।

वेदों को विशेष रूप से 'ऋचाओं' एवं 'ब्राह्मणों' का संग्रह माना गया है। 'ऋचाएँ' सामान्यतया कुछ देवताओं की प्रशंसा के छंद हैं और इनका उद्देश्य विशेष रूप से उस देवता को दर्शाना है जिसको तर्पण किया जाता है। 'ब्राह्मण' आदेशात्मक वाक्य (विधि) हैं। मीमांसकों के अनुसार समस्त वैदिक वक्तव्यों में आदेश निहित मानना चाहिए। जिन वक्तव्यों में स्पष्ट आदेश नहीं है (जैसे किसी वस्तु का वर्णन या किसी कार्य की प्रशंसा) उन्हें भी किसी आदेश का अंश माना जाना चाहिए। आदेश विभिन्न प्रकार के हो सकते हैं। उदाहरण के लिए, किसी आदेश में ऐसा कुछ हो जो अन्यथा ज्ञात न हो तो उसे 'अपूर्व विधि' कहा जाता है। कहा गया है कि "अन्न को धोओ!" इस आदेश के बिना यह नहीं जाना जा सकता कि धोने का कर्म बलि के कर्तव्यों में एक है। जब अन्य विकल्पों को छोड़कर किसी विशेष विकल्प को अपनाने का आदेश हो तो इसे 'नियम-विधि' कहते हैं। कहा गया है कि "अनाज को कूटो!" अनाज को भूसे से अलग करने की दो विधियाँ हैं—कूटना और नाखूनों की सहायता से दाने निकालना। इनमें से पहली विधि अपनाने का ही आदेश दिया गया है।

"वैदिक वाक्यों की व्याख्या करने के तीन प्रमुख सिद्धांत हैं। (1) यदि कुछ वाक्य ऐसे हों कि उन्हें एक साथ लेने पर तो अर्थ निकलता हो किंतु अलग-अलग लेने पर नहीं, तो उन्हें एक साथ, एक साकल्य के रूप में लेना चाहिए। (2) यदि अलग-अलग वाक्यों का अर्थ निकलता हो तो उनका अर्थ अलग-अलग ही निकालना चाहिए, एक साथ मिलाकर नहीं। (3) अपूर्ण वाक्यों की स्थिति में उनसे तत्काल पहले के वाक्यों के संदर्भ में उचित शब्दों को जोड़कर उन वाक्यों को पूरा किया जाना चाहिए।"

वेदोक्त विधि द्वारा संपन्न बलिकर्म भी सदैव इच्छित फल तत्काल नहीं देता। इसका फल बहुत समय पश्चात् मिल सकता है जबकि इसका कारण कही जानेवाली क्रिया का अस्तित्व बहुत पहले ही समाप्त हो चुका होता है। फिर इसे उस क्रिया का फल या परिणाम कैसे माना जा सकता है? मीमांसकों का उत्तर है कि बलिकर्म से एक विशेष प्रकार की शक्ति का जन्म होता है जो पहले विद्यमान नहीं रही होती और यह तब तक बनी रहती है जब तक कि उसका फल न मिल जाए, यद्यपि मूल क्रिया अब आगे विद्यमान नहीं होती। यह शक्ति 'अपूर्व' कहलाती है।

वेदांत दर्शन

वेदांत का शाब्दिक अर्थ है 'वेदों का अन्त' अर्थात् उपनिषद जो वेद साहित्य के अंतिम भाग हैं। एक दार्शनिक प्रणाली के रूप में यह दर्शन उपनिषदों के आधारभूत उपदेशों के व्यवस्थित प्रतिपादन का दावा करता है। इसे उत्तरमीमांसा भी कहा जाता है क्योंकि यह वेदों के बादवाले भाग की व्याख्या है जो जैमिनी की पूर्वमीमांसा से भिन्न है जो वेदों के पहले भाग की व्याख्या हैं।

किंतु उपनिषद तो विभिन्न युगों में फैले हुए हैं और इनमें विभिन्न दृष्टिकोणों का समावेश है। इनमें विवेचित दार्शनिक अथवा आद्य-दार्शनिक धारणाएँ चिंतन की कोई एक समन्वित प्रणाली प्रस्तुत नहीं करतीं। उपनिषदों में उपलब्ध सामग्री से एक सुसंगत दर्शन विकसित करने का सर्वप्रथम प्रयास बादरायण ने *वेदांतसूत्र* अथवा *ब्रह्मसूत्र* में किया है। (उपनिषदों में परम सत्ता को 'ब्रह्म' कहा गया है।) बादरायण के संबंध में ऐतिहासिक रूप से कुछ भी ज्ञात नहीं है। रूढ़िवादी भारतीय परंपरा इन्हें और *महाभारत* के प्रणेता व्यास को एक ही मानती है, किंतु इस पर विश्वास करना कठिन है। इस ग्रंथ के संशोधित एवं परिष्कृत संस्करण की तिथि भी निश्चित नहीं है। कुछ इसे ई.पू. दूसरी सदी मानते हैं तो अन्य इसे 200 से 500 ई. के बीच कहीं स्थित मानते हैं। इस ग्रंथ में पाँच सौ पचास सूत्र हैं जो चार अध्यायों में विभाजित हैं। पहले अध्याय में परम सत्ता के रूप में 'ब्रह्म' की विवेचना है, दूसरे अध्याय में प्रतिपक्षी दार्शनिक प्रणालियों द्वारा उठाई गई आपत्तियों की विवेचना है, तीसरे में ब्रह्मविद्या को प्राप्त करने के साधन

की विवेचना है और चौथे में ब्रह्मविद्या के अध्ययन के फल की विवेचना है।

वेदांत के सभी परवर्ती अनुयायी *ब्रह्मसूत्र* को अपना मूल ग्रंथ मानते हैं। किंतु इसके सूत्र सामान्यतया कूट हैं और उनके निहितार्थों के संबंध में निश्चित रूप से कुछ कहना संभव नहीं है। परिणामस्वरूप इसकी विविध व्याख्याएँ हुई हैं और इनसे अनेक दार्शनिक धारणाओं का जन्म हुआ है। ये सब उपनिषदों एवं *ब्रह्मसूत्र* की प्रामाणिकता के आधार पर अपना औचित्य सिद्ध करते हैं और वेदांत कहलाने का दावा करते हैं। इस प्रकार वेदांत के अनेक संप्रदाय दिखाई देते हैं।

वेदांत का प्राचीनतम एवं प्रमुखतम संप्रदाय अद्वैत वेदांत है। यद्यपि यह शंकराचार्य के नाम से विशेष रूप से जुड़ा हुआ है, तथापि यह दर्शन शंकराचार्य से पूर्व भी विद्यमान था। इसके आरंभिक प्रतिपादकों में गौडपाद सबसे महत्वपूर्ण हैं। उन्होंने *ब्रह्मसूत्र* पर भाष्य नहीं लिखा किंतु एक स्वतंत्र ग्रंथ *मांडूक्यकारिका* की रचना की। यह चार प्रकरणों में विभाजित है—(1) आगम (धर्मग्रंथ), (2) वैतथ्य (अयथार्थता), (3) अद्वैत (एकता), और (4) अलातशांति (जलते हुए कोयले का शमन)। प्रथम प्रकरण को एक प्रकार से *मांडूक्य उपनिषद* का भाष्य माना जा सकता है और कदाचित इसी कारण इसका नाम *मांडूक्यकारिका* रखा गया। शेष प्रकरणों में गौडपाद के स्वतंत्र विचार व्यक्त हुए हैं। तथापि अद्वैतवाद के सबसे प्रख्यात एवं सशक्त प्रतिपादक शंकराचार्य (लगभग 788-820 ई.) ही हैं। उनके द्वारा प्रतिपादित एवं उनके योग्य शिष्यों द्वारा प्रचारित सिद्धांत का प्रभाव इतना सशक्त था कि अद्वैतवाद वेदांत का लगभग पर्याय ही बन गया। *ब्रह्मसूत्र* के आज उपलब्ध भाष्यों में शंकर का भाष्य सबसे प्राचीन है। इसे *शारीरकभाष्य* कहा जाता है। शंकर बहुग्रंथकार थे। उन्होंने सभी प्रमुख उपनिषदों पर एवं *श्रीमद्भगवद्गीता* पर भाष्य लिखे हैं। उनकी कई अन्य रचनाएँ भी मानी जाती हैं। उनकी व्याख्याओं ने उन्हें विरल ख्याति प्रदान की है। उनके लेखन में सुबोध साहित्यिक शैली के दर्शन होते हैं।

अद्वैत वेदांत पर विपुल साहित्य उपलब्ध है। *शारीरकभाष्य* पर दो भाष्य लिखे गए। एक तो पद्मपाद (सातवीं सदी ई. के अंत एवं आठवीं के आरंभ में) द्वारा जो शंकर के वरिष्ठतम शिष्य माने जाते हैं, और दूसरा वाचस्पति द्वारा। वाचस्पति का भाष्य पद्मपाद के भाष्य से पर्याप्त भिन्न है। कहा जाता है कि पद्मपाद के भाष्य *पंचपादिका* में शांकर-*भाष्य* के केवल प्रथम पाँच पदों की व्याख्या की गई है। इसमें भी आज केवल पहले चार सूत्रों की टीका ही उपलब्ध है। कहा जाता है कि यह भाष्य उनके किसी संबंधी के घर अग्नि में नष्ट हो गया था। किंतु शंकर ने एक बार इसे देखा था और स्मृति से पद्मपाद को सुनाया और पद्मपाद ने इसे पुनः लिख लिया। प्रकाशात्मन् (1000 ई.) ने अपने *विवरण* में *पंचपादिका* की टीका लिखी है। विद्यारण्य

(1350 ई.) ने, जिन्हें सामान्यतः माधव माना जाता है, अपने *विवरणप्रमेयसंग्रह* में इसका सुंदर सार-संक्षेप दिया है। वाचस्पति का भाष्य *भामती* कहलाता है। अमलानंद (तेरहवीं सदी ई.) ने अपने *कल्पतरु* में इसकी व्याख्या की है और *कल्पतरु* पर अप्पयदीक्षित (सत्रहवीं सदी ई.) ने *परिमल* में टीका की है।

इस दर्शन पर उपलब्ध अन्य स्वतंत्र ग्रंथों में उल्लेखनीय हैं—सुरेश्वर (आठवीं सदी ई.) का *नैष्कर्म्यसिद्धि,* विद्यारण्य का *पंचदशी* और मंडन का *ब्रह्मसिद्धि* । दो प्रमुख खंडन-मंडनात्मक ग्रंथ भी हैं—श्रीहर्ष (बारहवीं सदी ई.) का *खंडनखंडखाद्य* और चित्सुख (तेरहवीं सदी ई.) का *तत्वप्रदीपिका* । मधुसूदन सरस्वती (सोलहवीं सदी ई.) द्वारा रचित *अद्वैतसिद्धि* में अद्वैतवादी प्रस्थापना का अत्यंत गूढ़ एवं सूक्ष्म पक्ष-पोषण है।

'अद्वैत' का शाब्दिक अर्थ है द्वैत से रहित। शंकर द्वारा व्याख्यायित वेदांत चरम द्वैतहीनता का दर्शन है, क्योंकि यह 'ब्रह्म' अथवा शुद्ध चेतना के अतिरिक्त किसी अन्य वस्तु की सत्ता नहीं मानता। वही एक सत्य, अर्थात् ब्रह्म शुद्ध सत्ता है, आनंद और प्रज्ञा है और स्वयं के अतिरिक्त अन्य कुछ नहीं है। यह एक और मात्र एक है जिसका कोई समरूप नहीं है। यद्यपि विभिन्न व्यक्तियों में यह विभिन्न प्रतीत होता है, जैसे उषाकाल में एक ही सूर्य सहस्रों ओस-बिंदुओं में प्रतिबिंबित होता है। संसार, समस्त मानसिक एवं भौतिक घटनाएँ अस्थायी आभास मात्र एवं असत् हैं। उन सबमें निहित एकमात्र परम एवं अपरिवर्तनीय सत्य ब्रह्म ही है। परम सत्य के रूप में चेतना का बोध ही सर्वोच्च ज्ञान है क्योंकि इस ज्ञान की उत्पत्ति से संसार के आभासों का संज्ञान स्वतः ही समाप्त हो जाता है। "एकाएक वह साक्षात् सत्य हो जाता है, जो एक साथ शुद्ध आनंद एवं शुद्ध प्रज्ञा से एकरूप है। समस्त सामान्य धारणाओं और विविधता एवं बहुलता का संज्ञान समाप्त हो जाता है, द्वैतभाव नहीं रहता, मेरे और तेरे की भावना नहीं रह जाती, विश्व-प्रक्रिया की यह विशद भ्रांति उसमें समाप्त हो जाती है, और वह उस एक, सत्य, ब्रह्म के रूप में प्रकाशित हो उठता है।"

यहाँ सहज ही यह प्रश्न उठ सकता है कि संसार को असत् मानने का दावा किस प्रकार किया जाता है ? सामान्य अनुभव तो संसार को वास्तविक दर्शाता है। अद्वैतवादियों का उत्तर है कि संसार वास्तविक है नहीं, केवल अज्ञान ('अविद्या' या 'माया') के कारण वास्तविक प्रतीत होता है। जब तक हम अज्ञान में डूबे रहते हैं तब तक संसार को वास्तविक ही समझते रहते हैं। किंतु अज्ञान पर विजय प्राप्त करते ही संसार की सत्ता समाप्त हो जाती है। अज्ञान दो प्रकार से कार्य करता है। एक तो यह वस्तु के वास्तविक स्वरूप को ढँक लेता है और दूसरे, यह वस्तु पर किसी काल्पनिक वस्तु को प्रक्षेपित करता है। इस बात को रज्जु-सर्प भ्रांति के उदाहरण द्वारा समझाया जा सकता है। रज्जु का प्रत्यक्ष रज्जु के रूप में नहीं किया जाता; इसका वास्तविक स्वरूप ढँक जाता है और इस पर एक अन्य

वस्तु सर्प का प्रक्षेपण होता है जिससे उसे सर्प समझा जाता है। इस प्रक्षेपित सर्प की स्थिति भी विलक्षण है। इसे 'सत्' अर्थात् यथार्थ रूप में वर्तमान नहीं कहा जा सकता क्योंकि भ्रांति के दूर होते ही सर्प लुप्त हो जाता है। न ही इसे वंध्या-पुत्र की भाँति शुद्ध रूप से असत् कहा जा सकता है क्योंकि जो शुद्धतः अस्तित्वहीन है वह कभी भी प्रत्यक्षमूलक संज्ञान का विषय नहीं हो सकता। इस प्रकार न तो अस्तित्वमान और न ही अस्तित्वहीन होने के कारण इसे केवल 'अनिवर्चनीय' ही कहा जा सकता है। संसार की आभासी सत्ता को भी इसी प्रकार समझना चाहिए। अज्ञान एक ओर तो ब्रह्म के यथार्थ स्वरूप को आवेष्टित कर लेता है और दूसरी ओर ब्रह्म के ऊपर एक काल्पनिक संसार प्रक्षेपित कर देता है। अज्ञान की सृष्टि यह संसार रज्जु में सर्प की भ्रांति की भाँति प्रतिबोधित होता है। ज्ञान के उदय एवं ब्रह्म के सच्चे स्वरूप की अनुभूति से सांसारिक भ्रमों से मुक्ति के साथ ही मोक्ष भी प्राप्त होता है।

किंतु यह कहा जा सकता है कि यह तुलना संतोषजनक नहीं है। क्या रज्जु में सर्प के प्रत्यक्ष और रज्जु में रज्जु के प्रत्यक्ष में अंतर नहीं है? कहा गया है कि दूसरा प्रत्यक्ष पहले प्रत्यक्ष को नकारकर उसे मिथ्या सिद्ध करता है और ऐसा तभी हो सकता है जब दूसरे प्रत्यक्ष को यथार्थ माना जाए। किंतु यदि दूसरे प्रत्यक्ष को यथार्थतः प्रामाणिक माना जाए तो सांसारिक वस्तुओं को मिथ्या मानने का दावा भी त्यागना पड़ेगा क्योंकि कोई भी प्रामाणिक ज्ञान उस वस्तु को कैसे उजागर करेगा जिसका अस्तित्व ही नहीं है? अद्वैतवादी इस कठिनाई से अनभिज्ञ नहीं हैं। वे वास्तविकता अथवा 'सत्ता' की कोटियों की परिकल्पना द्वारा इसका समाधान करने का प्रयास करते हैं। वह जिसका तीनों कालों—भूत, वर्तमान और भविष्य—में व्याघात अथवा निषेध नहीं होता, परम सत्ता है, अस्तित्व का सर्वोच्च स्वरूप (परमार्थसत्) है। यह बात निस्संदेह ब्रह्म के अतिरिक्त किसी अन्य पर लागू नहीं होती। जिसका सांसारिक बंधन की अवस्था में व्याघात अथवा निषेध नहीं होता, किंतु जो अंततः (ज्ञानोदय होने पर) असत् या अस्तित्वहीन सिद्ध होता है, उसका केवल व्यावहारिक अस्तित्व ही होता है (व्यावहारिक सत्ता)। जब तक हम मुक्त नहीं होते, हमारे लिए संसार सत्य होता है। हमें दैनंदिन जीवन व्यतीत करना होता है। बंधन की इस अवस्था में वस्तुओं का एक प्रकार से अस्थायी अस्तित्व होता है। रज्जु का अस्तित्व इसी अर्थ में प्रामाणिक है और रज्जु का प्रत्यक्ष इसी के अनुरूप प्रामाणिक हो सकता है। यह व्यावहारिक जीवन में उपयोगी हो सकता है। तथापि परम सत्ता की दृष्टि से रज्जु भी असत् है; इसका भी निषेध कभी न कभी होता ही है। अंत में, धारणात्मक सत्ता भी होती है जिसे 'प्रातिभासिक सत्ता' कहा जा सकता है। रज्जु में जिस सर्प की प्रतीति होती है उसका धारणात्मक अस्तित्व है। यह अस्तित्व तभी तक रहता है जब तक कि संबंधित व्यक्ति भ्रांति का शिकार रहता है। इसकी अवधि बहुत कम होती है, लगभग तत्काल ही

इसका निषेध हो जाता है और दैनंदिन जीवन में इसका कोई उपयोग भी नहीं है। कुछ परवर्ती अद्वैतवादी विचारक अज्ञान की कोटियों में भेद करते हैं। जो अज्ञान रज्जु में सर्प की भ्रांति उत्पन्न करता है उसे तुला-अविद्या कहते हैं। यह उस अविद्या से भिन्न है जो ब्रह्म में संसार की भ्रांति उत्पन्न करती है और 'मूला-अविद्या' कहलाती है।

इस दर्शन में ईश्वर को भी अनुभवाश्रित दृष्टिकोण से सत्तायुक्त माना गया है। सच्ची दृष्टि से देखने पर कोई सृष्टिकर्ता ईश्वर नहीं होता, किंतु जिस अर्थ में संसार अस्तित्वमान है और हम सब भिन्न व्यक्तियों के रूप में विद्यमान हैं, उस अर्थ में ईश्वर को जगत का स्रष्टा एवं पालनकर्ता स्वीकार किया जा सकता है। तथापि यथार्थतः समस्त सृष्टि ही भ्रामक है, अतः इसका स्रष्टा भी भ्रामक ही है। ईश्वर के प्रति भक्तिभाव अथवा पूजा-अर्चना का केवल व्यावहारिक महत्व ही हो सकता है। ईश्वरवादी भावना को स्थान अवश्य दिया गया है किंतु उस दर्शन की संरचना के अंतर्गत जिसकी रचना ही इसे पराभूत करने के लिए हुई है।

शंकर के अनुसार कर्म की भूमिका अपेक्षाकृत नगण्य है। सर्वोच्च महत्व ज्ञान का है क्योंकि केवल ज्ञान ही मोक्ष की ओर ले जा सकता है। कर्म केवल चित्त की शुद्धि के लिए किए जाने चाहिए ताकि यह उस ज्ञान को ग्रहण करने के योग्य हो जो व्यक्ति की चेतना को ब्रह्म से एकरूप करता है। किंतु अंततः समस्त कर्मों को त्यागना होता है क्योंकि कर्मों के पूर्ण उत्सर्ग के बिना मोक्ष असंभव है। कर्म और ज्ञान में उसी प्रकार विरोध है जिस प्रकार अंधकार और प्रकाश में।

शंकर की प्रतिष्ठा एवं बढ़ते हुए प्रभाव के होते हुए भी हम देखते हैं कि उनके दर्शन के साथ-साथ अनेक संप्रदायों का उदय हुआ जो बहुत कुछ ईश्वरवादी दृष्टिकोण से *ब्रह्मसूत्र* की वैकल्पिक व्याख्याएँ प्रस्तुत करते हैं। इनमें 'माया' और 'अविद्या' के सिद्धांत की भी कड़ी आलोचना मिलती है।

ब्रह्मसूत्र की प्राचीनतम ईश्वरवादी व्याख्या भास्कर (संभवतः नवीं सदी ई.) ने अपने *भाष्य* में प्रस्तुत की जो "वेदांत के त्रिदंड संप्रदाय की परंपराओं एवं इस धारणा के अनुरूप लिखा गया और कहा गया कि ब्रह्म में क्रमिक परिवर्तन होते हैं।" उनका तर्क है कि 'माया' के प्रतिपादन का कोई औचित्य नहीं है। जिस प्रकार दूध जमकर दही बन जाता है, "उसी प्रकार ईश्वर अपनी इच्छा, ज्ञान एवं सर्वशक्तिमत्ता से स्वयं को इस संसार में परिवर्तित कर लेता है। यद्यपि ईश्वर निरवयव है, फिर भी उसके इस संसार में परिवर्तित होने में कोई असंगति नहीं है क्योंकि वह अपनी अनेक शक्तियों द्वारा ऐसा कर सकता है जिनमें वह अपनी इच्छानुसार परिवर्तन कर सकता है। उसके पास दो शक्तियाँ हैं : एक (भोग्य-शक्ति) के द्वारा वह उपभोग्य संसार बन जाता है और दूसरी के द्वारा उस संसार को भोगनेवाली पृथक आत्माएँ (भोक्तृ); किंतु इन परिवर्तनों के बाद भी उसकी शुद्धता

अपरिवर्तित ही रहती है··· ठीक उसी प्रकार जैसे सूर्य अपनी किरणें फैलाता है और उन्हें पुनः समेट लेता है किंतु स्वयं सूर्य ही बना रहता है।'' व्यक्ति की चेतना ईश्वर से भिन्न भी है और अभिन्न भी। इसे लहरों एवं समुद्र के दृष्टांत द्वारा समझाया गया है : लहरें समुद्र से भिन्न होती हैं और भिन्न नहीं भी होतीं। भास्कर का यह सिद्धांत भेदाभेदवाद कहलाता है।

वेदांत के ईश्वरवादी प्रतिपादकों में कदाचित रामानुज सबसे महत्वपूर्ण हैं। उनका जन्म 1017 ई. में हुआ था। उनकी युवावस्था काँचीपुरम् में बीती और बाद में वे त्रिचनापल्ली के निकट श्रीरंगम् में रहने लगे। उनका सिद्धांत विशिष्टाद्वैतवाद कहलाता है। उन्होंने आरंभिक शिक्षा यादवप्रकाश से ग्रहण की जो विख्यात आचार्य थे और संभवतः अद्वैतवाद के पक्षधर थे। अंततः वे आलवारों के वैष्णव आंदोलन के प्रभाव में आए जो उस समय तमिल देश में प्रचलित था। ''शंकर के निर्मम अद्वैतवाद के विरोध में ये संत एक ऐसी प्रणाली का विकास करना चाहते थे जो ईश्वर-भक्ति का दार्शनिक आधार प्रदान कर सकती। इसे आलवारों के भजनों (प्रबंधों) ने काव्यात्मक रूप में प्रस्तुत किया··· ।'' *श्रीभाष्य* नाम से *ब्रह्मसूत्र* की अपनी टीका में रामानुज इस अर्थ में एकत्ववाद की धारणा प्रतिपादित करते हैं कि वे समस्त संसार को ईश्वर अथवा 'ब्रह्म' के गुण के रूप में संकल्पित करते हैं जो ईश्वर से स्वतंत्र अस्तित्व ग्रहण करने में सक्षम नहीं है। किंतु यह विशिष्ट अद्वैतवाद है क्योंकि इसमें जीवों एवं भौतिक संसार के लिए भी स्थान है। ''सर्वोच्च सत्ता ब्रह्म है जो समस्त वांछित गुणों से परिपूर्ण है, जो केवल ज्ञान ही नहीं है अपितु ज्ञान जिसका एक गुण है, जो सर्वशक्तिमान, सर्वव्यापक एवं करुणामय है। जो कुछ भी अस्तित्वमान है वह ईश्वर में निहित है। अतः यह प्रणाली किसी दूसरे स्वतंत्र तत्व को स्वीकार नहीं करती। किंतु इस एकत्व के भीतर बहुलता के स्पष्ट तत्व रहते हैं, जो ईश्वर के 'प्रकार' होते हुए भी पूर्णतः वास्तविक होते हैं, भ्रम के परिणाम नहीं। ये विभिन्न कोटि एवं श्रेणी के जीव (चित्) एवं सभी प्रकारों के पदार्थ (अचित्) होते हैं और ये दोनों ब्रह्म के शरीर-भूत हैं। इन तत्वों और ईश्वर के बीच वही संबंध होता है जो पशु अथवा वनस्पति शरीर एवं आत्मा या जीव के बीच होता है। पदार्थ और जीव, दोनों ही ईश्वर में शाश्वत विद्यमान होते हैं।''

मोक्ष के साधन के रूप में भक्ति की भूमिका अत्यंत महत्वपूर्ण है। शंकर के मत में शुद्ध ज्ञान स्वयं अज्ञान से छुटकारा दिलाकर अंततः मोक्ष प्रदान करता है। किंतु रामानुज के मत में मोक्ष ईश्वर की कृपा अथवा प्रसाद पर आश्रित होता है और इसे पाने का एकमात्र साधन भक्ति है। यह भक्ति ज्ञान नहीं है अपितु ज्ञान का परिणाम है। यह आस्था नहीं है क्योंकि आस्था तो अधिक से अधिक भक्ति की गौण भूमिका हो सकती है। यह कर्म नहीं है क्योंकि कर्म में स्वार्थ होता है। यह एक स्वतःस्फुरण है जो स्थिर चिंतन से उत्पन्न होता है, जो तेल

की धार समान अबाध और ध्यान का परिणाम होता है। कर्म उसी सीमा तक आवश्यक हैं जिस सीमा तक वे ज्ञान-प्राप्ति में सहायक होते हैं, उससे आगे नहीं। शंकर की ही भाँति रामानुज भी कर्म को गौण मानते हैं।

श्रीभाष्य पर मुख्य टीका सुदर्शन सूरि (तेरहवीं सदी ई.) की *श्रुतप्रकाशिका* है। रामानुज के पश्चात् इस संप्रदाय के सबसे महत्वपूर्ण दर्शनशास्त्री वेंकटनाथ अथवा वेदांतदेशिक (तेरहवीं सदी ई.) ने भी *श्रीभाष्य* पर *तत्वटीका* नामक टीका लिखी।

कहा जाता है कि निम्बार्क तेलुगु ब्राह्मण थे और निम्ब अथवा निम्बपुर में रहते थे जो बेल्लारी जनपद में है। कुछ की मान्यता है कि उन्होंने मथुरा के निकट वृंदावन में अपना जीवन बिताया। कदाचित वे रामानुज के कनिष्ठ समकालीन थे। *ब्रह्मसूत्र* पर निम्बार्क की टीका *वेदांतपारिजातसौरभ* कहलाती है। इस पर उनके शिष्य श्रीनिवास ने *वेदांतकौस्तुभ* नाम से टीका लिखी है।

निम्बार्क का सिद्धांत द्वैताद्वैतवाद कहलाता है अर्थात् इसमें द्वैत और अद्वैत दोनों का स्थान है। इसमें और भास्कर के सिद्धांत में बहुत समानता है। जीव एक साथ ही ब्रह्म से भिन्न भी है और अभिन्न भी। इस प्रकार इसमें द्वैत और अद्वैत, दोनों का ही समर्थन है। "जिस प्रकार प्राण स्वयं को विभिन्न प्रवृत्यात्मक एवं संज्ञानात्मक इंद्रिय-प्रकार्यों में प्रकट करके भी अपनी स्वतंत्रता, एकता और भिन्नता बनाए रखता है, उसी प्रकार ब्रह्म भी असंख्य जीवों एवं पदार्थों में स्वयं को खोए बिना स्वयं को प्रकट करता है। जिस प्रकार मकड़ी अपने शरीर से जाला बुनती है और फिर भी उससे स्वतंत्र रहती है उसी प्रकार ब्रह्म भी अपने को असंख्य जीवों एवं पदार्थों में विभक्त करता है और फिर भी इसकी पूर्णता और शुद्धता बनी रहती है।" निम्बार्क के उपदेश "रामानुज के उपदेश पर आधारित हैं जिनके वे कालक्रम में बहुत दूर नहीं थे। उन्होंने रामानुज के दर्शन का ही विस्तार और विकास किया और जीव एवं जड़ पदार्थों को अर्ध-स्वतंत्र स्थिति प्रदान की। इससे यह नहीं समझना चाहिए कि जीव और जड़ पदार्थों की ब्रह्म से स्वतंत्र और अलग सत्ता होती है अथवा हो सकती है। वे मूलतः एवं स्थायी रूप से उससे एकाकार हैं जो सब है और सबमें है। इस प्रकार निम्बार्क का दर्शन, कम-से-कम सिद्धांत रूप में, एक सत्तावादी दृष्टिकोण अपनाता है। जीव और संसार केवल इस अर्थ में ब्रह्म से भिन्न हैं कि वे ब्रह्म के गुणों अथवा उसकी शक्ति से विकसित या उत्पन्न हुए हैं ताकि जड़ और चेतन जगत का निर्माण हो। ब्रह्म में वे सूक्ष्म रूप में विद्यमान रहते हैं और गोचर जगत में आकर वे ही स्थूल रूप धारण कर लेते हैं, तथापि मूलतः वे ब्रह्म से ही जुड़े रहते हैं और उनकी कोई पृथक सत्ता नहीं होती।"

रामानुज की धारणा की भाँति यहाँ भी 'भक्ति' पर अत्यधिक बल दिया गया है (यद्यपि इसमें 'ब्रह्म' को कृष्ण माना गया है)। मोक्ष-प्राप्ति के लिए व्यक्ति को "सर्वोच्च

सत्ता के प्रति पूर्ण समर्पण की भावना" (प्रपत्ति) रखनी चाहिए। इस 'प्रपत्ति' के छः अंग हैं : अर्पण की इच्छा, विरोध का त्याग, ईश्वर द्वारा रक्षा का विश्वास, ईश्वर को त्राता मानना, अपने को पूर्णतः ईश्वर पर ही आश्रित कर देना तथा कातरता की भावना से भर जाना। इन छः अंगों को धारण करनेवाले को ईश्वर का प्रसाद स्वतः ही प्राप्त होता है और ईश्वर-प्रसाद से उत्पन्न होती है—भक्ति, ईश्वर के प्रति प्रगाढ़ प्रेम, जिसका समापन सर्वोच्च सत्ता के साक्षात्कार में होता है।

ब्रह्मसूत्र की विकट एवं शुद्धतः द्वैतवादी व्याख्या मध्व ने अपने भाष्य एवं कुछ अन्य रचनाओं में की है। उनके जीवन के संबंध में कोई प्रामाणिक सूचना उपलब्ध नहीं है। उनका जन्म कदाचित 1197 ई. में हुआ था और वे उडुपी के निकट रजतपीठ के रहनेवाले थे। यह स्थान शृंगेरी से लगभग चालीस मील दूर है जहाँ शंकर ने एक मठ की स्थापना की थी। उनके संबंध में अनेक दंतकथाएँ प्रचलित हैं। प्रतीत होता है कि वे शंकर के जन्मजात शत्रु थे। कहा जाता है कि वे 'वायु' के अवतार थे जो शंकर के अनुयायियों एवं उनके मिथ्या दर्शन का नाश करने के लिए धरती पर अवतीर्ण हुए थे। निस्संदेह यह मिथक है किंतु उनकी रचनाओं में शंकर के अमूर्त एकसत्तावाद के विरुद्ध अतिशय प्रतिक्रिया स्पष्ट दिखाई पड़ती है। 'माया' का सिद्धांत प्रतिपादित करने के कारण मध्व शंकर को 'प्रच्छन्न बौद्ध' कहते हैं। अन्य वैष्णव आचार्यों, रामानुज एवं निम्बार्क की भाँति मध्व एकसत्तावाद से किसी प्रकार का समझौता करने को तैयार न थे। वे बहुग्रंथकार रहे होंगे क्योंकि उन्हें सैंतीस ग्रंथों का रचयिता माना जाता है।

मध्व द्वैतवाद के प्रवर्तक हैं। "उनकी संपूर्ण दार्शनिक प्रणाली का आधार ही द्वैतवाद है। इसका तात्पर्य चेतना और पदार्थ के अथवा शुभाशुभ के द्वैत से नहीं है, अपितु स्वतंत्र सर्वोच्च सत्ता (परमात्मन्) एवं जीवन के आश्रित सिद्धांत (जीवात्मन्) के भेद से है। यथार्थ एवं अनंत भेद पांच (पंचभेद) हैं : (अ) ईश्वर और जीव के बीच भेद, (ब) ईश्वर एवं पदार्थ के बीच भेद, (स) जीव और पदार्थ के बीच भेद, (द) जीव और जीव के बीच भेद, तथा (य) पदार्थ के एक अणु और दूसरे अणु के बीच भेद।" ईश्वर अनंत गुणों से संपन्न है। "वह सर्वज्ञ है, और शब्दों के मूल एवं व्यापक सही अर्थ ईश्वर की ओर ही संकेत करते हैं। वह समस्त भौतिक पदार्थों, जीवों एवं प्रकृति से भिन्न है; ज्ञान और आनंद ही उसका शरीर है; वह पूर्णतः अनाश्रित एवं एक है यद्यपि उसके विभिन्न रूप (जैसे वासुदेव, प्रद्युम्न इत्यादि) हो सकते हैं।" ईश्वर के मुख्य प्रकार्य आठ हैं : सृष्टि, रक्षा, विलय, सभी वस्तुओं पर नियंत्रण, ज्ञान प्रदान करना, स्व-प्रकाशन, जीवों को संसार के ज्ञान में संलग्न करना एवं मोक्ष प्रदान करना। समस्त जीवात्माएँ ईश्वर से एवं एक-दूसरे से भिन्न हैं। जीवात्माएँ असंख्य हैं और दोष, अज्ञान, दुख, भय इत्यादि उनके लक्षण हैं। वे जन्म-मरण के चक्र में फँसी हुई हैं। प्रकृति जोकि

एक द्रव्य है, संसार का उपादान कारण है। यह जड़ एवं सर्वोच्च सत्ता से पूर्णतः भिन्न है, अतः यह संसार का निमित्त कारण मात्र है। जड़ से चेतन की उत्पत्ति किस प्रकार संभव है ?

ईश्वर के प्रत्यक्ष ज्ञान अथवा प्रतिबोधन से मोक्ष की प्राप्ति होती है। वैराग्य, शम, दम, शरणागति, परमात्मा की भक्ति इत्यादि साधन इस प्रत्यक्ष ज्ञान की प्राप्ति के लिए आवश्यक हैं। मोक्षावस्था में भी जीवात्मा एवं परमात्मा में भेद बना रहता है।

ब्रह्मसूत्र की एक और टीका *अणुभाष्य* मिलती है जिसके रचयिता वल्लभ हैं। उनका जन्म एक तेलुगु परिवार में हुआ था और उनके पिता लक्ष्मण भट्ट थे। पारंपरिक मान्यता के अनुसार उनका जन्म 1481 ई. में बनारस के निकट पंपारण्य में हुआ था। इनके जन्म के समय लक्ष्मण भट्ट मुसलमानों के आक्रमण का समाचार सुनकर बनारस छोड़कर भाग रहे थे। उनकी चौरासी रचनाएँ एवं चौरासी प्रमुख शिष्य बताए जाते हैं।

वल्लभाचार्य के दर्शन को शुद्धाद्वैतवाद कहा जाता है। इसमें ब्रह्म और जीवात्माओं के संबंध की तुलना स्वर्ण और स्वर्णाभूषणों के संबंध से की गई है। जीवात्माएँ अणु के आकार की होती और ब्रह्म से अभिन्न होती हैं, ब्रह्म का ही अंश होती हैं। वे ब्रह्म से उसी प्रकार उत्पन्न होती हैं जिस प्रकार अग्नि से चिंगारियाँ उत्पन्न होती हैं। वे भी ब्रह्म की ही भाँति अनंत और सत् हैं और उत्पन्न होने का तात्पर्य केवल आविर्भूत होने से है। जड़ जगत भी अनिवार्यतः ब्रह्म से एकरूप होता है; उसके चित् एवं आनंद के गुण प्रच्छन्न रहते हैं और केवल अस्तित्व का गुण ही प्रकट होता है। यह ब्रह्म की ही सृष्टि है, इस अर्थ में कि स्वयं ब्रह्म ही जड़ जगत के रूप में आविर्भूत होता है। वस्तुओं की सृष्टि एवं विलय का अर्थ केवल उन रूपों में ब्रह्म का प्रकटीकरण एवं लोप ही है। ब्रह्म एक, अनंत, सर्वज्ञ, सर्वशक्तिमान, अनंत गुणों से विभूषित है और यह मूलतः सच्चिदानंद स्वरूप होता है अर्थात् इसका स्वरूप सत्, चित् और आनंद का होता है।

अन्य वैष्णवों की भाँति वल्लभ भी भक्ति पर बहुत बल देते हैं। इस संप्रदाय के अनुयायियों ने भक्ति और इसके स्वरूप पर स्वतंत्र ग्रंथों की रचना भी की है। "ईश्वर के प्रति उसकी महानता के पूर्ण ज्ञान के साथ दृढ़ एवं अतिशय प्रेम ही भक्ति है; केवल भक्ति के द्वारा ही मोक्ष प्राप्त किया जा सकता है।" "जो ईश्वर को सर्वस्व और स्वयं को उससे निस्सृत मानता है और जो प्रेमपूर्वक उसकी सेवा करता है, वह भक्त है।··· सर्वोच्च भक्त सर्वस्व त्याग देता है, उसके मन में केवल कृष्ण ही विराजमान रहते हैं; उसके लिए न स्त्री है न घर, न पुत्र न मित्र, और न ही धन-संपत्ति, अपितु वह पूर्णरूपेण ईश्वर-प्रेम में डूबा रहता है।" कुछ आधुनिक विद्वान वल्लभ-संप्रदाय के अनुयायियों को भारत के सुखवादी भी मानते हैं। इसका कारण संभवतः वल्लभाचार्य द्वारा तपश्चर्या

को अस्वीकार करना है। कारण कि उनकी मान्यता थी कि "ईश्वर की पूजा व्रतादि एवं आत्म-क्लेश द्वारा नहीं की जानी चाहिए, कि ईश्वर का अंश होने के कारण जीवात्मा आदरणीय है, और यह कि जिस शरीर में जीवात्मा का वास होता है उसका उचित पोषण होना चाहिए, न कि उसे तपश्चर्या के कष्टों का भागी बनाना चाहिए।"

चैतन्य ने संभवतः दार्शनिक ग्रंथों की रचना नहीं की। उनके विद्वान अनुयायियों द्वारा व्याख्यायित उनकी दार्शनिक धारणा अचिंत्य-भेदाभेदवाद कहलाती है। जीवगोस्वामिन् (सोलहवीं सदी ई.) ने अपनी *सर्वसंवादिनी* नामक रचना एवं बलदेव विद्याभूषण (अठारहवीं सदी ई.) ने *ब्रह्मसूत्र* पर *गोविंदभाष्य* नामक अपनी टीका में इस सिद्धांत को तार्किक रूप से स्थापित करने का प्रयास किया। वे शंकर के माया के सिद्धांत को अस्वीकार करते हैं और संसार की सत्ता मानते हैं। उनका तर्क है कि जीवात्मा और ब्रह्म न तो एक-दूसरे से पूर्णरूपेण भिन्न हैं, न ही अभिन्न। जीव और संसार ब्रह्म की शक्तियाँ मात्र हैं; शक्तिमान है ब्रह्म। शक्तिमान और उसकी शक्तियाँ एक साथ परस्पर भिन्न और अभिन्न दोनों ही हैं। उदाहरण के लिए, अग्नि में दहन की शक्ति कही जाती है। दहन की यह शक्ति और अग्नि कभी भी, कहीं भी एक-दूसरे से भिन्न नहीं पाई जातीं। न ही ये दोनों एक-दूसरे से पूर्णतया अभिन्न हैं, क्योंकि जब किसी निवारक घटक (जैसे जादू या रत्न इत्यादि) के कारण दाहक शक्ति नहीं भी होती तो भी अग्नि तो रहती ही है। जब दो वस्तुएँ पूर्णतया एकरूप होती हैं तो उनमें से कोई भी दूसरी के बिना विद्यमान नहीं हो सकती। किंतु यह कैसे संभव है कि दो विरोधी लक्षण भेद और अभेद, एक साथ ही किसी वस्तु में उपस्थित हों ? इसका उत्तर है कि यह सत्य किंतु अनिर्वचनीय है, सामान्यतया अचिंत्य है।

श्रीकंठ (लगभग ग्यारहवीं सदी ई.) ने, जिन्होंने *ब्रह्मसूत्र* पर एक टीका लिखी है, वेदांत की ऐसी व्याख्या दी जो वैष्णववादी नहीं थी। उनकी आलोचना का मुख्य लक्ष्य शंकर रहे हैं यद्यपि कहीं-कहीं वे रामानुज और निम्बार्क की आलोचना भी करते हैं। वे *ब्रह्म* को शिव से एकरूप मानते हैं, जो उपादान कारण होने के साथ ही संसार के निमित्त कारण भी हैं।

न्याय दर्शन

न्याय दर्शन का एक दीर्घ एवं रोचक इतिहास रहा है। यह बीस शताब्दियों की दीर्घ अवधि तक लगभग निर्बाध रूप से विकसित और पल्लवित होता रहा। भारतीय दार्शनिक परंपरा में इसे प्रायः सम्मान का स्थान मिला है। इसके प्रभाव का अनुमान इसी बात से लगाया जा सकता है कि न केवल दार्शनिक विवेचना में अपितु स्मृति, काव्य एवं व्याकरण जैसी अध्ययन की अन्य शाखाओं में भी इस दर्शन की कार्यपद्धति

एवं शब्दावली का प्रयोग होता है।

इस दर्शन की उत्पत्ति के संबंध में कोई निश्चित मत स्थिर करना कठिन है। इस संबंध में विभिन्न विद्वान विभिन्न मत प्रस्तुत करते हैं। उदाहरण के लिए, कुछ विद्वान उपनिषद-काल की तार्किक प्रवृत्ति में इसकी उत्पत्ति देखते हैं। इस प्रकार उपनिषद-काल में चिंतन के विभिन्न संप्रदायों के अनुयायियों के बीच होनेवाले वाद-विवादों में इस दर्शन के बीज खोजे जा सकते हैं। वाद-विवाद की कला उस समय भी अध्ययन का एक विषय मानी जाती थी और कदाचित इसे वाकोवाक्य कहते थे।

ऐसी भी धारणा है कि न्याय दर्शन की उत्पत्ति सार्वजनिक वाद-विवाद की कला और पद्धति के अध्ययन से हुई। सार्वजनिक वाद-विवादों का प्रचलन इस देश में प्राचीन काल से रहा है। *न्यायसूत्र* में उपलब्ध आंतरिक प्रमाण इस परिकल्पना का समर्थन करते प्रतीत होते हैं। कारण कि यह काफी सीमा तक सार्वजनिक वाद-विवाद की तकनीक से संबंधित एक प्रबंध है। प्रथम अध्याय के द्वितीय भाग और संपूर्ण पंचम अध्याय में वाद-विवाद के विभिन्न रूपों के स्वरूप की और उन विषयों की विवेचना हुई है जो मूलतः इन रूपों से संबंधित हैं। किंतु वाद-विवाद में रुचि ही तो इस बात की व्याख्या नहीं कर सकती कि अन्य समस्याओं जैसे पारंपरिक आस्था के तत्व एवं एक मूलतः अनुभवात्मक ज्ञानमीमांसा और सत्तामीमांसा से इस दर्शन का सरोकार कैसे हुआ।

किंतु ऐसे विचारक भी हैं जो इस दर्शन की उत्पत्ति प्राचीन वैदिक एवं औपनिषदिक परंपरा में खोजने नहीं जाते क्योंकि इस प्रणाली की यथार्थतः विशिष्ट विलक्षणताएँ भारतीय दार्शनिक परंपरा में अपेक्षाकृत नई हैं। सामान्यों का सिद्धांत, न्यायिकी का सिद्धांत और संसार की प्रत्येक वस्तु को एक निश्चित श्रेणी के अंतर्गत वर्गीकृत करना इस दर्शन के ऐसे तत्व हैं जो इसके पूर्व भारतीय दर्शन में अज्ञात थे।

न्याय शब्द का इस प्रणाली में विशिष्ट अर्थ है—अन्य लोगों के लिए अनुमान ('परार्थानुमान'), आनुमानिक तर्क, न्यायिक तार्किकता। इसमें न्यायिकी के महत्व पर बार-बार बल दिया गया है और इस प्रणाली में न्यायिकी विवेचना का विशेष विषय है। इसीलिए इस दर्शन का नाम 'न्याय' पड़ा। इसके एक अन्य सुपरिचित नाम *आन्वीक्षिकी* की भी ऐसी ही व्याख्या है। यह अन्वीक्षा शब्द से निकला है जिसका अर्थ भी न्यायिकी ही है।

इस प्रणाली का प्राचीनतम ग्रंथ *न्यायसूत्र* है जिसके रचयिता गौतम हैं। उन्हें गोतम या अक्षपाद भी कहा जाता है। गौतम के जीवन अथवा उनके युग के संबंध में कोई निश्चित जानकारी उपलब्ध नहीं है। इस रचना के संशोधन एवं परिष्कार का काल 200 ई. के आसपास माना जा सकता है। इसमें संदेह नहीं है कि समय-समय पर इस ग्रंथ में क्षेपक जोड़े गए हैं। अतः 841 ई. में वाचस्पति मिश्र ने गौतम के प्रामाणिक सूत्रों की

सूची बनाने का कार्य आरंभ किया। इस संशोधित सूची को *न्यायसूचीनिबंध* कहा जाता है। इसमें 528 सूत्र हैं जो पाँच अध्यायों में विभाजित हैं। प्रत्येक अध्याय को पुनः दो आह्निकों में बाँटा गया है। पहले ही सूत्र में गौतम सोलह पदार्थों की गणना देते हैं जिनके सम्यक ज्ञान से निःश्रेयस की प्राप्ति हो सकती है। पहले अध्याय में पदार्थों की परिभाषा दी गई है और उनका वर्गीकरण किया गया है। दूसरे अध्याय में कतिपय पदार्थों के विषय में उठाई गई आपत्तियों का परीक्षण एवं खंडन किया गया है। तीसरे अध्याय में विवेचना का मुख्य विषय आत्मा का स्वरूप एवं इंद्रियाँ हैं। चौथे अध्याय में मुख्यतः पुनर्जन्म, हैतुकता, अंग और अंगी की समस्या एवं अणुवादी सिद्धांत की विवेचना है। पाँचवाँ अध्याय वाद-विवादों, इनके नियमों एवं विधियों से संबंधित है।

गौतम के *न्यायसूत्र* पर दीर्घकाल तक भाष्यों एवं भाष्यों पर भाष्यों की रचना होती रही। इससे न्याय दर्शन के विपुल साहित्य का निर्माण हुआ। *न्यायसूत्र* की प्रचीनतम टीका वात्स्यायन या पक्षिलस्वामिन् द्वारा रचित *भाष्य* है। वात्स्यायन का संभावित समय चौथी सदी ई. का आरंभ है।

वात्स्यायन के भाष्य पर उद्योतकर (लगभग 635 ई.) ने टीका लिखी यद्यपि कहीं-कहीं वे गौतम की स्थापना की अपनी ही व्याख्या देते हैं। उद्योतकर की टीका *वार्तिक* कहलाती है और उन्होंने इसकी रचना दिग्नाग जैसे बौद्ध विचारकों की आलोचना से न्याय दर्शन की रक्षा करने के लिए की थी। उद्योतकर को भारद्वाज (उनके वंश का नाम) और पाशुपताचार्य (पाशुपत शैव संप्रदाय के आचार्य) भी कहते हैं। वे संभवतः धर्मकीर्ति के समकालीन थे क्योंकि ये दोनों विचारक अपनी रचनाओं में एक-दूसरे का उल्लेख करते हैं। उन्होंने जिस एकमात्र स्थान का उल्लेख किया है वह थानेश्वर से लगभग 40 मील उत्तर में स्थित श्रुघ्न है।

तत्पश्चात् आते हैं वाचस्पति मिश्र जो महान विद्वान एवं अनेक बहुमूल्य ग्रंथों के रचयिता हैं। ये ग्रंथ अधिकांशतः पारंपरिक भारतीय दार्शनिक प्रणालियों की कृतियों पर टीकाएँ हैं। वे भारतीय दर्शन की समस्त प्रणालियों पर समान अधिकार रखते थे किंतु किसी के भी अनुयायी न थे। अतः उन्हें 'सर्वतंत्र-स्वतंत्र' कहा जाता है। उन्हें मिथिला का निवासी बताया जाता है और उन्होंने त्रिलोचन से दर्शन की शिक्षा प्राप्त की थी। संभवतः नृग नाम के कोई राजा उनके संरक्षक थे। न्याय दर्शन में वाचस्पति मिश्र का सबसे बड़ा अवदान *तात्पर्यटीका* है जो उद्योतकर कृत *वार्तिक* की टीका है। यह टीका उन्होंने *वार्तिक* के सही तात्पर्य को स्पष्ट करने की दृष्टि से लिखी क्योंकि अन्य अनेक हीन ग्रंथों के कारण *वार्तिक* का अंतर्तत्व मलिन होता जा रहा था। *तात्पर्यटीका* में वाचस्पति उद्योतकर के अनेक कसे हुए वक्तव्यों का अर्थ स्पष्ट करने के साथ वात्स्यायन के *भाष्य* एवं गौतम के *सूत्रों* की स्वतंत्र व्याख्या भी करते हैं।

उदयन भी मिथिला के ब्राह्मण थे। वे भारतीय दर्शन के क्षेत्र की श्रेष्ठतम प्रतिभाओं में एक थे और अन्य दार्शनिक प्रणालियों के विचारक भी उनका बड़ा आदर करते थे। उन्होंने न्याय और वैशेषिक दर्शनों पर अनेक महत्वपूर्ण ग्रंथों की रचना की जिनमें स्वतंत्र ग्रंथ एवं टीकाएँ, दोनों ही सम्मिलित हैं। *लक्षणावली* नामक छोटे-से ग्रंथ में वैशेषिक दर्शन के तत्वों का परिचय देते समय उदयन स्वयं इसका रचना काल 906 शक संवत् (984 ई.) बताते हैं। उन्होंने वाचस्पति मिश्र की *तात्पर्यटीका* पर *परिशुद्धि* नाम की टीका लिखी। न्याय दर्शन पर उदयन-रचित अन्य तीन महत्वपूर्ण ग्रंथ हैं : *प्रबोधसिद्धि* या *न्यायपरिशिष्ट, आत्मतत्वविवेक* (जिसे *बौद्धधिक्कार* भी कहते हैं) एवं *न्यायकुसुमांजलि*। पहले ग्रंथ में 'जाति' (निरर्थक प्रत्युत्तर) एवं 'निग्रह स्थान' (पराजय-बिंदु) का विशद एवं सोदाहरण विवेचन है। ये दोनों विषय वाद-विवादों से संबंधित हैं और गौतम द्वारा वर्णित सोलह पदार्थों में सम्मिलित हैं। दूसरा ग्रंथ खंडन-मंडनमूलक और गूढ़ चरित्र का है। इसमें न्याय दर्शन की तत्वमीमांसा की विवेचना है जिसमें आत्मा की धारणा का विशेष संदर्भ है और बौद्ध धर्म के कतिपय आधारभूत सिद्धांतों का खंडन है। तीसरा ग्रंथ पद्यों में लिखा गया एक लोकप्रिय ग्रंथ है जिसमें स्वयं लेखक ने गद्य में टीका दी है। इसका मुख्य लक्ष्य अनीश्वरवादी सिद्धांतों का खंडन एवं न्याय दर्शन के ईश्वरवाद का मंडन है।

जयंत भट्ट, जिनका समय 850-910 ई. के बीच रहा होगा, मूलतः बंगाल के निवासी थे किंतु उनके पूर्वज कश्मीर आकर बस गए थे। उनकी *न्यायमंजरी* यद्यपि *न्यायसूत्र* की टीका मानी जाती है, तथापि भारतीय दर्शन के क्षेत्र में यह एक अत्यंत महत्वपूर्ण अवदान है। इसका स्वरूप स्वतंत्र रचना का अधिक है और जयंत भट्ट न्याय दर्शन की दृष्टि से अपने प्रतिपक्षियों की स्थापनाओं की आलोचना करने के पूर्व निष्ठापूर्वक उनकी विवेचना करते हैं। उनकी लेखन-शैली चटकीली, सशक्त एवं कहीं-कहीं व्यंग्यात्मक भी है। कहा जाता है कि इस ग्रंथ की रचना उन्होंने बंदीगृह में की थी। उन्हें इस कारण बंदी बनाया गया था कि उन्होंने उस मंदिर की संपत्ति देना अस्वीकार कर दिया था जिसके वे प्रमुख थे।

भासर्वज्ञ (लगभग दसवीं सदी ई.) ने न्याय दर्शन पर *न्यायसार* नाम का महत्वपूर्ण ग्रंथ लिखा। इस ग्रंथ की विशेषता यह है कि कई स्थानों पर यह न्याय दर्शन की स्थापित परंपरा का उल्लंघन करता है। लेखक ने स्वयं अपने ग्रंथ पर एक विद्वत्तापूर्ण टीका लिखी है जो *न्यायभूषण* कहलाती है।

सत्रहवीं सदी में विश्वनाथ ने *न्यायसूत्र* की एक स्वतंत्र एवं संक्षिप्त टीका *वृत्ति* नाम से लिखी। राधामोहन गोस्वामिन् ने भी एक स्वतंत्र टीका लिखी जिसका नाम *न्यायसूत्रविवरण* है।

बारहवीं सदी में मिथिला के गंगेश उपाध्याय द्वारा रचित *तत्वचिंतामणि* के साथ

न्याय दर्शन का एक नया ही चरण आरंभ होता है। इस नई प्रवृत्ति को नव्य-न्याय अर्थात् तर्कशास्त्र कहते हैं जो पारंपरिक प्राचीन न्याय अर्थात् पुराने तर्कशास्त्र से भिन्न है। नव्य-न्याय में शब्दावली संबंधी सटीकता एवं परिभाषाओं के परिष्कार पर विशेष बल दिया गया है। इसमें न्याय-वैशेषिक दर्शन की सामान्य रूपरेखा को स्वीकार तो किया गया है किंतु विवेचना अधिकाधिक विस्तार संबंधी बातों तक सीमित होती गई है (वह भी कतिपय विशिष्ट समस्याओं के संदर्भ में ही) और औपचारिक पूर्णता मुख्य ध्येय बन गई है। यह ज्ञान के सिद्धांत पर बल देता है और उसे "धारणाओं, पदों एवं प्रस्थापनाओं के संबंधों का औपचारिक तर्कशास्त्र बना देता है।" अतिसूक्ष्म एवं बाल की खाल निकालनेवाले विश्लेषण के लिए आवश्यक हो जाता है कि शब्दावली की एक अत्यंत कठिन एवं जटिल प्रणाली अपनाई जाए और व्याख्या करने में अनेक अमूर्त धारणाओं, घिसे-पिटे सिद्धांतवाक्यों तथा जटिलताओं की सहायता ली जाए। परिणामस्वरूप नव्य-न्याय की भाषा संस्कृत होते हुए भी एक भिन्न ही भाषा प्रतीत होती है जिसका सामान्य संस्कृत से कोई साम्य नहीं है। नव्य-न्याय की तकनीक को किसी भी सूक्ष्म अथवा गंभीर विचार की अभिव्यक्ति का सर्वोत्तम साधन माना गया और व्याकरण, वेदांत, विधि एवं धर्मशास्त्र, मीमांसा तथा साहित्यिक समालोचना एवं अलंकारशास्त्र के परवर्ती संप्रदायों ने इसे अपनाया।

गंगेश मिथिला के रहनेवाले थे। उनका *तत्वचिंतामणि* न्याय दर्शन के इस नए संप्रदाय का गौरवग्रंथ है। वे मुख्य रूप से न्याय दर्शन में विवेचित चार प्रमाणों अथवा ज्ञान के स्रोतों पर ही लिखते हैं। ये प्रमाण हैं : प्रत्यक्ष, अनुमान, उपमान और शब्द। तथापि उनके अनुमान संबंधी विवेचनों ने असामान्य रूप से विद्वानों को आकर्षित किया और *तत्वचिंतामणि* के अनुमान-खंड पर अनेक टीकाएँ और टीकाओं की भी टीकाएँ लिखी गईं। बारहवीं सदी के उत्तरार्ध से लेकर सोलहवीं सदी के दो-तिहाई भाग तक मिथिला में नव्य-न्याय का बोलबाला रहा। किंतु पंद्रहवीं से लेकर सत्रहवीं सदी तक बंगाल नव्य-न्याय के अध्ययन का मुख्य केंद्र बना रहा। पक्षधर मिश्र (तेरहवीं सदी ई.) मिथिला के सुप्रसिद्ध विद्वान थे और उन्होंने गंगेश के ग्रंथ पर *आलोक* नाम की टीका लिखी। नव्य-न्याय के बंगाल संप्रदाय की सर्वाधिक पठित टीकाएँ रघुनाथ शिरोमणि (1500 ई.) कृत *दीधिति* एवं मथुरानाथ (1580 ई.) कृत *रहस्य* हैं। ये दोनों टीकाएँ गंगेश के ग्रंथ पर हैं। रघुनाथ की टीका पर गदाधर (1650 ई.) एवं जगदीश (1590 ई.) ने टीकाएँ लिखीं। वस्तुतः बंगाल में नवद्वीप इस नए तर्कशास्त्र के अध्ययन का सबसे महत्वपूर्ण केंद्र बन गया और इसके अधिकांश विद्वान यहीं के थे। इसके अतिरिक्त टीकाओं, विशेष टिप्पणियों एवं उच्च कोटि के स्वतंत्र प्रबंधों के रूप में विशद साहित्य लिखा गया—जैसे जगदीश कृत *शब्दशक्तिप्रकाशिका* और गदाधर कृत *व्युत्पत्तिवाद*।

न्यायसूत्र का आरंभ इस वाक्य से होता है कि सोलह पदार्थों के सम्यक ज्ञान से निःश्रेयस की प्राप्ति की जा सकती है। ये पदार्थ हैं : प्रमाण, प्रमेय, संशय, प्रयोजन, दृष्टांत, सिद्धांत, अवयव, तर्क, निर्णय, वाद, जल्प, वितंडा, हेत्वाभास, छल, जाति और निग्रहस्थान। वह विशिष्ट क्रम जिसके द्वारा सम्यक ज्ञान अंततः मोक्ष तक ले जाता है, दूसरे सूत्र में वर्णित है : सम्यक ज्ञान मिथ्या ज्ञान को दूर करता है; मिथ्या ज्ञान के दूर हो जाने से पाप दूर हो जाते हैं; पापों के दूर हो जाने से कर्म मिट जाते हैं; कर्मों के मिट जाने पर पुनर्जन्म से छुटकारा मिल जाता है और पुनर्जन्म से छुटकारा मिलने पर समस्त दुख पूर्णतः दूर हो जाते हैं। यही मोक्ष है।

इस प्रणाली के अनुसार मोक्ष समस्त पीड़ाओं एवं दुखों के पूर्ण एवं परम निषेध की अवस्था है। जीव देह-इंद्रिय संकुल से पूर्णरूपेण अलग होकर शुद्ध द्रव्य के रूप में विद्यमान रहता है। इसे न केवल दुख की अनुभूति नहीं होती अपितु यह आनंदोपभोग भी नहीं कर सकता; इसे कोई चेतना तक नहीं रहती। न्याय दर्शन जीव के स्वरूप को चेतन नहीं मानता। ज्ञान जीव का एक सांयोगिक गुण है जो कतिपय विशिष्ट परिस्थितियों में ही उत्पन्न होता है।

नैयायिक कट्टर यथार्थवादी हैं और जीवों की बहुलता स्वीकार करते हैं। यद्यपि *न्यायसूत्र* में एक स्थान पर ईश्वर का संक्षिप्त उल्लेख मिलता है, तथापि इसके आधार पर यह निष्कर्ष नहीं निकाला जा सकता कि यह दर्शन मूलतः ईश्वर में आस्था रखता था। इसके परवर्ती अनुयायी अवश्य ही ईश्वरवादी थे और वे बड़े उत्साहपूर्वक, अनेक दृष्टिकोणों से अनेक तर्क देकर ईश्वर का अस्तित्व सिद्ध करने का प्रयास करते थे। कुछ आधुनिक विद्वानों की मान्यता है कि मोक्ष की धारणा भी इसमें बाद में जोड़ी गई और ऐसा पारंपरिक आस्था को तुष्ट करने के लिए किया गया।

वैशेषिक दर्शन

सामान्य मान्यता के अनुसार वैशेषिक दर्शन का यह नाम इस कारण पड़ा कि यह 'विशेष' नामक 'पदार्थ' को मानता है। किंतु एक चीनी परंपरा के अनुसार वैशेषिक नाम पड़ने का कारण इसका अन्य दार्शनिक प्रणालियों, विशेषकर सांख्य दर्शन से (जो पहले ही चीन पहुँच चुका था) 'श्रेष्ठ' अथवा 'विशिष्ट' होना है। कुछ लोग यह भी मानते हैं कि विशेष का तात्पर्य अंतर है और इस दर्शन का वैशेषिक नाम इस कारण पड़ा कि यह संसार के मूल में एकत्व के स्थान पर वैविध्य या बहुलता को मानता है।

इस दर्शन का मूल ग्रंथ *वैशेषिकसूत्र* है और कणाद ऋषि को इसका प्रणेता माना जाता है। कणाद के संबंध में कोई ऐतिहासिक सूचना उपलब्ध नहीं है। इसके संशोधन एवं परिष्कार की तिथि भी मात्र अनुमान का विषय है। बहुत संभव है कि यह *न्यायसूत्र*

के कुछ पहले का हो। इसमें दस अध्याय हैं जिनमें से प्रत्येक को पुनः दो खंडों में विभाजित किया गया है। इसमें बहुत पाठ-भेद हैं और कोई भी दो संस्करण एक-दूसरे से नहीं मिलते। *न्यायसूत्र* की तुलना में *वैशेषिकसूत्र* कम व्यवस्थित है और विषयों की विवेचना में विशेष क्रम अथवा संगति ढूँढ़ पाना कठिन है। उदाहरण के लिए, आरंभ में ही यह घोषित किया गया है कि इसका लक्ष्य 'धर्म' की व्याख्या करना है और धर्म को 'निःश्रेयस' (सर्वश्रेष्ठ शुभ) एवं 'अभ्युदय' (समृद्धि) की प्राप्ति का साधन बताया गया है। तत्पश्चात् वेदों की प्रामाणिकता सिद्ध करते हुए एक सूत्र है। किंतु सम्पूर्ण ग्रंथ में मुख्यतः उन छः पदार्थों की ही विवेचना है जिन्हें इस दर्शन में स्वीकार किया गया है, यद्यपि इसमें बाह्य क्षेपक भी पर्याप्त संख्या में हैं। इस ग्रंथ की कोई प्राचीन टीका नहीं मिलती यद्यपि ऐसा अनुमान है कि इसकी *रावणभाष्य* और *भारद्वाजवृत्ति* नामक दो प्राचीन टीकाएँ थीं।

कणाद के *वैशेषिकसूत्र* के पश्चात् इस दर्शन का प्राचीनतम प्रतिपादन प्रशस्तपाद (लगभग पाँचवीं सदी ई.) द्वारा माना जाता है। प्रशस्तपाद की रचना सामान्यतः *भाष्य* कहलाती है किंतु भाष्यों में प्रयुक्त मानक कार्यप्रणाली यहाँ दिखाई नहीं देती। इसमें सूत्रों पर शब्दशः टीका नहीं मिलती और न ही इसमें सूत्रों के क्रम का ध्यान रखा गया है। ''यह भाष्य की अपेक्षा पुनर्कथन अधिक है और इस दर्शन के दृष्टिकोण के पुनर्कथन की प्रक्रिया में इसका पर्याप्त विकास हुआ है। उदाहरण के लिए, ईश्वर के सृष्टिकर्ता होने का सिद्धांत वैशेषिक दर्शन के इतिहास में सर्वप्रथम यहीं स्पष्ट रूप से मिलता है।'' कुछ विद्वान इसे दार्शनिक प्रणाली पर *पदार्थधर्मसंग्रह* नाम का एक महत्वपूर्ण स्वतंत्र ग्रंथ मानते हैं। ('पदार्थधर्मसंग्रह' शब्द इस ग्रंथ के प्रथम पद में आता है।) यह बड़े व्यवस्थित ढंग से छः वैशेषिक पदार्थों की विवेचना करता है।

प्रशस्तवाद के ग्रंथ की कम-से-कम चार प्रसिद्ध टीकाएँ मिलती हैं। इनमें सबसे प्राचीन व्योमशिवाचार्य कृत *व्योमवती* है। उदयन और श्रीधर का काल कदाचित अधिक भिन्न नहीं था। उनकी टीकाएँ क्रमशः *किरणावली* एवं *न्यायकंडली* कहलाती हैं। एक अन्य विद्वत्तापूर्ण टीका श्रीवत्स अथवा वल्लभ (दसवीं-ग्यारहवीं सदी ई.) कृत *न्यायलीलावती* है। दो आंशिक रूप से उपलब्ध टीकाएँ जगदीश (1655 ई.) कृत *सूक्ति* और पद्मनाभ (चौदहवीं सदी ई. के अंत में) कृत *सेतु* हैं।

शंकर मिश्र (लगभग पंद्रहवीं सदी ई.) कृत *उपस्कार* में कणाद के सूत्रों की विस्तृत एवं विद्वत्तापूर्ण विवेचना मिलती है। सामान्यतया इसे एक महत्वपूर्ण ग्रंथ माना जाता है यद्यपि कुछ विद्वान इसकी व्याख्याओं को दूर की कौड़ी और विकृत कहकर इसकी आलोचना करते हैं।

लगभग आरंभ से ही न्याय और वैशेषिक प्रणालियाँ घनिष्ठ रूप से जुड़ी रही हैं

और समय बीतने के साथ ये वास्तव में एक प्रणाली बन गई हैं। ये एक-दूसरे की पूरक हो गई हैं और एक संयुक्त नाम 'न्याय-वैशेषिक' से जानी जाती हैं। इस संश्लेषणात्मक प्रवृत्ति को वात्स्यायन की टीका में देखा जा सकता है। एक स्थान पर तो वे स्पष्ट रूप से वैशेषिक के छः पदार्थों का उल्लेख करते हैं। गौतम के सूत्रों की व्याख्या करते समय वे प्रायः वैशेषिकों के दृष्टांत देते हैं। इनका औपचारिक संश्लेषण दसवीं सदी के लगभग हुआ माना जा सकता है। इस काल के दो उल्लेखनीय ग्रंथ वरदराज (बारहवीं सदी ई.) कृत *तार्किकरक्षा* एवं केशव मिश्र (तेरहवीं सदी ई.) कृत *तर्कभाषा* हैं। किंतु न्याय-वैशेषिक दर्शन की सबसे लोकप्रिय दीपिकाएँ हैं—विश्वनाथ (सत्रहवीं सदी ई.) कृत *भाषापरिच्छेद* तथा इस पर उनकी अपनी टीका *सिद्धांतमुक्तावली* एवं आनंदभट्ट (सत्रहवीं सदी ई.) कृत *तर्कसंग्रह* और उस पर उनकी अपनी टीका *दीपिका*। इनमें मौलिकता का अभाव भले ही हो किंतु आदर्श पाठ्यपुस्तकों के रूप में ये अत्यंत लोकप्रिय रही हैं और आज भी सारे देश में पढ़ी जाती हैं।

वैशेषिक दर्शन की मूल प्रस्थापना यह है कि ज्ञेय संसार की मूलतः वस्तुगत एवं वास्तविक सत्ता है और इसके अनुयायी इसकी बुद्धिसंगत व्याख्या देने का प्रयास करते हैं। वे प्रत्येक अस्तित्वमान वस्तु को पदार्थ कहते हैं। पदार्थ शब्द का शाब्दिक अर्थ है वह वस्तु जिसे शब्द द्वारा निरूपित किया जाए। वह प्रत्येक वस्तु जिसका अस्तित्व है, अभिधेय (नाम देने योग्य) होती है। इसे ज्ञेय (जानने योग्य) और प्रमेय (सिद्ध करने योग्य) भी होना चाहिए। जो वस्तु न तो अभिधेय हो, न ज्ञेय हो और न प्रमेय हो वह खरगोश के सिर पर उगनेवाले सींगों की भाँति काल्पनिक है। पदार्थों की एक विस्तृत एवं तार्किक योजना के अंतर्गत यह दर्शन समस्त अभिधेय अथवा ज्ञेय वस्तुओं का संतोषजनक वर्गीकरण करने का प्रयास करता है। कणाद एवं प्रशस्तपाद छः पदार्थों का उल्लेख करते हैं जिनके अंतर्गत संसार की समस्त वस्तुओं का वर्गीकरण किया जा सकता है। ये हैं—द्रव्य, गुण, कर्म, सामान्य, विशेष, एवं समवाय। बाद में इनमें एक और पदार्थ जोड़ा गया—अभाव।

इनमें द्रव्य सबसे महत्वपूर्ण है। इसकी व्याख्या गुणों एवं कर्मों के आधार एवं वस्तुओं के अंतर्निहित कारण ('समवायिकारण') के रूप में की गई है। द्रव्य संख्या में नौ हैं—पृथ्वी, जल, तेज (अग्नि), वायु, आकाश, काल, दिक्, आत्मा तथा मन। इनमें से प्रथम पाँच भूत कहलाते हैं—ऐसे विशिष्ट गुणों से युक्त द्रव्य जिनका प्रत्यक्ष बाह्य इंद्रियों द्वारा संभव हो। ये ऐंद्रिक गुण गंध, रस, रंग, स्पर्श और शब्द हैं। इनमें से प्रथम चार गुण पृथ्वी के हैं; दूसरा और चौथा जल का; तीसरा और चौथा अग्नि का; केवल तीसरा वायु का और केवल पाँचवाँ आकाश का गुण है। इनमें से पहले चार द्रव्यों के पुनः दो प्रकार माने गए हैं—नित्य और अनित्य। नित्य में अणुओं के चार

प्रकार एवं अनित्य में उनसे उत्पन्न वस्तुएँ सम्मिलित हैं।

आकाश को शब्द का आधार माना गया है। इस दृष्टि से शब्द गुण है। किंतु यदि यह गुण है तो इसका कोई द्रव्य भी होना चाहिए, ऐसा द्रव्य जो इसका आधार हो। तर्क के आधार पर यह दर्शाया जा सकता है कि पृथ्वी इत्यादि पूर्व-स्वीकृत द्रव्यों में कोई भी शब्द का आधार नहीं हो सकता। अतः एक नए द्रव्य को स्वीकार करना पड़ेगा जिसमें शब्द निहित हो। यह द्रव्य आकाश है। आकाश नित्य, सर्वव्यापी एवं अखंड द्रव्य है।

काल भी एक अद्वितीय, सर्वव्यापी एवं नित्य द्रव्य है। इसे देखा नहीं जा सकता। कतिपय विशिष्ट धारणाओं के आधार के रूप में इसका अनुमान करना पड़ता है। ये धारणाएँ हैं—पूर्वत्व-पश्चत्व, सहकालिकता, अनुक्रमण, द्रुतता एवं मंदता। काल के रूप में काल को मापना संभव नहीं है। इसे किसी कर्म के संदर्भ में, उदाहरण के लिए, सूर्य की गति के संदर्भ में ही मापा जा सकता है।

दिक् और काल के अनेक गुण समान हैं। दिक् भी शाश्वत, सर्वव्यापी और अखंड द्रव्य है। वस्तुओं में पूर्व-पश्चिम आदि के भेद दिक् में उनकी स्थिति की सापेक्षता को ही दर्शाते हैं, दिक् को नहीं। दिक् को भी देखा नहीं जा सकता। किंतु "भौतिक पदार्थों की सापेक्षता से उत्पन्न पश्चत्व एवं पूर्वत्व दिक् के अनुमान का तार्किक आधार (लिंग) प्रदान करते हैं।"

आत्मा की परिकल्पना अनेक रूपों में की गई है; चेतन प्रतीत होनेवाली प्रत्येक वस्तु की अपनी आत्मा होती है। किंतु प्रत्येक आत्मा को नित्य एवं सर्वव्यापक माना जाता है। "सिद्धांत रूप में सर्वव्यापक होने पर भी किसी आत्मा की अनुभूतियाँ, विचार एवं संकल्प उस भौतिक देह तक सीमित रहते हैं जिससे वह वर्तमान समय में बँधी हुई है।... इस दर्शन की एक विलक्षण बात यह है कि ज्ञान को यह आत्मा का एक लक्षण बना देता है और वह भी एक अनिवार्य लक्षण नहीं अपितु आकस्मिक लक्षण।... इस प्रकार आत्मा पदार्थ से केवल इस बात में भिन्न है कि यह सचेतन हो सकती है, इस बात में नहीं कि इसका स्वयं का स्वरूप मानसिक होता है।" कोई व्यक्ति स्वयं प्रत्यक्ष के द्वारा अपनी आत्मा को जान सकता है और अहं-चेतना के माध्यम से जान सकता है, जैसे 'मैं प्रसन्न हूँ', 'मुझे ज्ञान है' इत्यादि। किंतु अन्य व्यक्ति की आत्मा का उसकी गतिविधियों द्वारा अनुमान मात्र किया जा सकता है। ज्ञान, सुख, दुख, इच्छा एवं संकल्पात्मक प्रयास जैसे आंतरिक गुण केवल आत्मा के ही होते हैं।

नवाँ द्रव्य मन है। यह आंतरिक इंद्रिय (अंतरिंद्रिय) है जो गोचर, श्रव्य इत्यादि बहिरिंद्रियों से भिन्न है। इसका दोहरा प्रकार्य होता है। प्रथम, यह आत्मा के लिए आंतरिक गुणों की प्रत्यक्ष चेतना सुनिश्चित करता है। दूसरे, बाह्य वस्तुओं के ज्ञान की उत्पत्ति में भी यह अति महत्वपूर्ण भूमिका निभाता है। आत्मा मन से संयुक्त होती है,

मन बाह्येंद्रियों से संयुक्त होता है; बाह्येंद्रियाँ अपने समुचित विषय से संयुक्त होती हैं और इस प्रकार ज्ञान की उत्पत्ति होती है। "कभी-कभी आँखें एवं कान खुले होते हुए भी हम देखते और सुनते नहीं हैं, इस तथ्य के आधार पर यह निष्कर्ष निकाला गया कि ज्ञान मात्र का कोई भिन्न ही एवं सामान्य सहायक होना चाहिए जिसे यह दर्शन मन कहता है।" इसकी संकल्पना नित्य एवं अणु रूप में की गई है। प्रत्येक आत्मा का अपना मन होता है और इस प्रकार यह अगणित हो जाता है।

सत् वस्तुओं का दूसरा पदार्थ गुण है। गुण केवल द्रव्यों के ही हो सकते हैं। गुणों की संख्या चौबीस है जिनमें सत्रह तो कणाद द्वारा गिनाए गए हैं और सात बाद में प्रशस्तपाद ने जोड़े हैं। ये गुण हैं : रंग, रस, गंध, स्पर्श, संख्या, परिमाण, पृथकत्व. संयोग, विभाग, पूर्वत्व, पश्चत्व, बुद्धि, सुख, दुख, इच्छा, द्वेष, प्रयत्न, गुरुत्व, द्रवत्व, स्नेह, संस्कार, धर्म, अधर्म, तथा शब्द। इस सूची में भौतिक एवं मानसिक, दोनों ही प्रकार के गुण सम्मिलित हैं।

गुणों की ही भाँति कर्म भी द्रव्यों में ही निहित रहते हैं। कर्म पाँच हैं—उत्क्षेपण (ऊपर फेंकना), अवक्षेपण (नीचे फेंकना), संकुचन, प्रसारण और गमन।

'जाति' को विभिन्न वस्तुओं की सामान्यता के सिद्धांत का आधार स्वीकार किया गया है यद्यपि वस्तुओं में भिन्नता होती है। यह एक जातिगत लक्षण है जो एक वर्ग की सभी अलग-अलग वस्तुओं में निहित होता है और यह नित्य होता है। किसी वर्ग की अलग-अलग इकाइयाँ आ और जा सकती हैं किंतु संपूर्ण वर्ग का जातिगत गुण सदैव बना रहता है। विभिन्न रंगों एवं आकारोंवाले एक-दूसरे से भिन्न अनेक पशुओं से हम 'गाय' की एक सामान्य धारणा बनाते हैं। ऐसा इसलिए है कि गाय नामधारी समस्त पशुओं में गवत्व का सामान्य गुण विद्यमान है। सामान्य का संबंध केवल पहले तीन पदार्थों से ही होता है, शेष पदार्थों में इसकी उपस्थिति तार्किक कठिनाइयों के कारण संभव नहीं है।

विशेष एक अनूठा लक्षण है जो अखंड या नित्य द्रव्यों का प्रभेदक माना जाता है जिनमें किसी अन्य प्रकार से भेद करना संभव नहीं है। दो पात्र आकार, रंग इत्यादि में बिल्कुल एक जैसे हो सकते हैं, किंतु उनके निर्माण में प्रयुक्त सामग्री इत्यादि के आधार पर उनमें भेद किया जा सकता है। इसी प्रकार एक पृथ्वी-अणु और जल-अणु में बहुत साम्य हो सकता है; फिर भी उनमें पृथ्वी और जल के विशिष्ट गुणों के आधार पर भेद किया जा सकता है। ऐसी स्थितियों में विशेष को स्वीकार करने की आवश्यकता नहीं होती। किंतु दो पृथ्वी-अणु अथवा दो (मुक्त) आत्माएँ हर दृष्टि से एक-जैसी हो सकती हैं और प्रत्येक में किसी प्रभेदक लक्षण के हुए बिना भेद करना असंभव हो जाता है। यह लक्षण ही विशेष है।

समवाय वस्तुतः एक संबंध है, फिर भी इसे एक स्वतंत्र पदार्थ की संज्ञा दी गई है। यह दो वस्तुओं के बीच वर्तमान एक प्रकार का अंतरंग संबंध है। ये वस्तुएँ ऐसी होती हैं कि एक को दूसरे से अलग कर देने पर दूसरी नष्ट हो जाती है या जो सदैव एक-दूसरे से जुड़ी हुई ही होती हैं। उदाहरण के लिए, कपड़े और धागों में समवाय होता है। यदि हम इन दोनों को अलग करने का प्रयत्न करेंगे तो कपड़ा रहेगा ही नहीं। इसी प्रकार पात्र और उसका रंग एक-दूसरे से अभिन्न होते हैं : उनका संबंध समवाय द्वारा है। इस प्रकार समवाय का संबंध केवल (1) अंशों अथवा उपादान कारण (उदाहरण के लिए, धागों) एवं परिणाम अथवा समग्र के बीच (उदाहरण के लिए, कपड़ा इत्यादि); (2) द्रव्य और सामान्य के बीच; (3) गुण और सामान्य के बीच; (4) कर्म और सामान्य के बीच; (5) द्रव्य और गुण के बीच; (6) द्रव्य और कर्म के बीच; (7) नित्य द्रव्य और विशेष के बीच ही हो सकता है। "इस दर्शन की बहुलतावादी प्रस्थापना के कारण इस पदार्थ की आवश्यकता पड़ी; यह दर्शन 'प्रभेदनीय' को भिन्न का पर्याय मानता है। यदि कोई द्रव्य अपने गुणों से नितांत भिन्न हो, विशेष सामान्य से और उपादान कारण अपने परिणाम से भिन्न हो और फिर भी वे साथ पाए जाएँ तो उनमें संबंध होना ही चाहिए और यह संबंध भी विलक्षण होना चाहिए क्योंकि इन युग्मों में से प्रत्येक में कम-से-कम एक भाग दूसरे के बिना नहीं हो सकता।" यह 'संयोग' से भिन्न है, जो एक अन्य मुख्य संबंध है, किंतु यह गुणों की श्रेणी में सम्मिलित है। इसके दो आधार हैं। प्रथम, संयोग केवल दो द्रव्यों के बीच ही हो सकता है (जो समवाय के लिए आवश्यक नहीं है)। दूसरे, संयुक्त वस्तुओं को बिना किसी क्षति के एक-दूसरे से अलग किया जा सकता है तथा वे स्वतंत्र रूप से भी विद्यमान रह सकती हैं किंतु समवाय में स्थिति इसके ठीक विपरीत होती है।

अभाव को, जैसाकि पहले कहा जा चुका है, बाद में जोड़ा गया। यह कदाचित यथार्थवाद की इस धारणा को तार्किक अतिवाद तक ले जाने का परिणाम है कि प्रत्येक वस्तु वस्तुगत रूप से यथार्थ होती है। "यदि समस्त ज्ञान अपने से बाहर किसी वस्तु को इंगित करता है तो निषेध का ज्ञान भी वही काम करता है, और अपने अस्तित्व को ऐसे ज्ञान से अलग इंगित करता है। सकारात्मक पक्ष की भाँति यहाँ भी ज्ञान को ज्ञात से भिन्न होना ही चाहिए। अन्य शब्दों में, किसी वस्तु की अनुपस्थिति वही बात नहीं है जो इसकी अनुपस्थिति का ज्ञान है।" मोटेतौर पर अभाव चार प्रकार का माना जाता है। उत्पत्ति से पूर्व उपादान कारण में किसी परिणाम की अनुपस्थिति 'प्राग्-अभाव' कहलाती है। दूसरे, ध्वस्त हो जाने के पश्चात् उपादान कारण में किसी परिणाम (जो पहले उत्पन्न हो चुका है) की अनुपस्थिति ('ध्वंसाभाव')। तीसरा प्रकार 'अन्योन्याभाव' है जो भेद का ही दूसरा नाम है। उदाहरण के लिए, पात्र कपड़ा नहीं है। अभाव के शेष सभी उदाहरण 'अत्यंताभाव' की श्रेणी में आते हैं। उदाहरण के लिए, पृथ्वी पर

कोई पात्र नहीं है, वायु में कोई रंग नहीं है, इत्यादि।

वैशेषिक दर्शन के अनुसार मानव-अस्तित्व का परम लक्ष्य निःश्रेयस को प्राप्त करना है जिसे इन पदार्थों के सच्चे स्वरूप के ज्ञान द्वारा प्राप्त किया जा सकता है। इस ज्ञान को इन पदार्थों के 'साधर्म्य' एवं 'वैधर्म्य' के सम्यक बोध द्वारा प्राप्त किया जा सकता है। किसी वस्तु का ठीक संज्ञान तब होता है जब इसके उन तत्वों का निश्चय हो जाए जो अन्य वस्तुओं के साथ इसमें भी हैं और उन तत्वों का भी जो नितांत इसके अपने हैं, किसी अन्य के नहीं। अतः इस सिद्धांत में वस्तुओं के समान लक्षणों के साथ ही उनके असमान लक्षणों का भी विवेचन किया गया है।

आत्मा के समस्त विशिष्ट गुणों का ध्वंस ही मोक्षावस्था है। सुख-दुख इत्यादि गुण बाहर से आरोपित होते हैं जो एक बार मोक्ष पा लेने के बाद आत्मा में पुनः उत्पन्न नहीं होते और आत्मा अपने निज रूप में रहती है। मोक्ष का अर्थ आनंद की प्राप्ति नहीं है, केवल दुखों का दूर होना है। सकारात्मक अनुभव के रूप में सुख की सत्ता को नकारा नहीं गया है, किंतु दुख की सत्ता भी उतनी ही है। ये दोनों इतने अभिन्न रूप से जुड़े हुए हैं कि दुख के परिहार के लिए सुख का परिहार भी आवश्यक है।

भारतीय दर्शन की अनेक अन्य प्रणालियों की भाँति वैशेषिक दर्शन को भी मोक्षशास्त्र माना जाता है। किंतु कतिपय विद्वान इसके मूलतः मोक्षशास्त्र होने में संदेह करते हैं। कहा गया है कि भारतीय दर्शन के इतिहास में विकास की दो धाराएँ देखी जा सकती हैं। इनमें से एक का मूल उपनिषदों में है और एक विश्वात्मा का सिद्धांत इसकी विशेषता है। साधारण संसार के प्रति इसमें उदासीनता मिलती है। दूसरी धारा प्राकृतिक दर्शन के प्रकार की है और इसका लक्षण बाह्य जगत में सक्रिय रुचि है। वैशेषिक इसी दूसरी धारा के अंतर्गत आते हैं। ''वैशेषिक दर्शन में मोक्ष का सिद्धांत... बाह्य रूप से जोड़ा गया जिसका शेष दर्शन से कोई आंतरिक संबंध नहीं है। इसके विपरीत, यह शुद्धतः एक प्रकृति-दर्शन था। वैशेषिक दर्शन के रूप में हमारे सामने एक ऐसा दर्शन है (और यह बात भारत में दुर्लभ है) जो मोक्ष को अपना अंतिम लक्ष्य नहीं बनाता अपितु गोचर जगत को समझने का प्रयास करता है।''

लोकायत दर्शन

लोकायत या चार्वाक अथवा बार्हस्पत्य दर्शन प्राचीन भारतीय भौतिकवाद का प्रतिनिधित्व करता है। निस्संदेह यह परंपरा बहुत प्राचीन है, कदाचित उतनी ही प्राचीन जितना कि स्वयं भारतीय दर्शन। भौतिकवादी प्रवृत्ति के बीज उपनिषदों में भी देखे जा सकते हैं। *श्वेताश्वतर उपनिषद* के आरंभ में ऐसी अनेक धारणाओं की गिनती दी गई है जो संसार की उत्पत्ति की व्याख्या करने का प्रयास करती हैं। इनमें से एक के अनुसार

जगत का मूल कारण ('योनि') भूत अथवा पदार्थ है। बौद्ध पिटकों में न केवल लोकायत नाम का उल्लेख है अपितु उस धारणा का भी स्पष्ट संदर्भ मिलता है जो आत्मा को शरीर के समरूप मानती है। कौटिल्य के *अर्थशास्त्र* में भी सांख्य और योग के साथ लोकायत दर्शन का तर्क पर आधारित दर्शन के रूप में उल्लेख है। योग यहाँ न्याय-वैशेषिक के अर्थ में प्रयुक्त हुआ है। *महाभारत* एवं आरंभिक जैन ग्रंथों में भी लोकायत के उल्लेख मिलते हैं।

लोकायत अथवा चार्वाक के ठीक-ठीक तात्पर्य के संबंध में निश्चित रूप से कुछ कहना कठिन है। लोकायत का तात्पर्य 'जनसामान्य में प्रचलित' (लोक+आयत) हो सकता है और कहा गया है कि भौतिकवादी धारणाएँ जनसामान्य को स्वभावतः आकर्षित करती हैं। आयत का अर्थ आयतन (आधार) मानकर यह भी कहा गया कि लोकायत का अर्थ 'इस मूढ़ एवं लौकिक संसार का आधार' है। एक अन्य अनुमान के अनुसार लोकायत एक तकनीकी शब्द है जिसका तात्पर्य 'विवाद, वितंडा एवं कुतर्क का विज्ञान' (वितंडावादसत्यम्) है। ऐसा इस कारण कहा गया कि यह दर्शन छलपूर्ण वाद-विवाद में रुचि लेता है और विभिन्न विषयों पर पारंपरिक दृष्टिकोण को चुनौती देता है।

चार्वाक शब्द की व्याख्याओं के संबंध में भी अनेक कल्पनाएँ की गई हैं। कहा गया है कि चार्वाक चारु-वाक् (अर्थात् मिष्टभाषी) का संक्षिप्त रूप है। इसमें स्पष्टतः यह संकेत है कि जनसाभान्य में यह दर्शन सहज ही स्वीकृत था। एक अन्य धारणा के अनुसार चार्वाक शब्द चर्व (चबाने या खाने) से निकला है। इसके अनुसार चार्वाक मात्र 'ऋणं कृत्वा घृतं पिवेत्' के सिद्धांत में विश्वास करते थे। इसका आलंकारिक अर्थ लें तो चार्वाक का अर्थ वे लोग हैं जो आत्मा, परलोक, पाप-पुण्य जैसी बातों को घोलकर पी गए हों अर्थात् जिन्हें इन बातों की कोई चिंता नहीं। संक्षेप में, वे 'नास्तिक-शिरोमणि' हैं।

बार्हस्पत्य नाम से अभिप्राय यह है कि इस दर्शन के प्रणेता बृहस्पति थे। किंतु परंपरा से यह माना जाता रहा है कि बृहस्पति देवताओं के गुरु थे। यह मानना कठिन है कि देवताओं के गुरु वेद-विरोधी बातों की शिक्षा देते थे जैसाकि लोकायत दर्शन करता है। इस असंगत धारणा की व्याख्या औपनिषदिक साहित्य में ही मिल जाती है। एक उपनिषद (यद्यपि यह बाद का है) में कथा है कि एक बार बृहस्पति ने असुरों को नास्तिक विद्या का उपदेश दिया था ताकि इसके प्रभाव से उनका नाश हो और इंद्र निष्कंटक अमरावती पर राज्य कर सकें।

दुर्भाग्य से इस दर्शन का कोई भी ग्रंथ प्राप्य नहीं है। इस दर्शन की धारणाओं के संबंध में हमें पूर्णतः इसके विरोधियों द्वारा दी गई जानकारी पर ही निर्भर रहना पड़ता है। अन्य दार्शनिक संप्रदायों ने लोकायत दर्शन का सार-संक्षेप दिया है और ऐसा करने

में उनका उद्देश्य केवल इसकी तर्कशून्यता को सिद्ध करना रहा है। भारतीय दर्शन का कोई भी ग्रंथ, भले ही वह किसी संप्रदाय का हो, लोकायत के कतिपय आधारभूत सिद्धांतों का उल्लेख एवं उनका खंडन किए बिना अपने को पूर्ण नहीं मानता। इस प्रकार इसमें कुछ स्पष्ट कठिनाइयाँ भी हैं। अन्य दर्शनों में प्रस्तुत लोकायत के सारांशों में विस्तृत विवरण का प्रायः अभाव है और इसके दुर्बल पक्षों के अतिशयोक्तिपूर्ण निरूपण के साथ ही इसे भ्रामक रूप में प्रस्तुत किए जाने की संभावना तो है ही।

बृहस्पति-रचित कहे जानेवाले अनेक सूत्र कमलशील, जयंत भट्ट, प्रभाचंद्र, गुणरत्न, चंद्रकीर्ति, आर्यदेव जैसे रचनाकारों की रचनाओं में उद्धृत मिलते हैं। यह तथ्य इस धारणा का पर्याप्त प्रमाण है कि कभी *बृहस्पतिसूत्र* नाम का ग्रंथ रहा होगा जो अब लुप्त हो गया है। इसके अतिरिक्त कमलशील "इन सूत्रों पर दो भिन्न टीकाओं का उल्लेख करते हैं जो किंचित भिन्न मार्गों का अनुसरण करती हैं।" (कात्यायन की एक वार्तिक पर टिप्पणी करते हुए) पतंजलि ने जो टिप्पणी की है उसके आधार पर कुछ विद्वान यह निष्कर्ष निकालते हैं कि इस दर्शन का *लोकायत* नाम का एक ग्रंथ था जिस पर भागुरी ने टीका लिखी थी। इसे ई. पू. 150 या 300 से भी अधिक प्राचीन बताया जाता है। किंतु हमारे लिए यह ग्रंथ और टीका, दोनों ही मात्र नाम हैं।

हम पहले ही भारतीय दर्शन के दो सारसंग्रहों—हरिभद्र कृत *षड्दर्शन-समुच्चय* और माधवाचार्य कृत *सर्वदर्शनसंग्रह*—की चर्चा कर चुके हैं। *षड्दर्शन-समुच्चय* के अंतिम अध्याय में आठ सरल श्लोकों में इस दर्शन की रूपरेखा मात्र प्रस्तुत की गई है। गुणरत्न के भाष्य में इनकी व्याख्या की गई है। किंतु इसमें इनका खंडन करते हुए लंबी विवेचना भी है। *सर्वदर्शनसंग्रह* का संपूर्ण प्रथम अध्याय ही लोकायत का विवरण देता है और इसमें अधिक व्यापक विवरण देने का प्रयास किया गया है। इसमें इस दर्शन के सिद्धांतों के विभिन्न पक्षों जैसे ज्ञानमीमांसा, नीतिशास्त्र, मूल्यमीमांसा इत्यादि की विवेचना है। इसके अतिरिक्त इसमें एक ही स्थान पर उन श्लोकों का अच्छा संग्रह है जो लोकायत अथवा चार्वाक दर्शन की विशेषताओं का निरूपण करते हैं। इन धारणाओं को यहाँ 'प्रामाणिकी लोकगाथा' माना गया है।

कतिपय काव्य-ग्रंथों में भी इस संप्रदाय के उल्लेख मिलते हैं। श्रीहर्ष (बारहवीं सदी ई.) कृत *नैषधचरित* (सर्ग 17) में इसके सिद्धांतों का उत्तम वर्णन मिलता है। कृष्णमिश्र (चौदहवीं सदी ई.) कृत *प्रबोधचंद्रोदय,* जो दार्शनिक विषयवस्तु का रूपक है, में चार्वाक नाम का एक पात्र है जो महाराज 'महामोह' का घनिष्ठ मित्र है। ये कोई नई सूचना तो नहीं देते किंतु इस संप्रदाय की धारणाओं को मँजी हुई भाषा में बड़े सटीक ढंग से प्रस्तुत करते हैं।

सन् 1940 में बड़ौदा से किन्हीं जयराशि भट्ट (लगभग आठवीं सदी ई.) का

तत्वोपप्लवसिंह नाम का ग्रंथ प्रकाशित हुआ। इसके संपादकों शुक्लजी एवं पारिख का दावा है कि यह ग्रंथ लोकायत दर्शन का प्रामाणिक ग्रंथ है। इस दावे ने उस समय पर्याप्त उत्तेजना उत्पन्न की और कुछ विद्वानों ने इसे तत्परतापूर्वक स्वीकार भी कर लिया। किंतु कई विद्वानों ने इसे स्वीकार नहीं किया। वस्तुतः इस ग्रंथ की गहन समीक्षा करने पर इसके संपादकों का दावा उचित नहीं जान पड़ता। जैसाकि ग्रंथ के शीर्षक से ही स्पष्ट है, यह स्वीकृत या स्थापित तत्वों को उखाड़ फेंकने का प्रयत्न (उपप्लव) है और वास्तव में यह उस अतिशय संशयवादी दृष्टिकोण का परिचायक है जो ज्ञानमीमांसी अथवा सत्तामीमांसी, किसी भी प्रकार के पदार्थ को स्वीकार नहीं करता।

कुछ विद्वानों के अनुसार चार्वाकों के दो संप्रदाय मानना संभव है—'धूर्तों' का संप्रदाय और 'सुशिक्षितों' का संप्रदाय। इन दोनों के बीच एक भेद यह भी किया जाता है कि धूर्त संप्रदाय के अनुयायी अनुमान की प्रामाणिकता को स्वीकार नहीं करते जबकि सुशिक्षित संप्रदाय के अनुयायी इसे स्वीकार करते हैं। तथापि ऐसे वर्गीकरण का कोई प्रामाणिक आधार नहीं है। ये नाम केवल व्यंग्यसूचक हो सकते हैं और संभव है ऐसा कोई यथार्थ वर्गीकरण न रहा हो।

ऐसी मान्यता है कि लोकायत के अनुयायी प्रत्यक्ष के अतिरिक्त किसी अन्य प्रमाण को नहीं मानते। लोकायत द्वारा अनुमान की प्रामाणिकता के खंडन की भारतीय साहित्य में विस्तृत विवेचना हुई है। लोकायत की प्रस्थापना का सारांश इस प्रकार है। अनुमान में दूसरे की उपस्थिति से एक की उपस्थिति का निश्चय किया जाता है। उदाहरण के लिए, धुएँ से अग्नि की उपस्थिति का अनुमान किया जाता है। यह तभी संभव है जब दोनों वस्तुओं की नित्य-सहवर्तिता का दृढ़ निश्चय हो : जहाँ कहीं धुआँ हो वहाँ अग्नि होगी। किंतु तथ्य यह है कि ऐसा नियम नहीं बनाया जा सकता। बार-बार निरीक्षण करने से केवल यह सिद्ध होता है कि धुएँ की 'कुछ' घटनाएँ अग्नि की घटनाएँ होती हैं, लेकिन धुएँ की 'सभी' घटनाएँ अग्नि की घटनाएँ नहीं हो सकतीं क्योंकि इस बात की पूरी संभावना है कि ऐसी घटनाएँ हमारे निरीक्षण में आने से रह जाएँ। परिणामतः संशय के लिए सदैव स्थान बना रहता है और अनुमान की प्रामाणिकता स्थापित नहीं होती। प्रामाणिक अनुमान की तथाकथित घटनाओं—जहाँ धुएँ से अग्नि का अनुमान किया गया और उस स्थान पर जाने पर सचमुच अग्नि दिखी—को संयोग ही कहा जा सकता है।

तथापि यह भी कहा गया है और ऐसा कहने का औचित्य भी है कि चार्वाक वस्तुतः अनुमान को पूर्णतः अस्वीकार नहीं करते। व्यावहारिक जीवन में वे उन सामान्य बातों में अनुमानों की प्रामाणिकता स्वीकार करते हैं जहाँ आगमनमूलक सामान्यीकरण की सत्यता को यथार्थ घटनाओं द्वारा सत्यापित किया जा सके। किंतु वे उन अनुमानों की

प्रामाणिकता स्वीकार नहीं करते जो, उदाहरण के लिए, अनुभवातीत जगत (परलोक) या ईश्वर के संबंध में हठधर्म को स्थापित करने का प्रयास करते हैं क्योंकि इन बातों को सामान्य प्रत्यक्षमूलक अनुभव द्वारा सत्यापित करना संभव नहीं है। निश्चय ही यह पक्ष पर्याप्त विवेकपूर्ण है। "बुद्धि का ऐसा सूक्ष्म प्रयोग चार्वाकवादी धारणा को एक नए ही रूप में प्रस्तुत करता है। किंतु यह सत्य के संबंध में एक विरल संकेत मात्र है जो हमें मिलता है। सामान्यतया तो इस दर्शन का विरूप चित्रण ही मिलता है।"

भारतीय दर्शन में चार्वाकों का सबसे उल्लेखनीय और विशिष्ट अवदान उनका यह सिद्धांत है कि चेतना केवल पदार्थ से ही उत्पन्न होती है। जहाँ भारतीय दर्शन की अन्य सभी प्रणालियाँ चेतना की उत्पत्ति की व्याख्या करने के लिए आत्मा के रूप में एक अलग पदार्थ की परिकल्पना करती हैं जिसे किसी भी प्रकार देह से समरूप नहीं माना जा सकता, वहीं एकमात्र चार्वाक संप्रदाय इस बात का दावा करता है कि देह ही चेतना का स्थान है और इससे अलग ऐसी कोई वस्तु नहीं है जिसे आत्मा कहा जा सके।

संक्षेप में, चार्वाकों की मान्यता है कि यद्यपि पृथ्वी, अग्नि, जल आदि भौतिक पदार्थों में अलग-अलग या इनके योग में भी चेतना दिखाई नहीं देती किंतु जब ये शरीर के निश्चित रूप में रूपांतरित होते हैं तो इनमें चेतना का उदय हो जाता है। यह किसी मादक पेय की 'मदशक्ति' की भाँति होती है। मादक पेय की किसी भी सामग्री में अलग से मदशक्ति नहीं होती। किंतु फिर भी जब इन्हें विशेष अनुपात में मिलाया जाता है और उनका रूपांतरण होता है तो उनमें मादक शक्ति उत्पन्न हो जाती है। मनुष्य और कुछ नहीं अपितु चैतन्य-विशिष्ट देह ही है। आत्मा और पुनर्जन्म में लोकायत के अनुयायियों की आस्था नहीं है।

इस संबंध में आवश्यक है कि चार्वाकों के पक्ष को लेकर कोई भ्रांत धारणा बनाने से बचा जाए। यह नहीं कहा गया है कि चैतन्य-विशिष्ट जीवित शरीर क्षिति, जल, पावक और समीर का अव्यवस्थित सम्मिश्रण मात्र है। "वे पदार्थ के किसी शिथिल संयोजन की बात नहीं करते जिसकी परिणति चेतनायुक्त जीवित शरीर में होती हो। इसके विपरीत वे पदार्थ की एक ऐसी असाधारण संरचना की बात करते हैं जिसके परिणामस्वरूप एक विलक्षण वस्तु उत्पन्न होती है जिसका अस्तित्व पहले न तो भौतिक तत्वों में अलग-अलग था, न ही उनके बेतरतीब ढेर में, और यह विलक्षण वस्तु चेतना है। इसका निश्चित प्रमाण उनका मदशक्ति का उदाहरण है जिसका उनके सिद्धांत में सदैव उल्लेख हुआ है; यह उल्लेख उनके सुसंस्कृत विरोधियों में भी मिलता है और उन लोकप्रिय प्रामाणिक गाथाओं में भी जो उनकी कही जाती हैं।"

इस प्रकार अगर अन्य दार्शनिक प्रणालियों के विचारक सामान्यतः आपत्ति उठाते हैं कि चार्वाक दर्शन शव की व्याख्या करने में असफल है जहाँ शरीर तो होता है किंतु

चेतना का कोई चिह्न नहीं होता, तो वह कोई आपत्ति है ही नहीं। कारण कि शव में उपरोक्त 'संयोजन' या 'रूपांतरण' होता ही नहीं; इसमें समीर नहीं है क्योंकि साँस नहीं चलती और इसमें अग्नि भी नहीं है क्योंकि इसमें ताप नहीं होता। इस संयोजन या रूपांतरण को मृत शरीर को पंखा झलकर या गर्म करके नहीं पाया जा सकता।

जीवन, संकल्प, चेतना, स्मृति इत्यादि शरीर के ही लक्षण होते हैं, किसी स्वतंत्र आत्मा के नहीं—इस बात को भी चार्वाक 'अन्वय' और 'व्यतिरेक' द्वारा सिद्ध करते हैं। उदाहरण के लिए, ऊष्मा एवं प्रकाश अग्नि के गुण हैं। क्यों ? इसलिए कि यदि कहीं अग्नि है तो ये दोनों भी हैं और यदि अग्नि नहीं है तो ये दोनों भी नहीं हैं। इसी प्रकार संकल्प इत्यादि शरीर की उपस्थिति में ही उत्पन्न होते हैं, बिना शरीर के इन्हें कभी उत्पन्न होते नहीं देखा गया। उनकी उपस्थिति या अनुपस्थिति शरीर की उपस्थिति या अनुपस्थिति से जुड़ी होती है। अतः शरीर के अतिरिक्त उनका अन्य कोई आधार नहीं हो सकता।

चार्वाक लगभग सभी रूढ़िवादी बातों का उपहास करते हैं। वेद और वैदिक आचार विशेष रूप से उनके कठोर प्रहार के लक्ष्य रहे हैं। उनके अनुसार तीनों वेद ठगों, धूर्तों एवं निशाचरों की रचनाएँ हैं। मंदबुद्धि एवं कार्य करने में अक्षम लोग ही यज्ञ, त्रिदंड, भस्म इत्यादि के सहारे जीविकोपार्जन करते हैं। श्राद्ध-कर्म में मरे हुओं के लिए भोजन दिया जाता है। यदि ऐसा है तो यात्रा पर जानेवाले यात्री क्यों अपने साथ भोजन ले जाते हैं ? क्यों नहीं घर में बैठे उनके संबंधी उन्हें भी श्राद्ध-कर्म द्वारा भोजन पहुँचाते ? ऐसे ही अन्य तर्क भी दिए गए हैं।

दूसरी ओर, चार्वाक युगों से उपहास के पात्र रहे हैं। उन पर संभव-असंभव, प्रत्येक प्रकार के दोषारोपण किए गए। एक दार्शनिक ने तो उन्हें पशुओं से भी अधिक पाशविक कहा है।

किंतु आज हमारे लिए वस्तुगत दृष्टिकोण अपनाना आवश्यक है। इस प्राचीन भारतीय भौतिकवादी दर्शन के मूल ग्रंथों के अभाव में इसके अवदान का मूल्यांकन हमें बिना किसी पूर्वाग्रह के, उपलब्ध सामग्री के गहन परीक्षण द्वारा करना चाहिए। लोकायत दर्शन को जिस 'विकृत रूप' में प्रस्तुत किया गया है उससे हमें भ्रमित नहीं होना चाहिए।

भाग तीन

भारतीय दर्शन में विवेचित मुख्य विषय

प्रमाण के सिद्धांत

प्रमाण के विषय को भारतीय दर्शन में अत्यंत महत्वपूर्ण स्थान प्रदान किया गया है। सभी दार्शनिक प्रणालियाँ इस एक बात पर सहमत हैं कि स्वीकार्य विषय को प्रमाण द्वारा सिद्ध किया जाए और यदि कोई निष्कर्ष प्रमाण द्वारा समर्थित नहीं है तो उसे अस्वीकार किया जाए ('मानाधीना मेयसिद्धिः', अर्थात् संज्ञान की किसी भी वस्तु की स्थापना 'प्रमाण' पर आश्रित है)।

इसका तात्पर्य यह नहीं है कि विभिन्न दार्शनिक प्रणालियों में प्रमाण को लेकर सर्वथा मतैक्य है। वास्तव में, स्थिति इसके ठीक विपरीत है। जहाँ तक प्रमाण के स्वरूप, परिभाषा एवं संख्या का संबंध है, प्रत्येक दार्शनिक प्रणाली का अपना अलग सिद्धांत है। यह केवल सामान्य अर्थ में ही नहीं, अपितु विशिष्ट अर्थ में भी सत्य है। यदि कोई प्रमाण अनेक प्रणालियों द्वारा स्वीकृत है तब भी इसके स्वरूप को लेकर उनमें इतना मतभेद है कि नाम के अतिरिक्त किसी अन्य बात में सहमति दिखाई नहीं पड़ती। सभी दार्शनिक प्रणालियों के मुख्य ग्रंथ प्रमाण की विवेचना से आरंभ होते हैं और इनकी पर्याप्त व्याख्या करते हैं। यहाँ हमें प्रमाण की संक्षिप्त एवं सामान्य विवेचना से ही संतुष्ट होना पड़ेगा।

प्रमाण प्रामाणिक ज्ञान अथवा प्रमा का मूल स्रोत है। प्रमाण को प्रमा के करण (निमित्त कारण) के रूप में परिभाषित किया गया है। करण की संकल्पना एक ऐसे अनन्य एवं विशेष कारण के रूप में की गई है जिसकी क्रिया से एक विशिष्ट परिणाम उत्पन्न होता है। उदाहरण के लिए, कुल्हाड़ी एक विशेष करण है जो ऊपर और नीचे की गतियों के रूप में होनेवाली क्रिया द्वारा लकड़ी चीरने का परिणाम उत्पन्न करती है, अतः कुल्हाड़ी इस परिणाम का निमित्त कारण है। इस प्रकार प्रमाण प्रामाणिक ज्ञान का सक्रिय एवं अनन्य कारण है।

ज्ञान शब्द सभी प्रकार के संज्ञान के लिए प्रयुक्त होता है और सत्य या मिथ्या के

प्रश्न से इसका संबंध नहीं होता। किंतु प्रमा को केवल यथार्थ ज्ञान के अर्थ में ही प्रयुक्त किया जाता है जो मिथ्या ज्ञान का विपरीतार्थक है। सामान्य रूप में प्रामाणिक ज्ञान या 'प्रमा' की परिभाषा इस प्रकार की जा सकती है कि यह "हमें उस स्थान पर किसी वस्तु के अस्तित्व की सूचना देता है जहाँ वह वस्तु वास्तव में है, अथवा जो किसी वस्तु के यथार्थ लक्षण को विधेयित करता है।" जब रज्जु का रज्जु के रूप में संज्ञान होता है तो यह प्रामाणिक ज्ञान है। किंतु जब रज्जु का सर्प के रूप में संज्ञान होता है तो यह मिथ्या ज्ञान है क्योंकि उस वस्तु का लक्षण रज्जुत्व है, जबकि उसे सर्पत्व से युक्त दर्शाया गया है।

कुछ विचारक नवीनता ('अनधिगतत्व') को प्रमा का एक अन्य अनिवार्य लक्षण मानते हैं। ज्ञान का सत्य होना पर्याप्त नहीं है अपितु इसे नवीन अथवा पूर्वकाल में अज्ञात ('अनधिगत') भी होना चाहिए। इसका उद्देश्य स्मृति को प्रामाणिक ज्ञान की श्रेणी से अलग रखना है, क्योंकि स्मृति सदैव किसी पूर्व-ज्ञात वस्तु की ही होती है।

कुछ विचारकों का कहना है कि व्याघातहीनता ('अबाधितत्व') को प्रामाणिक ज्ञान का एक अनिवार्य लक्षण माना जाए। प्रामाणिक होने के लिए ज्ञान को ऐसा होना चाहिए कि परवर्ती अनुभव इसे झुठला न सके अथवा इसमें व्याघात उत्पन्न न कर सके। "यह परिकल्पना कि पृथ्वी स्थिर है और सूर्य गतिमान, युगों से संतोषजनक ढंग से प्रयुक्त होती रही है; इस संज्ञान के आधार पर हमारी अनेक क्रियाएँ होती रही हैं एवं लक्ष्य प्राप्त किए जाते रहे हैं। खगोलशास्त्रीय खोज से इसके संघर्ष के कारण ही हम इसके मिथ्यात्व को देख पाए हैं।"

प्रत्यक्ष

प्रामाणिक ज्ञान अथवा प्रमा के मूल स्रोतों में सबसे महत्वपूर्ण स्थान प्रत्यक्ष का है। इसे सभी दार्शनिक संप्रदाय स्वीकार करते हैं। प्रमाण के लगभग अन्य सभी प्रकार प्रत्यक्ष पर अनिवार्यतः आश्रित हैं। इसी कारण इसे ज्ञान के स्रोतों में सर्वोच्च ('प्रमाण-ज्येष्ठ') कहा जाता है। प्रत्यक्ष शब्द प्रति अक्ष से मिलकर बना है। इसका अर्थ है वह जो ज्ञानेंद्रिय के समक्ष अथवा ज्ञानेंद्रिय द्वारा प्रस्तुत हो। प्रत्यक्ष के संबंध में एक मुख्य बात को सभी संप्रदाय समान रूप से स्वीकार करते हैं कि प्रत्यक्ष ज्ञान वह ज्ञान है जो ज्ञानेंद्रिय का उसके समुचित विषय से संपर्क होने पर उत्पन्न होता है। प्रत्यक्ष से संबंधित अन्य बातों में पर्याप्त मतभेद देखने को मिलता है।

प्रत्यक्ष के एक अन्य लक्षण पर बल देते हुए इसकी परिभाषा अन्य रूप में भी की गई है : प्रत्यक्ष अमध्यस्थ ज्ञान होता है। इसे प्राप्त करने में किसी अन्य ज्ञान की सक्रिय भूमिका नहीं रहती। अनुमान इत्यादि ज्ञान के अन्य रूप (जैसाकि हम अभी देखेंगे)

किसी न किसी प्रकार के विशेष ज्ञान को मानकर चलते हैं। अतः वे अमध्यस्थ ज्ञान नहीं हैं।

बाह्य ज्ञानेंद्रियों की संख्या पाँच है और तदनुरूप प्रत्यक्ष के भी पाँच प्रकार होते हैं : रंग के लिए चाक्षुष, शब्द के लिए श्रव्य, गंध के लिए घ्राणज, रस (स्वाद) के लिए रासन और स्पर्श के लिए स्पार्सन।

एक अन्य दृष्टिकोण से प्रत्यक्ष दो प्रकार का कहा गया है : निर्विकल्प और सविकल्प। एक अर्थ में ये दो क्रमिक चरणों को दर्शाते हैं; पहले चरण को दूसरे की उत्पत्ति की व्याख्या करने के लिए तार्किक अनिवार्यता के रूप में स्वीकार किया जाता है। ऐसा माना जाता है कि वस्तु के संपर्क में ज्ञानेंद्रिय के आते ही हमें तुरन्त उस वस्तु का उसके समस्त गुणों सहित ज्ञान नहीं होता; उस समय हमें उस वस्तु का आभास मात्र होता है जो किसी वस्तु द्वारा या अपने गुणों द्वारा लक्षित नहीं होती—ये गुण उस समय अलग-अलग और असंबद्ध होते हैं। तत्पश्चात् हमें वस्तु का उसके लक्षणों सहित ज्ञान होता है; वस्तु और उसके गुण एक-दूसरे से संबद्ध प्रकट होते हैं,। इसे सविकल्प प्रत्यक्ष कहते हैं। प्रत्यक्ष के इन दोनों प्रकारों के संबंध में बहुत विवाद है। कुछ विचारक, संभवतः वैयाकरण, निर्विकल्प प्रत्यक्ष की संभावना को ही अस्वीकार करते हैं। बौद्ध दोनों की संभावना को स्वीकार तो करते हैं किंतु उनका दृढ़ विश्वास है कि निर्विकल्प प्रत्यक्ष ही सच्चा प्रत्यक्ष है। नैयायिक एवं मीमांसक दोनों की प्रामाणिकता को स्वीकार करते हैं यद्यपि इस संबंध में उनमें थोड़े-से मतभेद हैं।

अनुमान

''ज्ञान की प्रणालियों में भारतीय विचारकों ने किसी अन्य प्रणाली की विवेचना इतने सूक्ष्म एवं विस्तृत रूप में नहीं की जितनी कि अनुमान की। यह नैयायिकों का प्रिय विषय था जिन्होंने केवल इसी की विवेचना में शताब्दियाँ लगा दीं और विपुल साहित्य का निर्माण किया जो अपनी सटीकता एवं विश्लेषण में उतना ही अद्भुत है जितना कि बीजगणित का आविष्कार।''

अनुमान अनु और मान से मिलकर बना है जिसका अर्थ है पश्चात्-ज्ञान। यह इस अर्थ में पश्चात्-ज्ञान है कि यह ऐसा ज्ञान है जिसके पहले किसी विशिष्ट रूप में प्रत्यक्ष ज्ञान हो चुकता है। दृष्टांत के लिए, पर्वत पर धुएँ को देखकर आग के अनुमान की बात लें। इसमें तीन पद हैं। पहला है पर्वत, वह स्थान जहाँ आग होने का अनुमान किया गया है; इसे पक्ष कहते हैं। दूसरा है आग, वह वस्तु जिसके पर्वत पर होने का अनुमान किया गया है; इसे साध्य कहते हैं। तीसरा है धुआँ, वह संकेत जिसके आधार पर आग का अनुमान किया जा रहा है; इसे लिंग अथवा हेतु कहते हैं।

अनुमान कैसे किया जाता है ? इसके कतिपय स्पष्ट चरणों को देखा जा सकता है। जो व्यक्ति धुएँ से आग का अनुमान करता है वह पहले से इस बात को जानता है कि जहाँ कहीं धुआँ होता है वहाँ आग होती है। तब पर्वत की ओर जाते हुए उसे पर्वत से धुआँ उठता दिखाई देता है; उसे धुएँ और आग से संबंधित निश्चित नियम ज्ञात है; उसे इस बात का निश्चय हो जाता है कि निश्चित रूप से संबंधित धुआँ पर्वत पर विद्यमान है, तो वह निष्कर्ष निकालता है कि पर्वत पर अग्नि विद्यमान है। दूसरे शब्दों में हम (1) हेतु का प्रत्यक्ष करते हैं; (2) हेतु और साध्य के बीच स्थित निश्चित नियम का स्मरण करते हैं (जिसे 'व्याप्ति' या निश्चित सहवर्तिता कहते हैं); (3) इस बात का निश्चय करते हैं कि निश्चित रूप से संबंधित हेतु पक्ष में विद्यमान है; (4) अंत में यह अनुमानात्मक ज्ञान प्राप्त करते हैं कि साध्य पक्ष में विद्यमान है।

भारतीय तर्कशास्त्री सामान्यतया 'स्वार्थानुमान' (अपने लिए किए गए अनुमान) एवं 'परार्थानुमान' (अन्य लोगों को सत्य का दर्शन कराने के लिए किए गए अनुमान) में भेद करते हैं। पहले प्रकार का अर्थात् स्वार्थानुमान का वर्णन ऊपर किया जा चुका है। दूसरे प्रकार का अनुमान अनेक परस्पर-संबद्ध कथनों में होता है। ये वक्तव्य सामान्यतया एक निश्चित क्रम में होते हैं और प्रत्येक वक्तव्य को 'अवयव' कहा जाता है। विभिन्न संप्रदाय इन वक्तव्यों की विभिन्न संख्या बताते हैं। दृष्टांत के लिए, यहाँ हम न्याय की धारणा का उल्लेख करते हैं जो अनुमान के अवयवों की संख्या पाँच बताता है : (1) 'प्रतिज्ञा' (पक्ष का आरंभिक वक्तव्य), उदाहरण के लिए, पर्वत पर अग्नि है; (2) 'हेतु' (कारण का कथन), क्योंकि इसमें धुआँ है; (3) 'उदाहरण' (निश्चित सहवर्तिता का सोदाहरण कथन), उदाहरण के लिए, जहाँ कहीं धुआँ होता है वहाँ अग्नि होती है, जैसे पाकशाला में; (4) 'उपनय' (प्रयुक्ति, पक्ष में चिह्न की उपस्थिति का कथन), उदाहरण के लिए पर्वत पर भी धुआँ है; और (5) 'निगमन' (अंतिम निष्कर्ष); उदाहरण के लिए, अतः पर्वत पर अग्नि है।

सामान्य धारणा के अनुसार केवल चार्वाक ही अनुमान को प्रामाणिक ज्ञान का स्रोत नहीं मानते; शेष सभी दार्शनिक प्रणालियाँ इसकी प्रामाणिकता को स्वीकार करती हैं। इस बात की विवेचना लोकायत दर्शन के प्रकरण में की जा चुकी है।

उपमान

अनेक विचारक उपमान को प्रामाणिक ज्ञान का स्वतंत्र स्रोत नहीं मानते। सांख्य इसे प्रत्यक्ष में और वैशेषिक इसे अनुमान में सम्मिलित मानते हैं। अतः मीमांसक एवं नैयायिक ही उपमान के दो प्रमुख पक्षधर रह जाते हैं यद्यपि दोनों की उपमान-संबंधी धारणा एक-दूसरे से नितांत भिन्न है।

मीमांसकों की धारणा को निम्न दृष्टांत से समझाया जा सकता है। किसी व्यक्ति के घर में गाय है। वह वन में जाता है और वहाँ एक 'गवय' (बिना गल-गंबल की जंगली गाय) को देखता है। तब उसे यह आभास होता है कि "इस गवय का स्वरूप मेरी गाय से मिलता है।" फिर वह यह सोचता है कि "मेरी गाय इस गवय से मिलती है।" यहाँ 'सादृश्य' के दो संज्ञान हैं : पहला, गाय का सादृश्य जो गवय में स्थित है और दूसरा, गवय का सादृश्य जो गाय में स्थित है। पहला सादृश्य प्रत्यक्ष है और 'करण' है; दूसरा सादृश्य 'फल' है और उपमान से व्युत्पन्न संज्ञान है। यह प्रत्यक्ष नहीं हो सकता क्योंकि जिस वस्तु में सादृश्य स्थित है वह आँखों के सामने विद्यमान नहीं है। न ही यह अनुमानात्मक है क्योंकि इसमें कोई तार्किक प्रक्रिया भी नहीं है। अतः यह एक नए प्रकार का ज्ञान है और इसके स्रोत को एक अलग प्रमाण होना चाहिए।

नैयायिकों के अनुसार उपमान का एकमात्र लक्ष्य 'संज्ञा' एवं 'संज्ञिन' के बीच संबंध निर्धारित करना है। उपमान के माध्यम से, जो दो वस्तुओं के बीच सादृश्य के पूर्व-ज्ञान के आधार पर कार्य करता है, यह निश्चित ज्ञान प्राप्त होता है कि इस वस्तु-विशेष को इस नाम-विशेष द्वारा अभिहित किया जाता है। उदाहरण के लिए, ग्रामीण ने गाय तो देखी है पर 'गवय' नहीं। वनपाल उसे बताता है कि 'गवय' गाय जैसा है। बाद में वह ग्रामीण वन में जाता है और उसे गाय जैसा प्राणी दिखाई देता है। इस पशु में वह गाय का सादृश्य देखता है और उसे वनपाल के शब्द याद आते हैं कि 'गवय गाय जैसा होता है।" तब उसे यह ज्ञान प्राप्त होता है कि "गवय शब्द इस श्रेणी के पशुओं को सूचित करता है।"

न्याय दर्शन के कुछ टीकाकारों का विचार है कि असादृश्य के संज्ञान के आधार पर भी उपमान कार्य कर सकता है। उदाहरण के लिए, ऊँट से भलीभांति परिचित उत्तर भारत का कोई व्यक्ति दक्षिण भारत के किसी व्यक्ति से, जिसने पहले कभी ऊँट नहीं देखा है, कहता है कि ऊँट एक विचित्र प्राणी होता है, यह कड़ी पत्तियाँ एवं काँटे खाकर जीवित रहता है, कुरूप होता है, इसकी लंबी और टेढ़ी गर्दन होती है। बाद में वह दक्षिण भारतीय व्यक्ति उत्तर भारत आता है और ऊँट को देखता है। इस पशु में उसे उपरोक्त लक्षण दिखाई देते हैं जो वस्तुतः उन सभी पशुओं के असदृश हैं जिनसे वह परिचित है। अतः इस असादृश्य के आधार पर वह जान जाता है कि यही पशु ऊंट के नाम से जाना जाता है।

कुछ विचारकों की यह भी धारणा है कि उपमान केवल किसी वस्तु एवं उसके नाम के बीच संबंध के संज्ञान का ही कारण नहीं होता। यह अन्य प्रकार के संज्ञानों को भी उत्पन्न कर सकता है। उदाहरण के लिए, कोई जानकार व्यक्ति किसी को परामर्श देता है कि मुद्गपर्णी से मिलती-जुलती कोई जड़ी विष का प्रतिकारक होती है। बाद में उसे ऐसी जड़ी दिखाई देती है जो मुद्गपर्णी से मिलती-जुलती है। उसे उस जानकार

व्यक्ति की बात स्मरण होती है और वह निश्चय करता है कि यह नई जड़ी विष की प्रतिकारक है।

शब्द

बौद्ध और वैशेषिक शब्द-प्रमाण को प्रामाणिक ज्ञान का स्वतंत्र स्रोत स्वीकार नहीं करते। नैयायिक और मीमांसक न केवल इसे ऐसा मानते हैं अपितु इसके विभिन्न पक्षों की विवेचना करते हुए विस्तृत एवं जटिल सिद्धांत भी प्रतिपादित करते हैं।

शब्द-प्रमाण को नैयायिक 'आप्तवचन' के रूप में परिभाषित करते हैं। आप्तपुरुष वह व्यक्ति है जिसे विवेच्य विषय का गंभीर ज्ञान हो, जो उसे ठीक-ठीक संप्रेषित करना चाहता हो और जिसमें स्मृति- लोप या ज्ञानेंद्रियों की अक्षमता संबंधी कोई दोष आदि नहीं हो। जब ऐसे व्यक्ति के शब्दों द्वारा किसी तथ्य का ज्ञान होता है तो उसे शब्द-प्रमाण द्वारा व्युत्पन्न ज्ञान कहा जाता है। सभी वक्तव्यों की प्रामाणिकता वक्ता की आप्तता से निःसृत होती है। वेद इसीलिए प्रामाणिक हैं कि ये ईश्वर के वचन हैं जो सर्वज्ञ और अमोघ है। न्याय की दृष्टि में साधारण वाक्यों और वेद-वाक्यों की समान स्थिति है।

शब्द-प्रमाण का मीमांसकों के लिए विशेष महत्व है। वे वेदों की प्रामाणिकता को मानते हैं और यह प्रामाणिकता उनके लिए सर्वोच्च महत्व की वस्तु है। तथापि वे ईश्वर को नहीं मानते। अतः वे ईश्वर के आधार पर वेदों की प्रामाणिकता सिद्ध नहीं कर सकते। वे वेदों को 'अपौरुषेय' भी मानते हैं; इन्हें किसी व्यक्ति ने लिखा, बोला अथवा प्रकाशित नहीं किया। ये नित्य हैं; काल में इनका आदि या अंत नहीं है। अतः ये स्वयमेव प्रामाणिक हैं। शब्द-प्रमाण उस ज्ञान का साधन है जो हमें उन वस्तुओं के संबंध में जो प्रायः दृष्टि की सीमा में नहीं होतीं, प्रासंगिक वाक्यों से प्राप्त होता है। यह ज्ञान इन वाक्यों के पदों के अर्थ को समझने से प्राप्त होता है। ये वाक्य दो प्रकार के हो सकते हैं—मानव-कथित और वेद-विहित। आप्तपुरुष के न होने पर मानव-कथित वाक्य अप्रामाणिक होते हैं जबकि वेद-वाक्य स्वयमेव प्रामाणिक होते हैं।

मीमांसा के दोनों संप्रदायों में भी इससे संबंधित विभिन्न विषयों पर मतभेद पाया जाता है।

अर्थापत्ति

अर्थापत्ति का शाब्दिक अर्थ है किसी तथ्य ('अर्थ') की मान्यता अथवा स्वीकृति ('आपत्ति')। किसी संज्ञात तथ्य की व्याख्या करने के लिए (जो किसी अन्य प्रकार से अविश्लेष्य हो) जब किसी अन्य जुड़े हुए तथ्य को प्रतिपादित किया जाता है तो 'अर्थापत्ति' होती है। दृष्टांत के लिए, यह विदित तथ्य है कि देवदत्त दिन के समय

भोजन नहीं करता। किंतु वह पूर्णतः स्वस्थ और सबल है। इससे ज्ञात होता है कि वह रात्रि के समय भोजन करता होगा। व्याख्याधीन तथ्य के ज्ञान ('उपपाद्य' : स्वस्थ व सबल स्थिति) से हमें व्याख्या करनेवाले तथ्य (उपपादक : रात्रि में भोजन करना) का ज्ञान होता है। पहलेवाला ज्ञान, जो प्रत्यक्षमूलक है, साधन है और बादवाला, जो परिणाम है, अर्थापत्ति से उत्पन्न ज्ञान है।

जब विवेच्य तथ्य के ज्ञान का स्रोत शब्द-प्रमाण में न होकर कहीं और हो तो इसे 'दृष्टार्थापत्ति' कहा जाता है और जब यह शब्द-प्रमाण द्वारा ज्ञात होता है तो इसे 'श्रुतार्थापत्ति' कहते हैं। श्रुतार्थापत्ति भी दो प्रकार की हो सकती है जो इस बात पर आश्रित है कि इसका संबंध 'अभिधान' से है या 'अभिहित' से। पहले का उदाहरण यह है कि 'बंद करो' ('पिधेहि') कहने पर कोई 'द्वारम्' शब्द कहे ताकि उस प्रसंग और संदर्भ में अर्थ स्पष्ट हो जाए अन्यथा यह समझा नहीं जाएगा। दूसरे के उदाहरण के रूप में, जब शास्त्र कहते हैं कि ज्योतिष्टम् यज्ञ करने से स्वर्ग की प्राप्ति होती है तो यह माना जाता है कि इसमें कोई स्थायी, अदृश्य शक्ति (अपूर्व) उत्पन्न होती है जिसके बिना क्षणिक यज्ञ स्वर्ग की प्राप्ति का कारण नहीं हो सकता।

अर्थापत्ति को केवल मीमांसक ही प्रामाणिक ज्ञान का स्रोत मानते हैं। अन्य दर्शनशास्त्रियों का विचार है कि इन बातों को अनुमान द्वारा भी व्याख्यायित किया जा सकता है।

अनुपलब्धि

'अनुपलब्धि' को ज्ञान का स्वतंत्र स्रोत माननेवाले केवल मीमांसा के भाट्ट संप्रदाय के अनुयायी हैं। इसे मान्यता देने का एकमात्र उद्देश्य 'अभाव' के कतिपय लाक्षणिक उदाहरणों की व्याख्या करना है। निस्संदेह इस बात को अस्वीकार नहीं किया जा सकता कि 'अभाव' का संज्ञान कभी तो अनुमान से और कभी शब्दप्रमाण द्वारा भी किया जा सकता है। तापमापक में पारे की विशिष्ट स्थिति को देखकर ताप के न होने का अनुमान किया जा सकता है। वैज्ञानिकों के कथन से हमें ज्ञात होता है कि चंद्रमा पर मानवों का अस्तित्व नहीं है। किंतु इस उदाहरण पर विचार कीजिए : एक पर्याप्त रूप से प्रकाशित कमरे में सामान्य दृष्टिवाला व्यक्ति कहता है : धरती पर कोई घट नहीं रखा है। इस उदाहरण में घट के अभाव का संज्ञान किस प्रकार हुआ ? विभिन्न भारतीय दार्शनिक संप्रदाय इसके विभिन्न उत्तर देते हैं। भाट्टों का दृष्टिकोण समझने का प्रयास करने से पूर्व इस संबंध में अन्य विचारकों के पक्ष को संक्षेप में जान लेना अप्रासंगिक न होगा।

प्रभाकर के अनुसार अभाव की अपने-आपमें कोई सत्ता नहीं होती। धरती पर

घट का अभाव उस स्थान अर्थात् धरती से पृथक कुछ नहीं है। तथापि यह धरती की किसी भी अवस्था के समरूप नहीं है; यह धरती के शुद्ध अस्तित्व की अवस्था के अर्थात् 'भूतल मात्र' के समरूप ही है। सांख्य की धारणा भी ऐसी ही है। इस प्रकार ये दर्शन अभाव के संज्ञान को, जैसाकि ऊपर के दृष्टांत में दर्शाया गया है, कोई समस्या नहीं मानते क्योंकि इसे तो प्रत्यक्ष रूप से प्राप्त किया जा सकता है। अभाव सहजता से प्रत्यक्ष की वस्तु ही हो सकता है क्योंकि धरती पर घट के अभाव के प्रत्यक्ष से तात्पर्य कुछ अन्य नहीं अपितु खाली धरती के प्रत्यक्ष से है।

नैयायिक भी मानते हैं कि अभाव का संज्ञान प्रत्यक्ष द्वारा किया जा सकता है। किंतु उनका दृष्टिकोण पर्याप्त भिन्न है। इनका दावा है कि अभाव की अलग सत्ता है और यह खाली स्थान के समरूप नहीं है। यदि भूतल और घट का अभाव एक-दूसरे से भिन्न न होते तो यह कैसे कहा जा सकता है कि भूतल पर घट का अभाव है? अतः विशेष रूप से अभाव के प्रत्यक्ष की व्याख्या करने के लिए वे एक विशेष प्रकार के संवेदन-वस्तु-संबंध को स्वीकार करते हैं जिसे 'विशेषणता' कहते हैं। अभाव उस स्थान का विशेषण है क्योंकि हम सदा यही कहते हैं कि भूतल पर घट का अभाव होना उसका लक्षण है। चक्षु ज्ञानेंद्रिय का उस भूतल के साथ 'संयोग' होता है जिसकी विशेषता अभाव है। इस प्रकार चक्षु ज्ञानेंद्रिय और अभाव के बीच संबंध स्थापित होता है।

भाट्टों का प्राभाकरों से नितांत एवं नैयायिकों से आंशिक मदभेद है। उनकी मान्यता है कि अभाव स्थान के समरूप नहीं होता अपितु कुछ अधिक होता है। किंतु वे इस धारणा को नहीं मानते कि इसका संज्ञान प्रत्यक्ष द्वारा हो सकता है। मात्र संयोग और समवाय को ही सच्चे अर्थ में 'संबंध' कहा जा सकता है। उनका अस्तित्व केवल दो 'भाव' सत्ताओं के बीच ही संभव है। इनमें एक भी अभाव में नहीं हो सकता। विशेषता तो संबंध है ही नहीं क्योंकि यह किसी भी प्रकार संबंध होने की शर्तों को पूरा नहीं करती। अतः ज्ञानेंद्रिय एवं अभाव के बीच संबंध की असंभवता के कारण अभाव का प्रत्यक्ष भी असंभव हो जाता है।

अतः अभाव के संज्ञान की व्याख्या करने के लिए ज्ञान के एक भिन्न स्रोत को स्वीकार करना पड़ता है जिसे 'अनुपलब्धि' कहते हैं। अनुपलब्धि का अर्थ है बोध का अभाव, अर्थात् ज्ञान के पाँच स्रोतों से प्राप्त ज्ञान का अभाव (जिनका ऊपर उल्लेख हुआ है और जिन्हें भाट्टों की मान्यता प्राप्त है)। इनमें से किसी भी स्रोत से प्राप्त ज्ञान किसी वस्तु की सत्ता को दर्शाता है, किंतु ऐसे ज्ञान की अनुपस्थिति वस्तु के अभाव को दर्शाती है। "जब किसी स्थान में किसी समय घट जैसी वस्तु का अस्तित्व होता है, तो उसे प्रत्यक्ष अथवा ज्ञान के किसी अन्य साधन द्वारा वहाँ उस समय उपस्थित मान लिया जाता है। किंतु जब

ऐसा कोई साधन वस्तु का संज्ञान नहीं देता तो इन परिस्थितियों में संज्ञेय होने की क्षमता रखने पर भी उस स्थान और समय में उस वस्तु का अभाव माना जाएगा।''

भ्रांति के सिद्धांत

भारतीय दर्शन में भ्रांति के सिद्धांतों को 'ख्यातिवाद' कहा गया है। ख्याति का अर्थ सामान्यतः ज्ञान होता है, किंतु भ्रांति के सिद्धांत के संदर्भ में इसका तात्पर्य मिथ्या ज्ञान से है। विभिन्न दार्शनिक प्रणालियों ने ऐसे पाँच सिद्धांतों का प्रतिपादन किया है जो उनके मूल तत्वमीमांसी दृष्टिकोण के अनुरूप हैं। ये हैं : (1) असत्‌ख्याति, (2) आत्मख्याति, (3) अनिर्वचनीयख्याति, (4) अख्याति और (5) अन्यथाख्याति। इन सभी सिद्धांतों में भ्रांतिपूर्ण अनुभव की वस्तु की ठीक स्थिति को परिभाषित करने का विशेष प्रयास मिलता है। हम भारतीय दार्शनिक साहित्य में उल्लिखित रज्जु-सर्प-भ्रांति के उदाहरण द्वारा इन सिद्धांतों को समझने का प्रयास करेंगे।

शून्यवादी 'असत्‌ख्याति' के पक्षधर हैं। उपर्युक्त उदाहरण में सर्प कुछ नहीं है; यह शुद्ध अभाव और कल्पना मात्र है। यहाँ हमारा संबंध किसी भी या प्रत्येक सर्प से नहीं है, न ही सर्प मात्र से। यहाँ हमारा संबंध उस सर्प-विशेष से है जिसका अनुभव भ्रांति में होता है। यह रज्जु में देखे गए सर्प का प्रश्न है। किंतु ऐसे सर्प का अस्तित्व तो कहीं भी, भूत, वर्तमान, भविष्य काल के किसी भी आयाम में नहीं होता। यह शुद्ध असत्ता है, 'अत्यंत असत्' या मात्र 'असत्' है। अतः भ्रांति पूर्णतः असत् की मिथ्या चेतना अथवा 'असत्‌ख्याति' है। तथापि, शून्यवादियों के लिए तो रज्जु की भी सत्ता नहीं होती। उनका भ्रांति का सिद्धांत तो असत् में असत् के अनुभव की बात करना है।

विज्ञानवादियों का कहना है कि सर्प भले ही असत् हो किंतु सर्प का प्रत्यय तो वहाँ अकाट्य रूप से विद्यमान है ही। यह कहना गलत होगा कि यहाँ केवल असत् में असत् का अनुभव होता है। वे 'आत्मख्याति' का सिद्धांत प्रस्तुत करते हैं। जैसाकि पहले कहा जा चुका है, विज्ञानवादी बाह्य जगत की सत्ता को नहीं मानते। जब कोई किसी (तथाकथित) वस्तु को देखता है तो केवल ज्ञान अथवा चेतना ही, जिसका बोध आंतरिक रूप से होता है, बाह्य रूप में प्रकट होती है : वास्तव में कोई बाह्य वस्तु होती ही नहीं। यह भ्रांति मात्र है : आंतरिक रूप से गृहीत चेतना का बाह्य वस्तु पर आंशिक आरोपण। यह अंतर्भूत रूप से गृहीत चेतना आत्मा के अतिरिक्त कुछ अन्य नहीं है, और इस रूप में भ्रांति का अर्थ है काल्पनिक वस्तु पर आत्मा का मिथ्यारोपण अथवा 'आत्मख्याति'। तथापि चेतना की सत्ता को नहीं नकारा जा सकता क्योंकि यह 'स्वतःप्रकाश' होती है।

अद्वैतवादी वेदांतियों द्वारा प्रस्तुत भ्रांति का सिद्धांत 'अनिर्वचनीयख्याति' कहलाता है जिसका शाब्दिक अर्थ है अनिर्वचनीय का मिथ्या ज्ञान। जब रज्जु में सर्प को देखा जाता है तो सर्प को पूर्णतः असत् नहीं माना जा सकता। जो कुछ नहीं मात्र है, जैसे वंध्या स्त्री का पुत्र, वह कभी अनुभव की वस्तु नहीं हो सकता। न ही इस सर्प को सत् माना जा सकता है क्योंकि ऐसा कोई सर्प नहीं होता। अर्थात् यह सर्प न तो 'सत्' है, न ही 'असत्'। किंतु किसी भी वस्तु का वर्णन करने के ये ही दो संभव विकल्प हैं। चूंकि इनमें से किसी को भी भ्रांति की वस्तु का वर्णन करने में प्रयुक्त नहीं किया जा सकता, अतः इसे केवल अनिर्वचनीय ही कहा जा सकता है। पुनश्च, चूँकि यह प्रत्यक्षमूलक अनुभव का विषय है जो ज्ञानेंद्रिय-वस्तु-संपर्क के बिना संभव नहीं है, अतः वहाँ किसी प्रकार सर्प का औचित्य सिद्ध करना पड़ेगा। इसके लिए, अस्थायी रूप से, एक अनिर्धार्य सर्प की उत्पत्ति को स्वीकार किया जाता है जो 'अविद्या' के कारण उत्पन्न होता है जिसमें असाधारण शक्तियाँ होती हैं।

ऊपर विवेचित भ्रांति के तीनों सिद्धांतों में एक बात सामान्य है। इन तीनों के पक्षधर विचारवादी हैं जो बाह्य जगत की सत्ता को अस्वीकार करते हैं। किंतु विचारवादियों की स्थापना में एक कठिनाई स्पष्ट दिखाई देती है। विचारवादी रज्जु में सर्प के अनुभव एवं रज्जु में रज्जु के अनुभव के बीच किस प्रकार भेद करेंगे ? इनमें से पहले को सत्य और दूसरे को मिथ्या माना जाता है। किंतु अपने मूल तत्वमीमांसी विचारों के अनुसार तो वे दूसरे की प्रामाणिकता को भी स्वीकार नहीं कर सकते। इस कठिनाई का समाधान दो सत्यों के सिद्धांत द्वारा किया जाता है—आनुभविक अथवा आभासी सत्य एवं दार्शनिक अथवा पारमार्थिक सत्य। रज्जु में रज्जु का अनुभव केवल व्यावहारिक दृष्टिकोण से ही प्रामाणिक है (देखिए पहले विवेचित योगाचार दर्शन)।

प्राभाकरों के अनुसार वास्तव में भ्रांतिपूर्ण ज्ञान होता ही नहीं, प्रत्येक ज्ञान प्रामाणिक के अतिरिक्त अन्य कुछ नहीं होता। अतः उनके सिद्धांत को 'अख्यातिवाद' अर्थात् भ्रांतिहीनता का सिद्धांत कहा जाता है। रज्जु में सर्प के तथाकथित भ्रमपूर्ण संज्ञान का रूप होता है 'यह सर्प है' (अयं सर्पः)। यह वस्तुतः संज्ञान का अकेला अथवा अविभाजित अंश नहीं है। यहाँ यथार्थतः दो संज्ञान है : (1) रज्जु का प्रत्यक्ष संज्ञान जिसे 'यह' (अयं) कहा गया है और (2) सर्प का स्मृति-ज्ञान जिसे यहाँ 'सर्प' कहा गया है। जैसे ही देखनेवाले की आँख सामने पड़ी रज्जु के संपर्क में आती है, उसे 'यह' के रूप में रज्जु का प्रत्यक्ष संज्ञान केवल एक सामान्य लक्षणोंवाली वस्तु के रूप में होता है। तत्पश्चात् सर्प से इसके सादृश्य के बोध के कारण पहले कभी देखे गए सर्प की छाप उभर आती है और उसे सर्प का स्मरण हो आता है। किंतु ये दोनों संज्ञान प्रामाणिक हैं क्योंकि वे अपनी-अपनी वस्तुओं के प्रति सत्य हैं। अतः इसमें कुछ भी

भ्रांतिपूर्ण नहीं है। फिर सम्मिश्र अनुभव में क्या दोष है ? प्राभाकरों का कहना है कि यह एक नकारात्मक घटक मात्र है अर्थात् दोनों के बीच भेद करने की असफलता है; यह इस ज्ञान का अभाव है कि ये दो भिन्न स्वरूपवाले संज्ञान हैं।

प्राभाकर यथार्थवादी हैं। नैयायिक भी यथार्थवादी हैं। दोनों ही भ्रांतिपूर्ण ज्ञान की व्याख्या सामान्य वस्तुओं के रूप में करने का प्रयास करते हैं जिन्हें वे वास्तविक मानते हैं। किंतु नैयायिक भ्रांति का एक नितांत भिन्न सिद्धांत प्रस्तुत करते हैं। प्राभाकरों के विरुद्ध उनकी मुख्य आपत्ति यह है कि उनके पास उस भ्रांतिपूर्ण अनुभव की व्यावहारिक प्रतिक्रिया की कोई व्याख्या नहीं है जो एक मूर्त तथ्य है। रज्जु में सर्प को देखकर व्यक्ति इससे दूर भागता है जबकि सीपी में रजत देकखर उसे लेने के लिए उसकी ओर लपकता है। ये प्रतिक्रियाएँ दर्शाती हैं कि इन उदाहरणों में व्यक्ति को यथार्थतः सर्प अथवा रजत का अनुभव होता है। ऐसी क्रियाओं का कारण केवल प्रभेदक ज्ञान का अभाव ही नहीं हो सकता। इसके लिए किसी भी सकारात्मक अनुभव का होना भी आवश्यक है। अतः यह स्वीकार करना पड़ेगा कि इन उदाहरणों में व्यक्ति सर्प अथवा रजत का ही प्रत्यक्ष करता है।

किंतु सर्प या रजत संज्ञान की वस्तु कैसे बन सकते हैं ? अद्वैत वेदांत की यह व्याख्या संतोषजनक नहीं है कि सर्प या रजत अविद्या के कारण अस्थायी रूप से उत्पन्न होते हैं। कोई भी वस्तु अपने सुपरिचित, व्यावहारिक रूप से सत्यापनीय, उपादान और अन्य कारणों की अनुपस्थिति में उत्पन्न नहीं हो सकती। भ्रांति के समय सर्प या रजत का ऐसा कोई कारण उपस्थित नहीं होता। कोई परिणाम और उसका उपादान कारण सामान्यतः एक ही स्वरूप के होते हैं। घड़ा मूलतः मिट्टी ही होता है, स्वर्ण नहीं। किंतु सर्प या रजत एवं अविद्या के स्वरूप में मूलतः सादृश्य नहीं होता। 'अविद्या' कैसे सर्प या रजत का उपादान कारण हो सकती है ? फिर यह कैसे होता है कि एक संदर्भ में तो अविद्या अनिर्वचनीय सर्प उत्पन्न करती है न कि ऐसा रजत और दूसरे संदर्भ में वही अविद्या अनिर्वचनीय रजत उत्पन्न करती है न कि एक ऐसा सर्प ?

नैयायिकों द्वारा प्रस्तुत भ्रांति का सिद्धांत 'अन्यथाख्याति' (एक वस्तु का दूसरी वस्तु के रूप में बोध) कहलाता है। जब रज्जु को भूल से सर्प के रूप में देखा जाता है तो जो भ्रांतिपूर्ण संज्ञान उत्पन्न होता है उसका रूप होता है : 'यह सर्प है' (अयं सर्पः)। यहाँ 'यह' से तात्पर्य व्यक्ति के सामने पड़ी हुई रज्जु से है। पहले यह केवल 'कुछ' के रूप में देखी जाती है, रज्जु के स्पष्ट लक्षण कतिपय विशेष परिस्थितियों, जैसे दोषपूर्ण दृष्टि अथवा अपर्याप्त प्रकाश इत्यादि के कारण दिखाई नहीं देते। 'यह' के रूप में रज्जु का दृश्य-प्रत्यक्ष दृश्येंद्रिय एवं वस्तु के बीच एक सामान्य प्रकार के इंद्रिय-वस्तु-संपर्क के माध्यम से होता है। किंतु इस संज्ञान में सर्प कैसे आ जाता है ? नैयायिकों के अनुसार सर्प सत्य

है । तथापि उस क्षण वह उस स्थान-विशिष्ट पर विद्यमान नहीं होता । वह किसी अन्य स्थान पर विद्यमान हो सकता है । किंतु भ्रांतिपूर्ण ज्ञान चूँकि प्रत्यक्ष है, अतः संज्ञात वस्तु से, अर्थात् अन्यत्र विद्यमान सर्प से संपर्क स्थापित करना आवश्यक है । अतः नैयायिक एक असाधारण प्रकार का इंद्रिय-वस्तु-संपर्क स्वीकार करते हैं जिसे 'ज्ञान-लक्षण' कहते हैं । इसमें ज्ञानेंद्रिय एवं वस्तु को जोड़ने का कार्य संज्ञान की एक क्रिया द्वारा होता है । प्रस्तुत दृष्टांत में सर्प और रज्जु के कतिपय साझे लक्षण देखे गए हैं । ये संज्ञाता को उस यथार्थ सर्प का स्मरण कराते हैं जिसे उसने अन्यत्र देखा है । सर्प का यह स्मृति-ज्ञान ही दृश्येंद्रिय एवं अन्यत्र स्थित सर्प के बीच असामान्य संपर्क है जो उसे प्रत्यक्ष संज्ञान के क्षेत्र में ले आता है ।

भाट्टों का सिद्धांत न्यूनाधिक नैयायिकों के सिद्धांत के सदृश ही है । इसे 'विपरीतख्याति' कहते हैं । कुमारिल के अनुसार भ्रांतिपूर्ण अनुभव में प्रत्यक्ष ज्ञान होता ही नहीं; यह तो प्रत्यक्ष एवं स्मृति के दोषपूर्ण सम्मिलन का उदाहरण है—'इस' के प्रत्यक्ष एवं अन्य की स्मृति का । प्रत्यक्ष की गई एवं स्मरण की गई, दोनों ही वस्तुएँ सत् हैं । खोट है तो संज्ञान की दो विभिन्न क्रियाओं के दोषपूर्ण सम्मिलन में ।

बाह्य जगत की यथार्थता

भारतीय दार्शनिक प्रणालियों का संक्षिप्त परिचय देते समय पहले ही कहा जा चुका है कि बाह्य जगत की सत्ता स्वीकार अथवा अस्वीकार करने के आधार पर इन्हें दो विरोधी शिविरों में बाँटा जा सकता है । विचारवादी दर्शन के अंतर्गत मुख्यतः माध्यमिक, योगाचार एवं अद्वैत वेदांत आते हैं और यथार्थवादी दर्शन के अंतर्गत वैभाषिक, सौत्रांतिक, मीमांसा एवं न्याय-वैशेषिक आते हैं । कहीं-कहीं उनके तर्कों का भी उल्लेख हुआ है । अब हम उन तर्कों की संक्षिप्त विवेचना करने का प्रयास करेंगे जिन्हें ये प्रणालियाँ अपने-अपने पक्ष के समर्थन में प्रस्तुत करती हैं ।

बाह्य वस्तुओं की असत्ता को सिद्ध करनेवाला एक तर्क, जो बहुत संभव है कि माध्यमिकों का हो, 'निःस्वभावता' (किसी भी वस्तु के मूल चरित्र के अनिर्धारण) का है । विभिन्न संज्ञानों के साक्ष्य पर यह तर्क दिया गया कि इन संज्ञानों के पीछे वास्तविक वस्तुएँ निहित रहती हैं । किंतु ऐसे सभी संज्ञान मिथ्या संज्ञान मात्र होते हैं । इन तथाकथित 'यथार्थ' पदार्थों में से किसी का विश्लेषण करने पर ज्ञात होता है कि उस वस्तु के मूल चरित्र जैसी कोई वस्तु होती ही नहीं, जिसका तात्पर्य यह हुआ कि उस वस्तु का अस्तित्व ही नहीं है । उदाहरण के लिए, कपड़ा मानी जानेवाली वस्तु को लीजिए । आलोचनात्मक विश्लेषण करने पर इसमें थोड़े-से धागे ही दिखाई देते हैं और धागे के अतिरिक्त कोई ऐसा तत्व दिखाई नहीं देता जिसे कपड़ा कहा जा सके । वस्तुतः अगर यह कहा जाए कि कपड़ा दिखाई देता है तो

यह मिथ्या संज्ञान होगा क्योंकि जो दिखाई दे रहा है वह तो धागा मात्र है। इसी प्रकार यदि धागे का उचित विश्लेषण किया जाए तो रुई के कुछ अंश ही दिखाई देंगे, धागे के रूप में कोई अलग तत्व नहीं। और क्रमशः विश्लेषण से यह सिद्ध होता है कि न तो वस्तु का कोई मूल चरित्र होता है और न ही वस्तु स्वयं होती है। इस प्रकार वस्तुओं के सभी संज्ञान, जो उन वस्तुओं को इंगित करते हैं जो यथार्थतः हैं ही नहीं, मिथ्या संज्ञान मात्र होकर रह जाते हैं।

विचारवाद के पक्ष में एक अन्य महत्वपूर्ण तर्क धर्मकीर्ति देते हैं। इसे 'सहोपलम्भनियम' कहते हैं जिसका तात्पर्य है अविभाज्य आभास का नियम। (तथाकथित) वस्तु एवं उसका आभास अविभाज्य होते हैं। दोनों एक ही क्षण में एक ही आभास द्वारा प्रकाशित होते हैं। किसी भी वस्तु को कभी उसके आभास से भिन्न नहीं दर्शाया जा सकता। अपने आभास के बिना वह वस्तु अ-सत्ता होगी। अतः दोनों को एकरूप होना ही चाहिए। इस बात को थोड़े विस्तार में इस प्रकार समझाया जा सकता है। किसी विचारक को केवल उसी वस्तु की सत्ता स्वीकार करने का अधिकार है जो यथार्थतः संज्ञात हो अर्थात् जिसके अस्तित्व का कोई निश्चित प्रमाण हो। इसका अन्य विकल्प यह विसंगत दावा करना होगा कि वस्तु तो सत् है किंतु इसके अस्तित्व का कोई निश्चित प्रमाण नहीं है। इस न्यूनतम मान्यता को लेकर हम इस सामान्य धारणा का परीक्षण करने का प्रयास करेंगे कि भौतिक जगत में वस्तुएं—उदाहरण के लिए, नारंगी—होती हैं। स्वाभाविक रूप से पहला प्रश्न यही होगा कि ऐसी वस्तु के अस्तित्व के संबंध में क्या ज्ञात है ? सामान्यतः उत्तर होगा कि हम इसे देखते हैं, चखते हैं, सूँघते हैं, छूते हैं इत्यादि। किंतु इनका ठीक-ठीक तात्पर्य क्या है ? इनका तात्पर्य केवल इतना है कि हमें रंग, रस, गंध, स्पर्श इत्यादि के संवेदन होते हैं। किंतु संवेदन तो संवेदन हैं और सुख, दुख एवं गुदगुदी की भाँति निश्चित रूप से मानसिक है। निस्संदेह, सामान्यतया माना जाता है कि ऐसी भौतिक वस्तुओं का अस्तित्व होता है जिनसे इन संवेदनों अथवा विचारों की संगति होती है। किंतु ऐसा मानने का कोई आधार ही नहीं हैं क्योंकि भौतिक वस्तु का संज्ञान कभी प्रत्यक्ष रूप से नहीं हो सकता,। हम ऐसी वस्तु को जानने का कितना ही प्रयास क्यों न करें, किंतु हमें जो मिलता है वह संवेदन या विचार के अतिरिक्त अन्य कुछ नहीं होता। अतः नियम यह हुआ कि हम किसी वस्तु को संवेदनों या विचारों से अलग करके नहीं जान सकते। जो कुछ भी संज्ञात है वह विचारों से एकरूप होकर ही संज्ञात होता है।

बाह्य जगत असत् है—विचारवादियों के इस दावे को सबसे बड़ी चुनौती तो अनुभव देता है। बाह्य वस्तुओं का यथार्थ प्रत्यक्ष होता है। ये प्रत्यक्ष अत्यधिक रंगारंग एवं निश्चित होते हैं। वे व्याघातरहित भी होते हैं। उन्हें मात्र मिथ्या कहकर नकारा नहीं जा सकता। अतः विचारवादी के लिए यह दर्शाना आवश्यक हो जाता है कि अनुभव को विश्वसनीय

पथप्रदर्शक नहीं माना जा सकता; यह अनिवार्यतः किसी भौतिक वस्तु को इंगित नहीं करता; यह अनुभूत वस्तु की वस्तुगत सत्ता को प्रत्याभूत नहीं करता। यह दर्शाने के लिए सभी भारतीय विचारवादी, भले ही वे किसी भी संप्रदाय के हों, स्वप्न, भ्रांति एवं भ्रमपूर्ण अनुभवों का उदाहरण देते हैं। वे भौतिक जगत के हमारे सामान्य अनुभव को ऐसे ही मिथ्या अनुभव की स्थिति प्रदान करके भौतिक जगत की सत्ता को मिथ्या सिद्ध करते हैं।

यह तर्क बहुत पहले निरूपित कर लिया गया था, क्योंकि एक उपनिषद में यह सार रूप में मिलता है : (इस संसार का आभास) वैसा ही छलपूर्ण है जैसाकि ऐंद्रजालिक के इंद्रजाल का आभास होता है; यह वस्तुओं का एक मिथ्या अनुभव मात्र है जैसाकि स्वप्न में होता है। "इस निरूपण ने आनेवाले दो सहस्र वर्षों से अधिक समय तक भारतीय विचारवाद के विकास की धारा को महत्वपूर्ण रूप में प्रभावित किया है।"

"यह सामान्य धारणा कि हम किसी वृक्ष को इसलिए देख सकते हैं कि एक यथार्थ वृक्ष भी है, यह मानकर चलती है कि भौतिक वस्तु कारण एवं हमारा अनुभव उसका परिणाम है। यदि ऐसा है तो वस्तु के विद्यमान न होने पर उसका अनुभव होना ही नहीं चाहिए क्योंकि कारण के बिना परिणाम असंभव है। इसीलिए यदि वृक्ष की अनुपस्थिति में भी उसका अनुभव होता है तो इस सामान्यीकृत दावे को त्यागना पड़ेगा कि अनुभव मूलतः भौतिक वस्तुओं का अनुभव होता है। किंतु क्या जहाँ वृक्ष नहीं होता वहाँ भी वृक्ष का प्रत्यक्ष होता है ? होता है, और इसका उदाहरण स्वप्न है।" स्वप्न में हमें अनेक अनुभव होते हैं। हमें सुख और दुख का अनुभव होता है। हम संवेगों से प्रभावित होते हैं। हमारी क्रियाएँ सफल होती हैं। किंतु इन सबका सत् से संबंध नहीं होता। इसी प्रकार यह संसार भी एक मानसिक सृष्टि मात्र है।

भ्रांतियाँ और जागृत अवस्था तक में होनेवाले मतिभ्रम भी इसकी पुष्टि करते हैं। दृष्टि-दोष ('तिमिर') के कारण दो दिखाई देनेवाले चंद्रमा का कहीं अस्तित्व नहीं है; फिर भी निश्चित रूप से इसका प्रत्यक्ष होता है। तीव्र गतिवाली नौका में यात्रा करते समय किनारे के वृक्ष विरोधी दिशा में दौड़ते दिखाई देते हैं यद्यपि दौड़नेवाले वृक्ष कहीं नहीं होते। विचार होते हैं किंतु उनके द्वारा इंगित वस्तुएँ नहीं होतीं। अतः विचार एवं मात्र विचार ही सत् होते हैं।

यद्यपि कुछ लोगों में विचारवादी परंपराओं को भारतीय दर्शन में विशिष्टतम एवं सर्वाधिक महत्वपूर्ण अवदान बतलाकर गौरवमंडित करने की प्रवृत्ति रही है, तथापि विचारवाद के खंडनार्थ प्रस्तुत किए गए यथार्थवादियों के तर्कों को अनदेखा करना भूल होगी। वस्तुतः कतिपय यथार्थवादी तो सर्वाधिक महत्वपूर्ण भारतीय विचारकों में रहे हैं। उन्हें विचारवाद का प्रबल खंडन करना पड़ा क्योंकि अपना पक्ष सुदृढ़ करने के लिए प्रतिपक्षी का खंडन पहली शर्त होती है। उन्होंने इस कार्य को बड़ी गंभीरतापूर्वक लिया और

विचारवाद के सैद्धांतिक खोखलेपन को दर्शाने का भरसक प्रयास किया।

उदाहरण के लिए, कहा गया है कि वस्तुएँ असत् होती हैं क्योंकि आलोचनात्मक विश्लेषण द्वारा उनका कोई मूल चरित्र निर्धारित नहीं किया जा सकता। यथार्थवादी दर्शाते हैं कि ऐसा तर्क मात्र आत्मध्वंसात्मक होता है। वस्तुओं की असत्ता का आधार उनके मूल चरित्र के बोध का अभाव है और इस बोध के अभाव का आधार है आलोचनात्मक विश्लेषण। किंतु यदि किसी वस्तु का यथार्थतः आलोचनात्मक विश्लेषण किया जा सकता है तो उसका मूल चरित्र भी अज्ञात नहीं रह सकता क्योंकि आलोचनात्मक विश्लेषण वस्तुतः वस्तु के मूल चरित्र को ही प्रकट करता है। यदि सचमुच ही किसी वस्तु का अपना कोई मूल चरित्र नहीं है तो उसका आलोचनात्मक विश्लेषण नहीं किया जा सकता, और न ही उसका आलोचनात्मक विश्लेषण हो सकता है यदि उसके मूल चरित्र का बोध न हो। अगर प्रतिपक्षी आलोचनात्मक विश्लेषण की संभावना को स्वीकार करता है तो अंततः उसे वस्तु की सत्ता को भी स्वीकार करना पड़ेगा। इसके अतिरिक्त आलोचनात्मक मूल्यांकन के माध्यम से परीक्षण करने का तात्पर्य वस्तुतः प्रमाण से प्राप्त संज्ञानों के आधार पर किसी वस्तु का सच्चा चरित्र निर्धारित करना है। चूँकि प्रमाण हमेशा ही किसी वस्तु के सच्चे चरित्र को इंगित करता है (और इससे सिद्ध होता है कि अपने मूल चरित्र से युक्त कोई पदार्थ होता है), अतः यह कहना तर्कसंगत नहीं होगा कि आलोचनात्मक परीक्षण के द्वारा वस्तु के मूल चरित्र का बोध न होने के कारण वस्तु यथार्थतः सत् नहीं होती। "यह संभव नहीं है कि कोई तर्क की भर्त्सना भी करे और अपने दावे को तर्कसंगत रूप से सिद्ध भी करे। अपने पक्ष की संपुष्टि करते समय कोई भी अनुभव एवं बुद्धि के निर्णय को अस्वीकार नहीं कर सकता जबकि वह स्वयं अनुभव एवं बुद्धि के आधार पर ही अपने पक्ष की संपुष्टि कर रहा हो। फिर तो यह भी कल्पना की जा सकती है कि रस्सी फाँसी पर लटके हुए व्यक्ति का सहारा ढूँढ़ती है।"

सहोपलम्भ पर आधारित तर्क ने विवादों का बवंडर उठा दिया। यथार्थवादियों के सभी संप्रदायों ने इसका परीक्षण किया और इसके अप्रतिपाद्य होने के विभिन्न आधार प्रस्तुत किए गए।

उदाहरण के लिए, वैभाषिक संप्रदाय के बौद्ध विचारक शुभगुप्त का कहना है कि इस तर्क का आधार ही इसके निर्णय के प्रतिकूल है। कहा गया है कि इसका आधार आभास एवं उसकी लक्ष्यवस्तु की सहकालिकता या सहवर्तिता है। किंतु सहकालिकता या सहवर्तिता की धारणा में कम-से-कम दो भिन्न सत्ताएं निहित हैं। इस प्रकार न केवल आभास अथवा विचार को स्वीकार करना पड़ेगा अपितु इसमें एक वस्तु का अस्तित्व भी मानना पड़ेगा। वस्तुतः अपने चरित्र के कारण ही 'किसी वस्तु' का आभास होता

है और इसीलिए ये दोनों सदैव 'सहवर्ती' प्रतीत होते हैं।

मीमांसावादी कुमारिल का तर्क है कि संज्ञान एवं उसकी लक्ष्यवस्तु में कदापि एकरूपता नहीं हो सकती क्योंकि ये दोनों मूलतः एक-दूसरे से भिन्न हैं; उनका स्वरूप ही ऐसा है कि वे एक-दूसरे से भिन्न होते हैं। संज्ञान 'ग्राहक' है—वह जिसके कारण कोई व्यक्ति ग्रहण करता है और वस्तु 'ग्राह्य' है—वह जिसमें ग्रहण किए जाने की क्षमता हो। घट का संज्ञान घट का ही संज्ञान है क्योंकि यह घट को किसी पर उद्घाटित करता है। घट वस्तु है क्योंकि यह ऐसा कुछ है जिसे ज्ञान उद्घाटित कर सकता है। ये दोनों लक्षण एक-दूसरे के विपरीत हैं। अतः ये दो भिन्न वस्तुओं के लक्षण ही हो सकते हैं, एक ही वस्तु के नहीं। किंतु विचारवादियों की धारणा से यह निष्कर्ष निकलता है कि दोनों वस्तुएँ एक ही हैं जो नितांत अनुचित है।

न्याय-वैशेषिकों ने भी अपने ढंग से विचारवादियों के दावे के विरुद्ध प्रतिक्रिया प्रकट की। विचारवादियों का कथन था कि वस्तु अपने आभास से भिन्न कुछ नहीं होती; यह विचार मात्र होती है। किंतु यह सब मान्यता मात्र है, तथ्य नहीं। अनुभव का निर्णय वस्तुतः इसके विपरीत है जो दर्शाता है कि जो संज्ञात होता है वह संज्ञान से भिन्न होता है। संज्ञान मूलतः एक प्रकार की क्रिया है और संज्ञात वस्तु इस क्रिया का लक्ष्य। किसी भी क्रिया के लक्ष्य को उसके समकक्ष नहीं रखा जा सकता। जिस प्रकार काटने की क्रिया स्वयं को नहीं काट सकती, ठीक उसी प्रकार संज्ञान की क्रिया स्वयं का संज्ञान नहीं कर सकती। जिस प्रकार हम लकड़ी का टुकड़ा काट सकते हैं जोकि एक भिन्न वस्तु है, उसी प्रकार हमें किसी वस्तु का संज्ञान केवल इसी कारण हो सकता है क्योंकि यह संज्ञान की क्रिया से भिन्न है।

इसके अतिरिक्त आभास एवं वस्तु में भेद का एक अनिवार्य तत्व होता है। आभास का बोध सदैव आंतरिक के रूप में और वस्तु का बोध सदैव बाह्य रूप में होता है। आभास की आंतरिकता अथवा वस्तु की बाह्यता ऐसे तथ्य हैं जिनको नकारा नहीं जा सकता। विचारवादी कदाचित कहें कि यह बाह्यता तो मात्र एक आभास है और आंतरिक ही बाह्य के रूप में प्रकट होता है। किंतु प्रश्न यह है : क्या विचारवादी किसी यथार्थतः बाह्य वस्तु की सत्ता मानते हैं ? क्या विचारवादी किसी भी बाह्य वस्तु के बोध की संभावना को स्वीकार करते हैं ? विचारवादी तो इसका नकारात्मक उत्तर ही देंगे। ऐसी स्थिति में 'बाह्य जैसा' अभिव्यक्ति का तो कोई अर्थ ही नहीं होगा। यदि कोई वस्तु यथार्थ में असत् हो और उसका बोध न किया जा सके तो किसी भी ऐसी वस्तु के साथ कोई तुलना कैसे की जा सकती है ? फिर तो आप यह भी कह सकते हैं कि यह बालक "बंध्या के पुत्र की भाँति दिखाई देता है।"

इसके अतिरिक्त विचारवादी चक्रीय तर्क-प्रणाली के भी दोषी हैं। एक ओर तो

संज्ञान एवं वस्तु की एकरूपता की चेतना (अभेद-प्रतिभास) को प्रामाणिक तभी माना जा सकता है जब दोनों के बीच भेद की चेतना (भेद- प्रतिभास) को भ्रमपूर्ण सिद्ध किया जाए और दूसरी ओर भेद की चेतना को तभी दोषपूर्ण ठहराया जा सकता है जब एकरूपता की चेतना प्रामाणिक सिद्ध हो चुकी हो।

अंत में, विचारवादी के सभी विरोधी इस बात पर एकमत हैं कि स्वप्नावस्था, भ्रांति या मतिभ्रम का साक्ष्य बाह्य जगत को मिथ्या सिद्ध करने के लिए पर्याप्त नहीं है। उल्टे वे तो इसके विपरीत बात ही सिद्ध करते हैं। यह दावा किया गया है कि बाह्य वस्तुओं की चेतना स्वप्न की वस्तुओं की चेतना की भाँति मिथ्या होती है। स्वप्नावस्था का अनुभव निश्चित रूप से मिथ्या है, इस बात पर विचारवादियों एवं यथार्थवादियों में कोई विवाद नहीं है। किंतु, जैसाकि यथार्थवादियों का प्रश्न है, इससे यह कैसे सिद्ध होता है कि स्वयं वस्तुएँ काल्पनिक अथवा असत् हैं ? न ही यह निष्कर्ष निकालना संभव है कि जागृत अवस्था के सामान्य अनुभव भी मिथ्या होते हैं। यह तो निराधार सामान्यीकरण होगा कि चूँकि प्रत्यक्ष अनुभवों के कुछ उदाहरण जैसे स्वप्नावस्था के अनुभव या भ्रांतियाँ भ्रामक हैं, अतः सभी प्रत्यक्ष अनुभवों को भ्रामक माना जाना चाहिए। कुछ लोग झूठे होते हैं, क्या इसी कारण मानवमात्र की साक्षी पर संदेह करना चाहिए ?

वस्तुतः हमें इन दो प्रकार के अनुभवों को केवल इसी कारण समकक्ष नहीं मान लेना चाहिए कि दोनों ही स्थितियों में वस्तु की प्रत्यक्ष चेतना होती है : स्वप्नावस्था का अनुभव तो अंततः खंडित ('बाधित') होता है, किंतु जागृतावस्था का अनुभव अबाधित होता है। स्वप्न में हाथी को देखने का अनुभव मिथ्या है क्योंकि जागने पर हाथी दिखाई नहीं देता। स्वप्नावस्था का अनुभव 'हाथी है' मानो जागृतावस्था के अनुभव 'हाथी नहीं है' द्वारा खंडित होता और दूर कर दिया जाता है। किंतु जागृतावस्था के अनुभव के साथ ऐसा नहीं होता। यह किसी परवर्ती अनुभव द्वारा खंडित नहीं होता, अतः इसका सत्यता का दावा संदेह से परे है।

अतः यह सिद्ध हुआ कि स्वप्न या भ्रांति को मिथ्या सिद्ध करने का एकमात्र ढंग, जिस पर विचारवादी इतने आश्रित हैं, जागृतावस्था के सामान्य अनुभव के साक्ष्य का ही सहारा लेना है। "किंतु क्या जागृतावस्था के सामान्य अनुभव को प्रामाणिक माने बिना उसके निष्कर्ष का सहारा लिया जा सकता है ? क्या जागृतावस्था का सामान्य अनुभव स्वयं प्रामाणिक हुए बिना स्वप्न के अनुभव की सत्यता को नकार सकता है ? स्पष्टतः नहीं। इस स्वप्नावस्था के अनुभव को मिथ्या स्वीकार करने का अर्थ ही है जागृतावस्था के सामान्य अनुभव की सत्यता को स्वीकार कर लेना, जोकि इस मिथ्यात्व को दर्शाने का एकमात्र साधन है। फिर यदि जागृतावस्था के सामान्य अनुभव को सत्य मान लिया जाए तो इससे संबंधित वस्तुओं की सत्ता पर संदेह करना व्यर्थ है।"

इस परिच्छेद का समापन करने से पूर्व एक अन्य बात का संक्षिप्त उल्लेख करना उचित होगा। उपर्युक्त विवेचना से स्पष्ट है कि जहाँ तक अनुभव एवं बुद्धि—भारतीय दार्शनिक शब्दावली में 'प्रमाण'—का संबंध है, विचारवादियों एवं यथार्थवादियों के दृष्टिकोण एक-दूसरे के ठीक विपरीत हैं और इस बात को समझा जा सकता है। विचारवादी जो बाह्य जगत की सत्ता का निषेध करने का प्रयास करते हैं, बड़ी गंभीरता से अनुभव एवं बुद्धि का खंडन करते हैं क्योंकि ये दोनों उनके दावों का स्पष्ट प्रतिकार करते हैं। दूसरी ओर यथार्थवादी जो बाह्य जगत की सत्ता स्थापित करते हैं, अत्यंत उत्साहपूर्वक अनुभव एवं बुद्धि का पक्ष-पोषण करते हैं क्योंकि ये दोनों ही उनके पक्ष को अकाट्य रूप से स्थापित करते हैं। अतः नागार्जुन के मूल विचार्य-विषयों में एक है 'प्रमाण विध्वंसन' (ज्ञान के तथाकथित स्रोतों का पूर्ण विध्वंस) जिसकी वे बार-बार विवेचना करते हैं। नागार्जुन इस सीमा तक भी गए कि उन्होंने मुख्य रूप से इसी विषय पर एक ग्रंथ ही रच डाला। पुनः, शंकर *ब्रह्मसूत्र* पर अपने भारी-भरकम भाष्य में स्पष्टतः 'प्रमाण' को पूर्णतः अस्वीकार करते हैं। यह तभी तक क्रियाशील रहता है जब तक व्यक्ति अज्ञान के प्रभाव में रहता है। अनुभव एवं बुद्धि निंदा के पात्र हैं क्योंकि ये मुक्ति के मार्ग में बाधक हैं।

स्वाभाविक है कि यथार्थवादियों को अपने पक्ष का प्रतिपादन विचारवादियों की प्रमाण-विरोधी वितंडा के खंडन से आरंभ करना पड़ता है। कदाचित प्रमाण की प्रामाणिकता का सबसे महत्वपूर्ण पक्ष-पोषण न्याय दर्शन प्रस्तुत करता है; यह "एक ऐसा ज्ञानमीमांसी योगदान है जो हमारे समय के दार्शनिक विवादों में अत्यंत अर्थपूर्ण है।" संक्षेप में, उनके कहने का तात्पर्य यह है कि "व्यवहार ही सत्य की कसौटी है।"

इस तर्क का सूत्रपात *न्यायभाष्य* के प्रणेता वात्स्यायन ने अपनी रचना के पहले ही वक्तव्य में किया था। "जब किसी वस्तु का संज्ञान प्रामाणिक ज्ञान के माध्यम से होता है तो परिणामस्वरूप सफल क्रिया उत्पन्न होती है। अतः वस्तु के साथ प्रामाणिक ज्ञान के किसी साधन को अनिवार्यतः जुड़ा होना चाहिए।"

"ज्ञान के किसी स्रोत से अपेक्षा की जाती है कि वह हमें कोई ज्ञान अथवा सूचना दे···। इस सूचना को सही और इसलिए इसके स्रोत को प्रामाणिक उसी सीमा तक माना जाना चाहिए जहाँ तक इसकी दी हुई सूचना सत्य हो। चेतना मूलतः किसी वस्तु (अर्थ) की चेतना होती है। जिस सीमा तक चेतना वस्तु का सटीक प्रतिबिंब होती है अथवा वस्तु से उसकी सटीक संगति होती है, वह उचित या सही होती है। अतः ज्ञान का स्रोत अथवा कारण तभी प्रामाणिक है जब ज्ञान द्वारा और इसीलिए अंततः इसके स्रोत द्वारा दर्शाई गई वस्तु वस्तुतः वही हो और कदापि अन्यथा न हो। प्रमाण की प्रामाणिकता का तात्पर्य इसके द्वारा इंगित वस्तु से इसके नित्य संबंध के अतिरिक्त अन्य

कुछ नहीं है। यदि किसी चेतना और इसीलिए इसके स्रोत द्वारा दर्शाई गई वस्तु और उसका चरित्र उससे भिन्न हैं जोकि वे यथार्थतः हैं तो चेतना के स्रोत को मिथ्या प्रमाण माना जाना चाहिए, प्रमाण नहीं।" जहाँ केवल रज्जु है, मिथ्या प्रमाण वहाँ सर्प दर्शाता है। किंतु प्रमाण रज्जु के स्थान पर रज्जु को ही दर्शाता है।

"ज्ञान के सत्य और इसीलिए इसके स्रोत की प्रामाणिकता स्थापित करने की निश्चित कसौटी होती है। यह कसौटी व्यवहार है। यदि व्यवहार में ज्ञान सफल परिणाम प्रदान करता है तो इसे सत्य और इसके स्रोत को प्रामाणिक माना जाता है। दूसरी ओर, यदि कोई चेतना व्यावहारिक सफलता प्रदान करने में असफल रहती है तो इसे मिथ्या एवं इस कारण इसके स्रोत को अप्रामाणिक मानकर त्याग देना चाहिए...। मृगमरीचिका में जल की चेतना मिथ्या सिद्ध है क्योंकि यह किसी की तृष्णा को तुष्ट नहीं कर सकता। यह 'प्रमाणाभास' अथवा मिथ्या प्रमाण द्वारा उत्पन्न होती है। इसके विपरीत सरोवर में जल की चेतना सत्य सिद्ध है क्योंकि इससे सफलतापूर्वक तृष्णा को शांत किया जा सकता है। अतः ऐसा ज्ञान प्रमाण द्वारा उत्पन्न है जो प्रामाणिक ज्ञान का स्रोत है।"

मुक्ति के सिद्धांत

यह सर्वविदित है कि भारतीय परंपरा में चार मानव 'पुरुषार्थों' अथवा परम लक्ष्यों की बात कही गई है। ये हैं—धर्म, अर्थ, काम और मोक्ष। इनमें से प्रत्येक से संबंधित विशेष 'शास्त्र' हैं। इनमें मोक्ष को सर्वोच्च एवं सर्वाधिक वांछनीय माना गया है और इसे दर्शन का विशेष क्षेत्र समझा जाता है। मोक्ष के विभिन्न नाम हैं, जैसे 'निःश्रेयस', 'मुक्ति', 'अपवर्ग', 'कैवल्य', 'निर्वाण' या 'निरोध'। कहा जाता है भारतीय दर्शन बौद्धिक कुतूहल मात्र नहीं है बल्कि इसे मानव जीवन के सर्वोच्च लक्ष्य की प्राप्ति का साधन माना जाना चाहिए। अतः प्रत्येक दर्शन आरंभ में ही घोषणा करता है कि इसके द्वारा उद्घाटित सत्यों का सांगोपांग अध्ययन एवं उनकी सिद्धि ही मोक्ष का मार्ग है।

स्वाभाविक है कि विभिन्न दार्शनिक प्रणालियाँ विभिन्न समस्याओं पर जो मूल दृष्टिकोण अपनाती हैं, उन्हीं के अनुसार वे मोक्ष की अवस्था के संबंध में उन विभिन्न उपागमों को अपनाती हैं जो उनकी दृष्टि में तार्किक होते हैं। तथापि एक बात जिस पर सभी प्रणालियाँ सामान्यतया सहमत हैं, यह है कि इसका अर्थ दुख से अंतिम मुक्ति, बंधन का संपूर्ण नाश, जन्म एवं मृत्यु के चक्र की पूर्ण समाप्ति है। यहाँ हम कुछ प्रमुख भारतीय दार्शनिक प्रणालियों द्वारा प्रस्तुत मोक्ष की धारणाओं की संक्षिप्त विवेचना करेंगे।

अद्वैत वेदांत के अनुसार मोक्ष निस्संदेह बंधन से मुक्ति है, किंतु स्वयं यह बंधन असत् है। यह पदार्थ में आत्मा की संसक्ति से मुक्ति है, यद्यपि यह संसक्ति भी स्वयं पदार्थ की

ही भाँति असत् है और चूँकि यह अज्ञान का परिणाम है, इसलिए इसे ज्ञान से दूर करते हैं। "दृष्टांत के लिए, उस व्यक्ति का उदाहरण लीजिए जो उत्तेजना की अवस्था में अपने गले में पड़े हुए हार को खोया हुआ समझता है। सत्य का ज्ञान होने पर उसे कैसा अनुभव होता है ? उसे केवल पुनर्प्राप्ति की अनुभूति होती है, उसकी प्राप्ति की जो पहले ही प्राप्त है, उसकी प्राप्ति की जो कभी खोया ही नहीं था...। मोक्ष में भी यही स्थिति होती है; यह परम सत्ता की ही प्राप्ति है। परम सत्ता तो अनंत काल से स्वयंसिद्ध है और इसे प्राप्त करने की इच्छा केवल इस अस्थायी भ्रम के कारण उत्पन्न होती है कि यह अप्राप्त है। अनुभवगम्य जगत की निरस्ति के संबंध में भी यही बात है। भ्रांतिपूर्ण पदार्थ मात्र के रूप में संसार स्वयं ही निरस्त रहता है, और मोक्ष में इसका निस्तार निस्तरित का ही निस्तार है, ऐसी वस्तु का अस्वीकार जो पहले ही अस्वीकृत है।" अतः अंततः, "विषयी के लिए तो मोक्ष भी नहीं है, विषयी स्वयं मोक्ष है।" जैसाकि शास्त्रों की घोषणा है : "ब्रह्म को जाननेवाला स्वयं ब्रह्म हो जाता है।"

यह सहज ही विचारवाद का प्रतिपादन करनेवाली एक अन्य प्रणाली का अर्थात् माध्यमिकों का स्मरण कराता है। मोक्ष की धारणा की व्याख्या चंद्रकीर्ति इस प्रकार करते हैं : "अतः इस बात का ज्ञान होना चाहिए कि निर्वाण में वस्तुतः कुछ भी दमित नहीं होता और वस्तुतः कुछ भी ध्वस्त नहीं होता। अपनी कल्पना की समस्त मिथ्या निर्मितियों का पूर्ण दमन ही 'निर्वाण' है...। परम सत्ता में अर्थात् (दृश्यमान जगत के) किसी भी अवशेष से मुक्त अंतिम निर्वाण की स्थिति में अस्तित्व के समस्त तत्व विलीन हो जाते हैं...। जो तत्व परम सत्ता में विद्यमान नहीं होते वे वस्तुतः होते ही नहीं; वे उस भय के समान हैं जो अँधेरे में रज्जु को सर्प समझने से उत्पन्न होता है और जो प्रकाश के आते ही दूर हो जाता है।"

जैसाकि कहा जा चुका है, सांख्य के मूल दृष्टिकोण के संबंध में कोई निश्चित निष्कर्ष निकालना कठिन है। इसकी मोक्ष की धारणा के संबंध में भी यही कहा जा सकता है। किंतु इस संबंध में अनुमान लगाना व्यर्थ होगा। जैसाकि हमें ज्ञात है, परवर्ती सांख्य दर्शन दो मुख्य सत्ताओं को स्वीकार करता है—'पुरुष' (अथवा आत्मा) एवं 'प्रकृति' (या आद्य-पदार्थ)। आत्मा दैनंदिन अनुभव से पूर्णतः निर्लिप्त रहती है और समस्त गुणों से रहित। यह अपने अंतर्भूत स्वरूप के कारण ही पूर्णतः स्वाधीन है। समस्त अनुभव 'बुद्धि' का रूपांतरण है और स्वयं 'बुद्धि' आद्य-पदार्थ का परिणाम है। तथापि अज्ञान के कारण आत्मा 'बुद्धि' के परिवर्तनों में लिप्त होती है, उनसे प्रभावित प्रतीत होती है और बंधन में पड़ जाती है। इससे बचने का एकमात्र उपाय है सत्य ज्ञान अर्थात् यह विश्वास कि आत्मा उस प्रत्येक वस्तु से पूर्णतः निर्लिप्त है जो आद्य-पदार्थ का परिणाम होती है। 'पुरुष' और 'प्रकृति' का संबंध जो इसकी अपनी विशिष्ट 'बुद्धि' द्वारा बनता है और जो आनुभविक

जीवन अथवा 'जन्म' का निर्माण करता है, 'विवेकख्याति' अथवा उस ज्ञान द्वारा समाप्त हो जाता है जो इन दोनों के बीच स्पष्ट भेद करता है।

कभी-कभी प्रश्न किया जाता है कि सांख्य की धारणा अद्वैत वेदांत की धारणा से किस प्रकार भिन्न है ? इसके उत्तर के संबंध में मतैक्य नहीं है। कुछ विचारकों का कहना है कि सांख्य में तो भेद के ज्ञान पर बल दिया जाता है जबकि अद्वैत वेदांत एकरूपता पर बल देता है। सांख्य के अनुसार मोक्ष की पूर्वदशा वह अंतःप्रज्ञा है जो भेद को तीव्र करती है, उसे निरस्त नहीं करती, जबकि अद्वैत वेदांत के अनुसार इसकी पूर्वदशा वह अंतःप्रज्ञा है जिसका संबंध एकरूपता एवं भेद की तत्काल निरस्ति से है। तथापि कुछ अन्य विचारकों की मान्यता है कि इन दोनों के बीच सारतः कोई भेद नहीं है। "दोनों की ही दृष्टि में आत्मा की आदर्श स्थिति वह है जिसमें यह भौतिक संसार से पूर्णतः निर्लिप्त मानी जाती है। इसके अतिरिक्त दोनों ही मानते हैं कि शुद्ध ज्ञान के द्वारा इस अवस्था को प्राप्त किया जा सकता है क्योंकि आत्मा का बंधन—भौतिक संसार में इसका लिप्त होना—अज्ञान के कारण ही होता है।"

न्याय-वैशेषिकों की मोक्ष संबंधी धारणा की मुख्य बातों की विवेचना पहले ही की जा चुकी है (देखिए पीछे, न्याय और वैशेषिक के अंतर्गत)। न्याय-वैशेषिक मोक्ष की नकारात्मक व्याख्या करते हैं। इसे आत्मा के समस्त विशिष्ट गुणों का अवसान मानते हैं जिनमें दुख ही नहीं, सुख और चेतना अथवा ज्ञान भी सम्मिलित हैं। मुक्त आत्मा एक निष्क्रिय सत्ता मात्र बन जाती है जिसमें चेतना अथवा अन्य कोई भौतिक गुण नहीं होता, अतः यह मिट्टी के लोंदे अथवा शिला की भाँति किसी भी सामान्य भौतिक पदार्थ से भिन्न नहीं रहती! यह आपत्ति भी उठाई गई कि मोक्ष में आनंद का कोई सकारात्मक अनुभव न होने के कारण किसी की इसमें इतनी रुचि ही नहीं होगी कि इसे प्राप्त करने का प्रयास करे और मोक्ष मानव-जीवन का लक्ष्य ही नहीं रह जाएगा। न्याय-वैशेषिकों का तर्क है कि दुखों से छुटकारा पाना भी मोक्ष प्राप्त करने की उतनी ही बड़ी अभिप्रेरणा है जितनी कि आनंद की उपलब्धि। सिर पर भारी बोझ ढोनेवाला व्यक्ति जब लक्ष्य पर पहुँचकर अपने सिर से बोझ उतारता है तो प्रसन्नता का अनुभव करता है। किंतु सत्य तो यह है कि उसकी प्रसन्नता यथार्थ नहीं है; वह तो अपने भार के कष्ट से मुक्ति पाने के कारण विश्रांति का अनुभव मात्र करता है। मोक्ष में भी यही होता है। इसमें आनंद या प्रसन्नता का अनुभव नहीं होता किंतु व्यक्ति सदा के लिए समस्त दुखों से छूट जाता है। इसी कारण व्यक्ति इसे प्राप्त करने का प्रयास करता है।

यह लगभग निश्चित है कि अपने आरंभिक चरण में मीमांसा का मोक्ष से कोई संबंध नहीं रहा। पूर्वमीमांसा के सूत्रों के प्रणेता जैमिनी मोक्ष के प्रश्न पर विचार नहीं करते। यह कदाचित आश्चर्य की बात नहीं है। इसके अनुसार तो अनुष्ठानों को करना ही सबसे

महत्वपूर्ण बात है। किंतु कोई भी निष्फल कार्य किसी को आकर्षित नहीं करता। वैदिक अनुष्ठानों के संबंध में तो यह और भी सत्य है जो श्रमसाध्य होने के साथ ही व्ययसाध्य भी होते हैं। फिर इन अनुष्ठानों को करने का क्या लाभ ? "कुछ-कुछ मनोवैज्ञानिक सुखवादियों की भाँति जैमिनी का कहना है कि सुख ही जीवन का एकमात्र लक्ष्य है।" आरंभिक मीमांसक मोक्ष के स्थान पर यज्ञ द्वारा सुनिश्चित सुख को 'पुरुषार्थ' कहते हैं। इस सुख को वे एक विशेष नाम 'स्वर्ग' से संदर्भित करते हैं। स्वर्ग कोई सुख देनेवाली वस्तु नहीं है अपितु अपने अंतर्भूत स्वरूप के कारण सुख के समरूप है।

उत्तर-मीमांसा साहित्य में हमें दृष्टिकोण में परिवर्तन लक्षित होता है। सुख-प्राप्ति के पुराने आदर्श का स्थान मोक्ष के नए आदर्श ने ले लिया। आरंभ में यह प्रवृत्ति स्पष्ट लक्षित नहीं होती किंतु परवर्ती अनुयायियों में यह अधिक स्पष्ट है। यद्यपि प्रभाकर स्वीकार करते हैं कि मोक्ष का आदर्श कर्म के आदर्श के बहुत अनुकूल नहीं है, तथापि यह निश्चयपूर्वक नहीं कहा जा सकता कि वे मोक्ष के आदर्श को एकाएक ही अस्वीकार करते हैं। किंतु शालिकनाथ निश्चित रूप से मोक्ष की परिभाषा देते हैं : 'कर्म' से उत्पन्न 'धर्म-अधर्म' का संपूर्ण ध्वंस ही मोक्ष है।

यह बात कुमारिल के मीमांसा संप्रदाय के संबंध में भी सत्य है। मोक्ष के संबंध में स्वयं कुमारिल की धारणा न्यूनाधिक संदिग्ध है यद्यपि उनके उत्तरवर्ती अनुयायियों को मोक्ष की धारणा विकसित करने में कोई संकोच नहीं हुआ। "संसार से हमारी आसक्ति त्रिपक्षीय है··· इसके कारण हैं : (1) अनुभवों के निवास के रूप में शरीर से हमारे संबंध, (2) अनुभवों के साधनों के रूप में संवेदनाओं से हमारे संबंध, और (3) अनुभूत वस्तुओं के रूप में (शब्द इत्यादि) वस्तुओं से हमारे संबंध। इस त्रिपक्षीय संबंध के कारण व्यक्ति आनंद, वेदना इत्यादि का अनुभव करता है। व्यक्ति की मुक्ति का तात्पर्य है संसार के साथ इस त्रिपक्षीय संबंध का पूर्ण ध्वंस।··· मुक्ति इस संबंध का समापन और इस कारण सुख-दुख इत्यादि का पूर्ण अवसान है।" इस बात का विवेचन भी हुआ है कि मोक्ष क्या सुख सहित समस्त अनुभवों के अवसान की अवस्था है अथवा आनंद एवं सुख के लक्षणों से युक्त अवस्था है। कुछ विचारक इनमें से पहले विकल्प को मानते हैं और मीमांसकों की धारणा को न्याय-वैशेषिकों की धारणा के निकट ले आते हैं। अन्य विचारकों का मत है कि 'धर्म' का पूर्ण अवसान हो जाने के कारण 'मोक्ष' की अवस्था में सामान्य सुख की अनुभूति नहीं हो सकती जोकि 'धर्म' का परिणाम है। किंतु इसमें एक विशेष प्रकार का सुख, 'आत्मा का सहज सुख' होता है जो परिणाम नहीं होता (और इसी कारण नष्ट नहीं होता) अपितु लौकिक जीवन में 'अभिभूत' रहता है।

मोक्ष की धारणा के संबंध में भी चार्वाकों का अनूठापन एवं परंपरा-विरोध बना रहता

है। यहाँ भी वे सामान्य धारा के साथ चलना अस्वीकार करते हैं। "अपनी विशिष्ट सरलता के साथ वे घोषणा करते हैं कि मोक्ष की समस्त चर्चा, जैसेकि स्वर्ग एवं आत्मा के पुनर्जन्म की चर्चा, कपोल-कल्पनाएँ मात्र हैं (न स्वर्गो, नापवर्गो वा नैवात्मा पारलौकिकः)। एक बार यह मान लेने पर कि आत्मा अथवा जीव-तत्व पदार्थ और भौतिक संसार से अनिवार्यतः भिन्न है, आत्मा का अपने अंतर्भूत स्वरूप में लौट जाना, पदार्थ के बंधन से मुक्त होना ही मोक्ष है। किंतु चार्वाक भौतिक शरीर को ही आत्मा मानते हैं। उनके लिए शरीर से भिन्न कोई आत्मा नहीं होती। अतः वे जीवन के आनंदोपभोग की बात करते हैं, इसके तिरस्कार की नहीं। "जहाँ अन्य दर्शन जीवन को अमरत्व की कष्टप्रद भूमिका मानते हैं, वहीं लोकायत एकमात्र ऐसा भारतीय दर्शन है जो मानव के रूप में इस संक्षिप्त जीवन के अधिकतम उपभोग पर बल देता है। उनके अनुसार जीवन के प्रति यह नैराश्यपूर्ण दृष्टिकोण अपनाने की कोई आवश्यकता नहीं है कि जीवन का नितांत नकार ही दुखों से बचने का एकमात्र उपाय है।" दुख जीवन का अपरिहार्य तत्व हो सकता है, किंतु कोई कारण नहीं कि इसके लिए हम सुख का त्याग करें। क्या काँटों और शल्कों के भय से हमें मछली खाना छोड़ देना चाहिए? "वन्य प्राणी फसल नष्ट कर देंगे, इस भय से लोग धान की खेती करना नहीं छोड़ देते, न ही लोग इस भय से भोजन बनाना बंद करते हैं कि भिखारी आ जुटेंगे। यदि कोई इतना भीरु हो कि सामने आए सुख को छोड़ दे तो वह निश्चय ही पशुओं की भाँति निर्बुद्धि है···।"

भाग चार

परमाणु की परिकल्पना

पहले ही कहा जा चुका है कि भारतीय दर्शन की कतिपय प्रमुख प्रणालियाँ यथार्थवादी रही हैं। बाह्य जगत की वास्तविकता में आस्था के कारण इन दर्शन-प्रणालियों में यह आवश्यक समझा गया कि इसकी उत्पत्ति की कोई संतोषजनक व्याख्या भी प्रस्तुत की जाए। परिणामस्वरूप परमाणु की परिकल्पना की गई जो निस्संदेह भारतीय दार्शनिक थाती का एक महत्वपूर्ण तत्व है। इस परिकल्पना का इतिहास लगभग दो हजार वर्ष का है। इस अवधि में इसे विचारवाद एवं धर्मशास्त्र से लोहा लेना पड़ा जिस प्रक्रिया में इसे अपनी प्रस्थापनाओं एवं अवधारणाओं की विचारवादियों के प्रबल खंडन-मंडन से रक्षा करनी पड़ी। इस सबसे यह समृद्ध ही हुई। उदाहरण के लिए, यह वसुबंधु एवं शंकर के लिए विपक्ष रही तो वात्स्यायन एवं उद्योतकर के लिए पक्ष। इस द्वंद्वात्मक आदान-प्रदान का परिणाम यह हुआ कि भारतीय दर्शन में मिलनेवाली प्राचीन परमाण्विक परिकल्पना से संबद्ध अनेक सैद्धांतिक प्रश्नों का स्पष्टीकरण हुआ।

परमाणु-सिद्धांत के विस्तार में जाने के पूर्व इसके पक्षधरों एवं विपक्षियों से परिचित होना उचित होगा।

जैन विचारकों के संबंध में तो संशय है ही नहीं। वे निश्चित रूप से परमाणुवादी थे। कुछ आरंभिक जैन ग्रंथों में परमाणु की व्याख्या की गई है और उसके गुणों को भी गिनाया गया है।

बौद्ध विचारकों में दोनों प्रकार के विचारक दिखाई देते हैं—परमाणुवादी भी और परमाणुवाद के विरोधी भी। बौद्धों को मोटेतौर पर दो भागों में विभाजित किया जाता है—हीनयान जिसमें बौद्धों के सौतांत्रिक एवं वैभाषिक संप्रदाय आते हैं और महायान जिसके अंतर्गत बौद्धों के माध्यमिक एवं योगाचार संप्रदाय आते हैं। इनमें हीनयान, जिसकी उत्पत्ति पहले हुई, बाह्य जगत की सत्ता में विश्वास करता है और परमाणुओं से भौतिक पदार्थों की उत्पत्ति मानता है। दूसरी ओर, महायान और विशेषतः योगाचार विचारक बाह्य जगत की सत्ता को अस्वीकार करते हैं और परमाणु के सिद्धांत की कड़ी

आलोचना करते हैं ।

वेदांत दर्शन तो निश्चित रूप से परमाणुवाद का विरोधी है । स्वयं *ब्रह्मसूत्र* में परमाणुवाद की अप्रतिपादनीयता दर्शाते हुए अनेक सूत्र मिलते हैं । इसके कारण शंकर के यहाँ भी परमाणुवाद का विस्तृत परीक्षण एवं खंडन मिलता है ।

मीमांसकों के दोनों संप्रदायों, प्राभाकर एवं भाट्ट की परमाणुवाद में अधिक रुचि नहीं है, तथापि प्रतीत होता है कि वे इसे सिद्धांत रूप में स्वीकार करते हैं और उन्हें परमाणुवाद-विरोधी तो निश्चय ही नहीं कहा जा सकता ।

न्याय-वैशेषिकों को परमाणुवाद का प्रखर पक्षधर कहा जा सकता है । प्राचीन काल से लेकर सत्रहवीं सदी ई. तक न्याय-वैशेषिक दर्शन के स्वतंत्र ग्रंथों एवं टीकाओं में परमाणुवाद के सिद्धांत को विकसित करने एवं इसे एक सदृढ़ तार्किक आधार प्रदान करने का एवं परमाणुवाद के विरोधियों का सामना करने का प्रयास किया गया है । अतः आगे चलकर 'परमाणुकारणवाद' अथवा जगत की उत्पत्ति के परमाणुवादी सिद्धांत का नाम न्याय-वैशेषिकों के साथ विशेष रूप से जुड़ गया ।

जैन परमाणुवाद

जैन परमाणुवाद के संबंध में एक सामान्य धारणा के लिए जैकोबी द्वारा दिए गए संक्षिप्त विवेचन से आरंभ करना उचित होगा । वे लिखते हैं : "पदार्थ एक शाश्वत तत्व है जिसकी मात्रा एवं गुण निर्धारित नहीं होते, अर्थात् इसमें कुछ जोड़े या घटाए बिना भी इसका आयतन घट-बढ़ सकता है, यह कोई भी रूप धारण कर सकता है एवं किसी भी प्रकार के गुणों को विकसित कर सकता है । अनेक भौतिक तत्व एक तत्व में संलीन हो सकते हैं और एक तत्व अनेक तत्वों में विभाजित हो सकता है ।

"जैन मान्यता है कि इस संसार में जीवों एवं मात्र दिक् के अतिरिक्त समस्त वस्तुओं की उत्पत्ति पुद्गल से होती है और समस्त पुद्गल परमाणुओं से निर्मित होता है । प्रत्येक परमाणु दिक् के एक बिंदु (प्रदेश) में स्थित रहता है । पुद्गल स्थूल एवं सूक्ष्म, दोनों ही रूपों में रहता है । जब यह सूक्ष्म अवस्था में होता है तब इसके असंख्य परमाणु एक स्थूल परमाणु के स्थान में होते हैं । परमाणुओं का द्रव्य शाश्वत होता हैं, प्रत्येक परमाणु के एक-एक प्रकार के स्वाद, गंध एवं रंग तथा दो प्रकार के स्पर्श होते हैं । तथापि ये गुण परमाणुओं में स्थायी और स्थिर नहीं होते अपितु इन्हें उनमें परिवर्तित एवं विकसित किया जा सकता है । समूहों में परमाणुओं के संयोजन से निर्मित आकार अनेक प्रकार के होते हैं ।··· परमाणु स्वयं अपनी गति विकसित कर सकता है और यह गति इतनी तीव्र हो सकती है कि इसके द्वारा एक परमाणु एक सिरे से लेकर दूसरे सिरे तक संपूर्ण संसार को उलट सकता है ।

"इस विवेचन से स्पष्ट है कि चार तत्वों अर्थात् पृथ्वी, जल, अग्नि और वायु से संबंधित विभिन्न प्रकार के परमाणु नहीं होते, किंतु यह बात स्पष्ट न कही जाने पर भी हम मान सकते हैं कि इन तत्वों के लाक्षणिक गुणों को विकसित करके परमाणु परस्पर-विभेदित होते हैं और इस प्रकार इन चारों तत्वों का निर्माण करते हैं···

"जैन दर्शन की कर्म अर्थात् गुण-दोष संबंधी धारणा एवं परमाणु के सिद्धांत पर इसके प्रमाण का उल्लेख भी अपेक्षित है। इसके अनुसार कर्म की प्रकृति 'पौद्गलिक' होती है। बाह्य जगत के संपर्क में आने के कारण आत्मा यथार्थतः पदार्थ के अतिसूक्ष्म कणों से व्याप्त हो जाती है। ये सूक्ष्म पदार्थ-कण ही कर्म होते हैं जो अंतिम मुक्ति के समय तक आत्मा के साथ ही चिपके रहते हैं। अतः जिन परमाणुओं से कर्म-पदार्थ निर्मित होता है उनमें एक विशिष्ट शक्ति निहित मानी जाती है जो गुण-दोषों के परिणाम उत्पन्न करती है।"

जैन दर्शन के कुछ आरंभिक ग्रंथों में ही परमाणु-सिद्धांत पूर्ण रूप से विकसित मिलता है। *पंचास्तिकायसार* में मिलनेवाला विवरण विस्तृत न होने पर भी परमाणु की प्रकृति को स्पष्ट रूप से परिभाषित करता है। *भगवतीसूत्र* में इस सिद्धांत का विवेचन पर्याप्त विस्तार से हुआ है। सतही रूप से एवं कुछ-कुछ वार्तालाप की शैली में सही, इस सिद्धांत के विभिन्न पक्षों का पर्याप्त विस्तृत विवेचन हुआ है। यहाँ मूल ग्रंथ से कतिपय उदाहरण प्रस्तुत हैं :

(परमाणुओं की अविभाज्यता पर)

प्र. 113. भन्ते ! क्या यह संभव है कि पदार्थ के परमाणु तलवार अथवा उस्तरे की तेज धार पर स्थित हों ?

उ. 113. हाँ, संभव है।

प्र. 114. भंते ! क्या वहां स्थित रहते हुए वे बिंधते अथवा कटते हैं ?

उ. 114. नहीं गौतम, वे कटते या बिंधते नहीं। इन अस्त्रों का पदार्थ के परमाणुओं पर कोई प्रभाव नहीं होता। और इसी प्रकार··· अनंत प्रदेशों तक।

आगे—

318. पदार्थ के दो परमाणु एक-दूसरे से संलग्न हो जाते हैं; वे क्यों एक-दूसरे से संलग्न होते हैं ? क्योंकि दोनों के बीच सूक्ष्म जल-कायाएँ होती हैं; अतः दो परमाणु एक-दूसरे से संलग्न हो जाते हैं। विभाजित कर देने पर वे दो हो जाते हैं, और तब एक ओर एक पदार्थ-परमाणु होता है और दूसरी ओर दूसरा पदार्थ-परमाणु।

319. तीन पदार्थ-परमाणु एक-दूसरे से संलग्न होते हैं; तीन परमाणु क्यों एक-दूसरे से संलग्न होते हैं ? क्योंकि तीनों में सूक्ष्म जल-कायाएँ होती हैं। अतः तीनों पदार्थ-परमाणु एक-दूसरे से संलग्न होते हैं; विभाजित किए जाने पर दो भाग भी हो सकते हैं, तीन भाग भी; दो भागों में विभाजित होने पर एक ओर तो एक परमाणु होता है और दूसरी ओर दो के गुच्छ का स्कंध होता है; तीन भाग होने पर तीनों परमाणु पृथक-पृथक रहते हैं और ऐसा ही···चार के साथ भी।

320. पाँच पदार्थ-परमाणु एक-दूसरे से संलग्न होते हैं; और एक-दूसरे से संलग्न होकर वे एक स्कंध का निर्माण करते हैं; और वह स्कंध परिवर्तनशील होता है, यह बढ़ता और घटता है।

इस प्रकार इसमें पदार्थ के मुख्य रूपों, परमाणुओं की रचना एवं लक्षणों का, परमाणुओं की परिभाषा, परमाणुओं के वर्गीकरण, परमाणुओं के योग के साथ परमाणुओं के संबंधों, परमाणुओं के कंपन एवं गति तथा ऐसे ही अन्य विषयों का विवरण मिलता है।

उदाहरण के लिए, विभिन्न दृष्टियों से परमाणुओं को चार समूहों में विभाजित किया जाता है :

1. द्रव्य परमाणु अथवा द्रव्य का एक परमाणु,
2. क्षेत्र-परमाणु अर्थात् दिक् में एक बिंदु का परमाणु,
3. काल-परमाणु अर्थात् समय का परमाणु,
4. भाव-परमाणु अथवा अवस्था का परमाणु, जैसे रंग इत्यादि।

परमाणु के लक्षण भी दर्शाए गए हैं :

''द्रव्य की दृष्टि से एक परमाणु दूसरे परमाणु के समान होता है। यह अभेद्य और अविभाज्य होता है, अज्वलनशील और अग्राह्य (अगज्झ) होता है, अनर्ध (अर्धभाग रहित) होता है, अमध्य (जिसका कोई मध्य भाग न हो) और अप्रदेश होता है (जिसका कोई बिंदु न हो या केवल एक बिंदु हो),··· एक परमाणु एक द्रव्य या किसी द्रव्य का भाग हो सकता है। यह इतना सूक्ष्म होता है कि वायु तो इसका स्पर्श करता है किंतु यह वायु का स्पर्श नहीं करता।

''परमाणु एवं परमाणुओं के योग अगणित होते हैं, तत्व की दृष्टि से परमाणु शाश्वत तथा रंग, स्वाद, गंध एवं स्पर्श की दृष्टि से अ-शाश्वत होता है। द्रव्य की दृष्टि से यह अनंतिम (अचरिम) और दिक्, काल एवं अवस्था की दृष्टि से यह अंतिम एवं अनंतिम हो सकता है।''

आगे चलकर इसी सिद्धांत को *तत्वार्थसूत्र* में संक्षिप्त एवं सार्थक सूत्रों के रूप में

स्पष्ट ढंग से प्रस्तुत किया गया। इस ग्रंथ की अनेक टीकाएं मिलती हैं जिनमें इन सूत्रों के संकेतों को भी निष्ठापूर्वक विकसित किया गया है। तथापि विद्यानंदिन की टीका *तत्वार्थश्लोकवार्तिक* पांडित्यपूर्ण अधिक है और इसमें बाल की खाल निकालनेवाले तर्क हैं। इसी प्रकार प्रभाचंद्र सूरि के *प्रमेयकमलमार्तंड* एवं *न्यायकुमुदचंद्र* नामक परवर्ती ग्रंथों में जैनेतर परमाणुवादियों का खंडन ही अधिक मिलता है और इनमें पारिभाषिक तर्कों का सहारा लिया गया है। मूल ग्रंथों में कही गई बात के अतिरिक्त इसमें अधिक कुछ नहीं है।

बौद्ध परमाणुवाद

जैसाकि पहले ही कहा जा चुका है, बौद्धों के दो संप्रदाय सौत्रांतिक एवं वैभाषिक परमाणुवादी सिद्धांत को मानते हैं। ये दोनो संप्रदाय बाह्य जगत की सत्ता को स्वीकार करते हैं। किंतु जहाँ सौत्रांतिक इसे अनुमानित मानते हैं, वहीं वैभाषिकों की मान्यता है कि इन्हें प्रत्यक्षतः जाना जा सकता है। सौत्रांतिक धारणा के संबंध में निश्चित रूप से कुछ कहना कठिन है क्योंकि इस संप्रदाय का कोई महत्वपूर्ण ग्रंथ उपलब्ध नहीं है। कतिपय बौद्ध एवं अबौद्ध ग्रंथों से केवल कुछ विषयों पर ही इस संप्रदाय की धारणा से संबंधित सूचना एकत्र की जा सकती है। ये ग्रंथ हैं—वसुबंधु का *अभिधर्मकोश*, माधवाचार्य का *सर्वदर्शनसंग्रह* अथवा *षड्दर्शन-समुच्चय* पर गुणरत्न की टीका।

वैभाषिक संप्रदाय के ग्रंथों के संबंध में अधिक जानकारी उपलब्ध है। हमें उपलब्ध सर्वाधिक प्रामाणिक ग्रंथ हैं—स्वयं लेखक की टीका सहित *अभिधर्मकोश* के साथ ही इन ग्रंथों पर यशोमित्र की विख्यात टीका एवं शुभगुप्त की स्वतंत्र रचना *बाह्यार्थसिद्धिकारिका* । शंकर सर्वास्तिवादी नाम के अंतर्गत दोनों ही संप्रदायों की परमाणु-संबंधी धारणा का अत्यंत संक्षिप्त विवरण देते हैं :

"ये बौद्ध चार तत्वों—पृथ्वी, जल, अग्नि और वायु—की सत्ता को उनके गुणों एवं वस्तुओं सहित स्वीकार करते हैं जिनमें ज्ञानेंद्रियाँ भी सम्मिलित हैं। ये चारों तत्व परमाण्विक हैं। पृथ्वी के अणुओं में कठोरता का गुण होता है, जल के अणुओं में तरलता का, अग्नि के अणुओं में ताप का और वायु के अणुओं में गति का गुण होता है; इन परमाणुओं के संयोग से ही पार्थिव वस्तुओं इत्यादि की रचना होती है।"

इस संक्षिप्त विवरण में *अभिधर्मकोश* एवं इसकी टीका के आधार पर कुछ बातें और जोड़ी जा सकती हैं।

इसके अनुसार सर्वप्रथम वस्तुओं (धर्मों) को मोटेतौर पर दो वर्गों में विभाजित किया जा सकता है : संस्कृत वे वस्तुएँ हैं जिन्हें उत्पन्न किया जाता है और जिन वस्तुओं को उत्पन्न नहीं किया जाता उन्हें असंस्कृत कहते हैं। संस्कृत वस्तुओं के पुनः पाँच प्रकार

(स्कंध) बताए गए हैं :

(1) वेदना-स्कंध, (2) संज्ञा-स्कंध, (3) संस्कार-स्कंध, (4) विज्ञान-स्कंध और (5) रूप-स्कंध ।

इन पाँचों में अंतिम स्कंध ही हमारी वर्तमान विवेचना के लिए प्रासंगिक है क्योंकि इसमें पदार्थ और उसके विभिन्न रूप सम्मिलित हैं । रूप-स्कंध के अंतर्गत (अन्यों के अतिरिक्त) पाँच ज्ञानेंद्रियाँ—चक्षु, स्वाद, श्रवण, घ्राण एवं स्पर्श—जो वैभाषिकों के अनुसार पदार्थ के रूपांतरण (भूत-विकार-विशेष) ही हैं, संवेदन की पाँच वस्तुएँ (रूप, रस, गंध, शब्द और स्पर्श), एवं चार भौतिक तत्व (पृथ्वी, जल, अग्नि और वायु) आते हैं ।

ज्ञानेंद्रियों का स्वरूप ही भौतिक नहीं होता अपितु उनकी रचना भी परमाण्विक होती है । *अभिधर्मकोश* में प्रत्येक की विशिष्ट रचना का निरूपण है ।

> चक्षु का निर्माण करनेवाले परमाणु नेत्र की पुतली में 'अजाजी' पुष्प की भाँति संयोजित रहते हैं । पारदर्शी त्वचा से ढँके होने के कारण वे बिखरते नहीं । अन्य विचारकों का कथन है कि ये परमाणु एक-दूसरे के ऊपर अव्यवस्थित रूप से पड़े रहते हैं । किंतु वे एक-दूसरे को आवेष्टित नहीं करते क्योंकि वे मणि की भाँति स्वच्छ होते हैं । श्रवणेंद्रिय के परमाणु कर्ण-रंध्र के भीतर भूर्जपत्र के आकार में संयोजित रहते हैं ।
>
> घ्राणेंद्रिय का निर्माण करनेवाले परमाणु नासा-रंध्रों में लौह-शलाकाओं के आकर में संयोजित होते हैं ।
>
> स्वादेंद्रिय का निर्माण करनेवाले परमाणु अर्धचंद्र के आकार में संयोजित रहते हैं ।
>
> स्पर्शेंद्रिय के परमाणु स्वयं शरीर के ही आकार में संयोजित होते हैं ।

पाँचों ज्ञानेंद्रियों की वस्तुएँ भी परमाणुओं के योग के स्वभाववाली कही गई हैं । इनमें से प्रत्येक के परमाणु का समूह किसी अन्य के परमाणु-समूह से भिन्न होता है ।

कोई भी अकेला संवेद-परमाणु या वस्तु-परमाणु चेतना उत्पन्न करने में सक्षम नहीं होता क्योंकि चेतना के सभी रूप किसी योग से जुड़े होते हैं । पाँच ज्ञानेंद्रियों में से तीन—स्वाद, घ्राण और स्पर्श—उसी वस्तु का बोध कराती हैं जिसके परमाणुओं की संख्या इन इंद्रियों के परमाणुओं के बराबर हो । अन्य दो—चक्षु एवं श्रवण—के संबंध में कोई निश्चित नियम नहीं है । ज्ञानेंद्रिय की परमाणु-संख्या बोध की जानेवाली वस्तु की परमाणु-संख्या के बराबर, उससे कम या उससे अधिक हो सकती है । दृष्टांत के लिए, तब जब हम क्रमशः अंगूर के एक दाने, केश की नोक और ऊँचे पर्वत को देखते हैं, अथवा जब हम अन्य लोगों के वार्तालाप, मच्छरों की भनभनाहट और बादलों की

गरज सुनते हैं।

चारों भौतिक पदार्थ, अर्थात् पृथ्वी, जल, अग्नि और वायु भी परमाण्विक होते हैं,। इनमें दो प्रकार के गुण होते हैं—स्वभाव (नैसर्गिक) और उपादाय (व्युत्पन्न)। चारों पदार्थों के स्वाभाविक गुण इस प्रकार हैं—ठोसत्व (खर), तरलता (स्नेह), ताप (ऊष्मा) एवं गति (ईरण)। विशिष्ट गुणों के कारण प्रत्येक पदार्थ में एक विशिष्ट प्रकार की क्षमता होती है। ठोसत्व के कारण पृथ्वी अन्य वस्तुओं को धारण करती अथवा उन्हें सहारा देती (धृति) है। उदाहरण के लिए, धट जल को धारण करता है। स्निग्ध होने के कारण जल संग्रह करता है। उदाहरण के लिए, आटे में जल डालने पर उसका लोंदा बन जाता है। ताप के कारण अग्नि रासायनिक रूपांतरण (पक्ति) उत्पन्न करता है जैसे मिट्टी का कच्चा धूसर घड़ा अग्नि में पकाए जाने पर लाल रंग का हो जाता है। गति के गुण के कारण वायु अपदस्थता एवं वृद्धि (व्यूहन=प्रसर्पण एवं वृद्धि) उत्पन्न करता है। उदाहरण के लिए, घास के तिनके को वायु उड़ा ले जाता है अथवा वायु के प्रभाव से नन्हा अंकुर धीरे-धीरे बदलकर वृक्ष बन जाता है।

परमाणु पदार्थ की लघुतम इकाई है, किंतु यह कभी अकेला नहीं रहता। फिर, परमाणुओं का लघुतम समूह क्या है ? जैकोबी लिखते हैं :

"प्रतीत होता है कि सौत्रांतिक सात परमाणुओं के समूह को लघुतम समूह अथवा अणु मानते हैं। (देखिए ह्वेन-त्सांग का *सि-यु-की,* 1.60; पौराणिक माप में आठ परमाणु एक परसूक्ष्म के बराबर होते हैं; विल्सन, *विष्णुपुराण,* i. 93, पादटिप्पणी।) उनकी धारणा यह प्रतीत होती है कि गोलाकार परमाणु एक-दूसरे का पूर्णतः स्पर्श नहीं करते अपितु उनके बीच कुछ स्थान खाली रहता है। किंतु अन्य विचारक कुछ और ही धारणा रखते हैं।"

एस. एन. दासगुप्त, जिनका दावा है कि उनकी सर्वास्तिवादियों के सिद्धांत संबंधी सूचना सोजेन द्वारा दिए गए *अभिधर्मकोश, महाविभाषा-शास्त्र* तथा अन्य ग्रंथों के चीनी संस्करण पर आधारित है, कहते हैं :

"इसे (परमाणु को) बेधा, उठाया अथवा फेंका नहीं जा सकता। यह अविभाज्य, अविश्लेष्य, दृश्य, स्वाद तथा स्पर्श से परे है। किंतु यह स्थायी नहीं है अपितु क्षणिक कौंध के समान अस्तित्व में आता है।··· ऐसे सात परमाणुओं से मिलकर अणु बनता है और इस संयुक्त रूप में ही उनका प्रत्यक्ष किया जा सकता है। यह संयोजन गुच्छ के रूप में होता है जिसमें एक परमाणु मध्य में होता है और अन्य उसके चारों ओर।"

अभिधर्मकोश के अनुसार लघुतम समूह में आठ से कम परमाणु नहीं होते, किंतु उनकी स्थिति के संबंध में कोई स्पष्ट संकेत नहीं दिया गया है। अनेक प्रकार के छोटे-बड़े समूहों का उल्लेख है जिनके घटकों की संख्या 9 से 11 के बीच होती है।

इन समूहों को दो भागों में विभाजित किया जा सकता है—अशब्द और सशब्द। इनमें से प्रत्येक के तीन प्रकार हो सकते हैं। इनकी सूची निम्न प्रकार है :

अ (1) अशब्द और संवेदन-अंगरहित समूह। चार तत्वों के चार परमाणु (अर्थात् पृथ्वी-अप-तेज-वायु में से प्रत्येक का एक-एक परमाणु) + व्युत्पन्न गुणों के चार परमाणु (अर्थात् रूप, रस, गंध, स्पर्श में से प्रत्येक का एक-एक परमाणु) = 8 परमाणु।

अ (2) अशब्द किंतु संवेदन-अंगयुक्त समूह : अ (1) की भाँति ही आठ परमाणु + स्पर्शेंद्रिय का एक परमाणु = 9 परमाणु।

अ (3) अशब्द, किंतु संवेदन-अंगयुक्त समूह : अ (2) की भाँति 9 परमाणु + दृष्टि-श्रवण-घ्राण-स्वादेंद्रिय में से किसी एक का एक परमाणु = 10 परमाणु।

ब (1) सशब्द किंतु संवेदन-अंगरहित समूह : अ (1) की भाँति 8 परमाणु + शब्द का एक परमाणु = 9 परमाणु।

ब (2) सशब्द एवं संवेदन-अंगयुक्त समूह : अ (2) की भाँति 9 परमाणु + शब्द का एक परमाणु = 10 परमाणु।

ब (3) सशब्द एवं संवेदन-अंगयुक्त समूह : अ (3) की भाँति 10 परमाणु + शब्द का एक परमाणु = 11 परमाणु।

न्याय-वैशेषिक परमाणुवाद

न्याय-वैशेषिक ग्रंथों में कणाद का *वैशेषिकसूत्र* प्राचीनतम है। इसमें अणु शब्द तो मिलता है, किंतु परमाणु शब्द नहीं मिलता। अणु शब्द परमाणु एवं अत्यंत सूक्ष्म दोनों ही अर्थों में प्रयुक्त हुआ है। यद्यपि प्राचीन टीकाओं के अभाव में सूत्रों के ठीक निहितार्थों को समझना कठिन है, परंतु इसमें संदेह नहीं कि *वैशेषिकसूत्र* में परमाणु-सिद्धांत का पर्याप्त विकसित रूप देखने को मिलता है। परमाणु की सत्ता सिद्ध करने के लिए कणाद अप्रत्यक्ष तर्क देते हैं, उनके गुणों को गिनाते हैं, उनके आयामों को स्पष्ट रूप से परिमंडल कहकर अभिहित करते हैं, यह बताते हैं कि पृथ्वी के परमाणुओं में स्थित गुण ताप (पाकज) द्वारा परिवर्तनीय हैं और साथ ही वे अणु शब्द के विभिन्न प्रयोग भी दर्शाते हैं।

पदार्थधर्मसंग्रह के रचयिता प्रशस्तपाद परमाणु के लिए अणु और परमाणु दोनों ही शब्दों का प्रयोग करते हैं और इसके प्रमुख सिद्धांतों को अधिक स्पष्ट करके इसे विकसित करते हैं। वे एक पूरे खंड में भौतिक संसार की उत्पत्ति एवं विनाश की व्याख्या करते हैं—किस प्रकार सृष्टि के आरंभ में परमाणुओं से वस्तुओं की उत्पत्ति हुई और किस प्रकार प्रलय के समय वे पुनः परमाणु होकर बिखर जाती हैं। इससे संबद्ध पीलु-पाक के सिद्धांत का निरूपण भी एक अलग खंड में हुआ है। इस सिद्धांत के

अनुसार ताप के कारण होनेवाला परिवर्तन संपूर्ण वस्तु में नहीं अपितु प्रत्येक परमाणु में होता है। इसके अतिरिक्त जैकोबी का कथन है कि प्रशस्तपाद ने ही सर्वप्रथम परमाणु से निर्मित द्विक् अथवा द्वयणुक की बात कही थी।

इस सिद्धांत से संबंधित और अधिक परिष्कृत सामग्री एवं बाद में वैशेषिक दृष्टिकोण से किए गए संशोधन *व्योमवती*, उदयन की *किरणावली*, श्रीधर की *न्यायकंडली*, पद्मनाभ मिश्र की *सेतुटीका* एवं शंकर मिश्र की *उपस्कार* इत्यादि रचनाओं में मिलते हैं। इनमें से प्रथम रचना प्रशस्तवाद के ग्रंथ पर प्राचीनतम भाष्य है एवं *उपस्कार* कणाद के सूत्रों की टीका है।

गौतम के *न्यायसूत्र* में मुख्य रूप से परमाणु की व्याख्या परमाणु के रूप में की गई है। इन सूत्रों के एक संपूर्ण अनुभाग एवं एक अन्य सूत्र के समापन-अंश में गौतम संकेत करते हैं कि किस प्रकार परमाणु की सत्ता सिद्ध की जा सकती है और वे परमाणुवाद के आलोचकों के विरुद्ध परमाणु की अंशरहित सत्ता का प्रबल समर्थन करते हैं। एक सूत्र में इस धारणा का संकेत मिलता है कि संसार की रचना परमाणुओं से हुई है, अव्यक्त नामक किसी एक परम तत्व द्वारा नहीं, जैसाकि सांख्यवादी मानते हैं। एक अन्य सूत्र में *पिठर-पाक* के सिद्धांत का भी उल्लेख है जिसके अनुसार ताप द्वारा होनेवाला परिवर्तन संपूर्ण वस्तु में भी होता है।

वात्स्यायन *न्यायसूत्र* के बड़े ही सुयोग्य व्याख्याता हुए हैं जो अपने भाष्य में गौतम के निहितार्थों को स्पष्ट करके उनके प्रमाण भी प्रस्तुत करते हैं। उदाहरण के लिए, एक दृष्टांत द्वारा वे स्पष्टतः वह प्रक्रिया दर्शाते हैं जिसके द्वारा अंशरहित परमाणु की सत्ता सिद्ध की जा सकती है। वे शब्द-व्युत्पत्ति की दृष्टि से परमाणु शब्द के प्रयोग का औचित्य सिद्ध करते हैं और उस विसंगति का संकेत देते हैं जो परमाणु की सत्ता अस्वीकार करने से उत्पन्न होती है, अर्थात बीज एवं पर्वत के परिमाण के एक-से होने की विसंगति का।

वात्स्यायन के पश्चात् न्याय दर्शन के पक्ष-पोषण का कार्य उद्योतकर एवं वाचस्पति ने उठाया और वे बड़ी सीमा तक अपने लक्ष्य में सफल भी हुए। महायानी बौद्धों द्वारा अंशहीन परमाणु की अवधारणा के खंडन के विरुद्ध विशेषकर उद्योतकर ने निर्मम आक्रमण आरंभ कर दिया। वे प्रतिपक्षी की धारणाओं की सूक्ष्म परीक्षा एवं व्याख्या करते थे और फिर उसकी प्रखर आलोचना करते थे। इस कार्य में वाचस्पति उनके योग्य सहायक सिद्ध हुए।

यद्यपि न्याय-वैशेषिक दर्शन के लगभग सभी परवर्ती ग्रंथों में परमाणु-सिद्धांत अनेक संदर्भों में संक्षिप्त अथवा विस्तृत रूप में विवेचित होता रहा, मगर इसका पूर्ण विकास वाचस्पति की रचनाओं में ही हुआ। परवर्ती ग्रंथकारों की नवीनता उनके प्रस्तुति के ढंग एवं पहले से प्रचलित धारणाओं को स्पष्ट करने में ही है। तथापि इसके दो अपवाद

भी हैं—रघुनाथ शिरोमणि एवं पद्मनाभ मिश्र जो परमाणु की सामान्यतः स्वीकृत न्याय-वैशेषिक धारणा का समर्थन नहीं करते । रघुनाथ का तर्क है कि त्रयणुक को भी पदार्थ की अंतिम इकाई माना जा सकता है; परमाणु एवं द्वयणुक को स्वीकार करना आवश्यक नहीं । पद्मनाभ उनसे थोड़ा मतभेद रखते हुए यह मानते हैं कि या तो त्रयणुक या द्वयणुक को अंतिम इकाई माना जाना चाहिए । तथापि इस बात पर दोनों सहमत हैं कि ऐसी इकाई अविभाज्य है ।

न्याय-वैशेषिकों के अनुसार चार भौतिक तत्वों अर्थात् पृथ्वी, जल, अग्नि और वायु के अनुरूप चार प्रकार के परमाणु होते हैं । ये समांगी नहीं होते, जैसीकि जैन धारणा है, अपितु इनमें गुणात्मक अंतर होता है । न्याय-वैशेषिक कुल मिलाकर चौबीस गुण मानते हैं जिन्हें दो भागों में विभाजित किया जाता है—सामान्य गुण जो एक से अधिक तत्व में विद्यमान होते हैं, और विशेष गुण जो केवल एक ही तत्व में विद्यमान होते हैं । संयोजन, वियोजन, संख्या, परिमाण इत्यादि के गुण पहले समूह के अंतर्गत आते हैं और रंग, रस, गंध इत्यादि के गुण दूसरे समूह के अंतर्गत । विशिष्ट गुणों के कारण ही परमाणुओं में अंतर होता है । इस प्रकार यद्यपि सभी परमाणुओं में परिमंडलीय आकार का गुण सामान्य होता है परंतु पृथ्वी-परमाणु में रंग, रस, गंध, स्पर्श (न उष्ण, न शीतल) होता है; जल-परमाणु में रंग, स्वाद एवं स्पर्श (शीतल) होता है; अग्नि-परमाणु में रंग एवं स्पर्श (उष्ण) होता है; और वायु-परमाणु में केवल स्पर्श (न उष्ण, न शीतल) होता है । रंग, रस, गंध और स्पर्श, इन चार को छोड़कर परमाणुओं के अन्य सभी गुण शाश्वत होते हैं । रंग, रस इत्यादि के चार गुण ताप द्वारा परिवर्तनीय हैं ।

एक नई सृष्टि के आरंभ में परमाणु अदृष्ट अर्थात् गुण-दोषों की शक्ति द्वारा परिचालित होकर एक-दूसरे से जुड़ जाते हैं और अनंत वस्तुओं की उत्पत्ति करते हैं । न्याय-वैशेषिक दर्शन के अनुसार परमाणुओं से द्रव्यों का निर्माण एक विशिष्ट क्रम में होता है । पहले केवल दो परमाणु मिलकर एक द्वयणुक की रचना करते हैं, फिर तीन द्वयणुक मिलकर एक त्रयणुक की रचना करते हैं जो दिखाई देनेवाला सूक्ष्मतम पदार्थ है । न तो तीन परमाणु और न ही दो द्वयणुक मिलकर किसी द्रव्य को उत्पन्न कर सकते हैं । ध्यान देने योग्य यह है कि परमाणुओं के बीच प्रत्येक संयोजन किसी नए द्रव्य को जन्म नहीं देता और इस कारण परमाणुओं का संयोजन या तो उत्पादक (आरंभक) होता है या अनुत्पादक (अनारंभक) । आरंभक संयोजन सदैव एक ही प्रकार के परमाणुओं के संयोग से होता है, भिन्न प्रकार के परमाणुओं के संयोग से नहीं । उदाहरण के लिए, दो पृथ्वी-परमाणु अथवा दो जल-परमाणु मिलकर ही पृथ्वी-द्वयणुक या जल-द्वयणुक की सृष्टि कर सकते हैं, किंतु एक पृथ्वी-परमाणु और एक जल-परमाणु मिलकर किसी नई वस्तु की रचना नहीं कर सकते ।

मीमांसा का परमाणुवाद

मीमांसा दर्शन में परमाणुवाद के स्वीकृत होने पर भी इसके अनुयायियों की इसमें अधिक रुचि नहीं रही और मीमांसा के दोनों संप्रदायों, प्राभाकर एवं भाट्ट के ग्रंथों में परमाणुवाद का बहुत कम उल्लेख मिलता है।

प्राभाकर संप्रदाय की किसी भी प्रमुख रचना में परमाणुवाद का संक्षिप्त विवरण तक नहीं मिलता। शालिकनाथ (लगभग नवीं सदी ई.) की *प्रकरणपंचिका* में परमाणु का उल्लेख मात्र मिलता है जहाँ कहा गया है कि निरवयव वस्तु (अद्रव्य-द्रव्य) दो प्रकार की होती है—परम-महत् और परमाणु। प्राभाकर संप्रदाय से संबंधित नंदीश्वर के ग्रंथ *प्रभाकरविजय* में परमाणु-सिद्धांत का विस्तृत विवरण देते हुए एक स्वतंत्र अध्याय है जो इस सिद्धांत के प्रायः सभी महत्वपूर्ण पक्षों की विवेचना करता है। किंतु दुर्भाग्य से इसकी तिथि बिल्कुल निश्चित नहीं है और आंतरिक प्रमाणों से प्रतीत होता है कि यह बहुत बाद की रचना है। इसकी परमाणु-सिद्धांत संबंधी विवेचना में बहुत कम मौलिकता है और उस पर अन्य संप्रदायों के परमाणुवादियों के प्रभाव की स्पष्ट छाप है।

जहाँ तक भाट्ट संप्रदाय का संबंध है, कुमारिल के *श्लोकवार्तिक* में परमाणु का उल्लेख मिलता है। किंतु यह निश्चय करना कठिन है कि कुमारिल पदार्थ की अंतिम इकाई किसे मानते हैं—परमाणु को या त्रयणुक को। कुमारिल के जाने-माने अनुयायी पार्थसारथी मिश्र अपनी रचना *शास्त्रदीपिका* में स्पष्ट कहते हैं कि परमाणु अंतिम इकाई है। किंतु *मानमेयोदय* नाम के ग्रंथ में, जिसकी रचना विशेष रूप से कुमारिल के सिद्धांतों की व्याख्या करने के लिए ही की गई थी, स्पष्ट रूप से न्याय-वैशेषिकों के परमाणु को अस्वीकार करके त्रयणुक को ही अंतिम इकाई माना गया है।

परमाणु के प्रमाण

(1) शास्त्रोक्त प्रमाण

ब्रह्मसूत्र में परमाणुवाद की अनेक तार्किक असंगतियाँ दर्शाने के बाद अंत में इसके प्रत्याख्यान का एक विशिष्ट आधार भी बताया गया है। अमोघ वेदों में परमाणुवाद का सिद्धांत आंशिक रूप से भी स्वीकार नहीं किया गया है। अन्य शब्दों में कहें तो परमाणुवाद के विरुद्ध यह आपत्ति है कि यह वेद-विहित नहीं है। यह आपत्ति *ब्रह्मसूत्र* एवं इसके अनुयायियों की दृष्टि से सत्य है जो उपनिषदों के व्याख्याता होने का दावा करते हैं। कारण कि ब्राह्मण ग्रंथों के प्राचीनतम चिंतन में, जो कि उपनिषदों में सुरक्षित है, परमाणु-सिद्धांत का कोई चिह्न नहीं मिलता। किंतु न्याय-वैशेषिक दर्शन के अनुयायी

इस बात से अधिक चिंतित नहीं हैं और न ही वे वेदों में परमाणुवाद का कोई प्रमाण, अस्पष्ट और सुदूर ही सही, खोजने का कष्टसाध्य प्रयास करते हैं। वेद-प्रमाण के अभाव को किसी भी सिद्धांत के अस्वीकार की पूर्वदशा मानना प्रत्याख्यान का ऐसा सरल ढंग है कि इसे गंभीरता से नहीं लिया जा सकता और ऐसी स्थिति में यह कहना कठिन होगा कि प्रत्याख्यान करनेवाली प्रणाली स्वयं कितनी प्रासंगिक है।

इस दृष्टि से उदयन एकमात्र अपवाद हैं। *न्यायकुसुमांजलि* में वे *श्वेताश्वतर उपनिषद* से एक पद्य उद्धृत करते हैं और उसकी व्याख्या करते हुए उनका दावा है कि यह पद उस सिद्धांत का समर्थन करता है जिसके अनुसार ईश्वर ने विभिन्न प्रणालियों के गुण-दोषों के अनुसार परमाणुओं को जोड़कर इस भौतिक संसार की रचना की।

(2) आनुमानिक प्रमाण

परमाणुवादियों की विभिन्न रचनाओं में कम-से-कम तीन अनुमान ऐसे मिलते हैं जो परमाणु की सत्ता सिद्ध करने का प्रयास करते हैं। इनमें सर्वाधिक प्रचलित धारणा अणु-परमाणु-तारतम्य के विश्रांति की दशा में आने की है।

इन अनुमान के प्राचीनतम संदर्भ हमें श्रीधर की *न्यायकंडली* (एक वैशेषिक ग्रंथ) एवं प्रभाचंद्र के *न्यायकुमुदचंद्र* (एक जैन ग्रंथ) में मिलते हैं।

इस आनुमानिक तर्क का निहितार्थ इस प्रकार है। मोटेतौर पर परिमाण दो प्रकार का होता है—महत् और सूक्ष्म (अणु)। इसके अतिरिक्त यह भी निर्विवाद है कि प्रत्येक परिमाण की कोटि में अंतर होते हैं। उदाहरण के लिए, सेब, आम और तरबूज, ये सभी महत् परिमाणवाले होते हैं, फिर भी तरबूज इन सबमें बड़ा और आम सेब से बड़ा होता है। इसी प्रकार, पत्थर का टुकड़ा, राई का दाना और रेणुकण, ये सभी छोटे होते हैं, तथापि रेणुकण तीनों में सबसे छोटा होता है और राई का दाना पत्थर के टुकड़े से छोटा होता है। किंतु महत् परिमाण की स्थिति में कोटि का यह अंतर एक बिंदु पर आकर—अपनी उच्चतम सीमा पर—ठहर जाता है; यह उच्चतम सीमा वह वस्तु है जो सर्वव्यापी (विभु) है जैसेकि आकाश या काल। इसी प्रकार यह मानना तर्कसंगत होगा कि सूक्ष्म परिमाण भी अपनी निम्नतम सीमा तक पहुँचकर ठहर जाता है, एक ऐसी वस्तु की सीमा जिससे छोटी वस्तु अकल्पनीय हो। परमाणु कुछ अन्य नहीं अपितु सूक्ष्मतम संभव परिमाणवाली वस्तु ही है।

(3) अपचय पर आधारित तर्क

अपचय के आधार पर परमाणु की सत्ता सिद्ध करने को न्याय-वैशेषिक दर्शन का विशिष्ट गुण माना जा सकता है और बाद में तो परमाणु की सत्ता सिद्ध करने का

यही एकमात्र आधार रह गया था । इसका सार यह है कि जब तक किसी ऐसी अविभाज्य वस्तु की परिकल्पना न की जाए जहाँ आकर विभाजन की प्रक्रिया ठहर जाती हो और जो वस्तुओं का अंतिम घटक हो, तब तक वस्तुओं के छोटे, सूक्ष्म, बड़े, विशाल इत्यादि भेदों की कल्पना भी संभव नहीं है ।

इस तर्क का सर्वप्रथम संकेत वात्स्यायन में मिलता है जिसे आगे चलकर विभिन्न ग्रंथकारों ने अपने-अपने ढंग से विकसित और दृष्टांतों द्वारा पुष्ट किया ।

उद्योतकर का कथन है कि यदि विभाजन की प्रक्रिया परमाणु पर समाप्त नहीं होती तो त्रुटि अर्थात् त्रयणुक (दिखाई देनेवाली सूक्ष्मतम वस्तु) भी संख्या, परिमाण एवं गुरुत्व की दृष्टि से पर्वत की भाँति (हिमवत्) अमापनीय (अमेय) हो जाएगी क्योंकि तब दोनों को अनंत-अवयव-संपन्न मानना पड़ेगा ।

परवर्ती न्याय-वैशेषिक ग्रंथकार केवल परिमाण-संबंधी असंगति पर ही बल देते हैं । *व्योमवती* में इसे गोलक-रूपा पृथ्वी एवं घट इत्यादि के समान परिमाण के एकरूप हो जाने के दृष्टांत द्वारा दर्शाया गया है । इसके अतिरिक्त उनकी यह भी धारणा है कि यदि परमाणु के रूप में किसी शाश्वत (भौतिक) कारक की परिकल्पना न की जाए तो महाप्रलय के पश्चात् नई सृष्टि का विकास ही नहीं होगा । महाप्रलय के समय सभी वस्तुएँ अशाश्वत होने के कारण नष्ट हो जाएँगी, केवल अभाव ही रह जाएगा । किंतु अभाव कभी उपादान (समवायि) कारण नहीं हो सकता और ऐसे कारण के अभाव में किसी परिणाम की उत्पत्ति भी नहीं हो सकती ।

वाचस्पति मिश्र ने मेरु (पर्वत) एवं सर्षप (सरसों के दाने) की समानता का दृष्टांत लिया और तबसे परमाणुवादियों, विशेषतः न्याय-वैशेषिकों के बीच परमाणु के संदर्भ में मेरु-सर्षप एक कहावत ही बन गया ।

मीमांसा दर्शन के भाट्ट संप्रदाय के कतिपय ग्रंथों में इस विसंगति को थोड़े भिन्न ढंग से दर्शाया गया है : यदि विभाजन का कोई अंत ही नहीं है तो सरसों के एक दाने के भी असंख्य भाग होंगे और, सिद्धांत रूप में, समस्त पृथ्वी को भरने के लिए सरसों का एक दाना ही पर्याप्त होना चाहिए ।

परमाणुओं के संयोजन की समस्या

भारतीय दर्शन में परमाणुवादियों के समक्ष कदाचित सबसे बड़ी समस्या परमाणुओं के संयोजन की है । एक परमाणु को दूसरे परमाणु से क्यों जोड़ा जाए ? यह परमाणुओं का कोई अंतर्भूत गुण है अथवा कोई बाह्य वस्तु होती है जो उन्हें एक-दूसरे के निकट लाती है ? इस प्रश्न के कम-से-कम तीन विभिन्न उत्तर दिए गए हैं ।

जैन विचारकों का कहना है कि उनकी धारणा सामान्य अनुभव के अनुरूप है। उदाहरण के लिए, जल डालने पर सत्तू के कण एकत्रित होकर पिंड बन जाते हैं। जैनों के अनुसार सामान्यतः कोई स्निग्ध परमाणु रुक्ष परमाणु से संयुक्त होता है। कुछ परमाणु स्वभावतः स्निग्ध एवं कुछ स्वभावतः रुक्ष होते हैं। इन दो प्रकार के परमाणुओं के बीच संयोजन हो सकता है। तथापि स्निग्धता एवं रुक्षता की विभिन्न कोटियाँ हो सकती हैं और प्रत्येक स्थान पर संयोजन होता भी नहीं। *तत्वार्थसूत्र* में इस बात का विवेचन किया गया है कि कौन-सी कोटियाँ संयोजन में सक्षम हैं और कौन-सी नहीं।

यहाँ न्याय-वैशेषिक एवं जैन धारणाओं के बीच अंतर को समझ लेना उचित होगा। न्याय-वैशेषिक धारणा के अनुसार स्निग्ध एवं रुक्ष परमाणुओं का संयोजन असंभव है। जैन दर्शनशास्त्री ऐसा संभव मानते हैं क्योंकि वे परमाणुओं को संयोग मानते हैं। उनकी मान्यता यह भी है कि "पृथ्वी, जल, अग्नि और वायु का चतुर्वर्ग भेद भी व्युत्पन्न एवं गौण है, प्राथमिक और शाश्वत नहीं जैसाकि वैशेषिकों की भाँति कुछ हिन्दू विचारक मानते हैं।" किंतु न्याय-वैशेषिकों के अनुसार तत्वों का विभाजन आधारभूत है और ये चार प्रकार के तत्व गुणात्मक रूप से एक-दूसरे से भिन्न हैं। अतः जल का गुण होने के कारण स्निग्धता केवल जल तत्व में ही विद्यमान होगी और अन्य तीनों प्रकार के परमाणु रुक्ष रहेंगे। इसके अतिरिक्त वे यह भी मानते हैं कि आरंभक संयोजन केवल एक ही प्रकार के परमाणुओं के बीच होता है, भिन्न प्रकार के परमाणुओं के बीच कदापि नहीं। अतः स्निग्ध एवं रुक्ष परमाणुओं के बीच जिस संयोजन को जैन विचारक आरंभक मानते हैं उसको न्याय-वैशेषिक अनारंभक मानते हैं। इसी प्रकार दो स्निग्ध परमाणुओं (उदाहरण के लिए, दो जल-परमाणुओं) अथवा दो रुक्ष परमाणुओं (जैसे, दो अग्नि-परमाणुओं) का मेल न्याय-वैशेषिकों की दृष्टि में आरंभक होगा और जैनों की दृष्टि में अनारंभक।

बौद्धों में शुभगुप्त ने इस समस्या का अपने ही ढंग से समाधान किया। उनके अनुसार किसी वस्तु की रचना में परमाणुओं का यथार्थतः मेल नहीं होता अपितु वे एक-साथ एकत्रित हो जाते हैं। इस प्रकार एकत्रित होने का कारण स्वयं परमाणुओं में अंतर्भूत कोई शक्ति होती है (जिसे वे द्रव्यशक्ति कहते हैं)। जिस प्रकार मंत्र में निहित शक्ति सर्प को बाहर निकालकर अचल कर देती है, उसी प्रकार अपनी अंतर्भूत शक्ति के कारण परमाणु खिंचे चले आते हैं (संगच्छंते) और एकत्र हो जाते हैं। समस्त संसार की रचना ही इस प्रकार हुई है, तथापि सभी परमाणुओं में यह शक्ति निश्चित रूप से अथवा निश्चित मात्रा में नहीं होती। अतः अनेक परमाणु ऐसे हो सकते हैं जो इस शक्ति के अभाव में अथवा इसकी पर्याप्त मात्रा के अभाव में यों ही अलग-अलग पड़े हों।

शुभगुप्त एक अन्य बात यह कहते हैं कि एकत्रीकरण में अत्यंत समीपता के कारण

परमाणु एक-दूसरे को प्रभावित करके रूपांतरित हो सकते हैं। उदाहरण के लिए, हीरे (वज्र) के परमाणुओं के एकत्रीकरण के कारण एक विशिष्ट रूपांतरण होता है और वे इतने कठोर हो जाते हैं कि उन्हें तोड़ना अत्यंत कठिन होता है।

न्याय-वैशेषिकों के अनुसार संश्लिष्ट वस्तुओं की उत्पत्ति में अंशों को जोड़ना अत्यंत महत्वपूर्ण होता है। सृष्टि के आरंभ में दो परमाणुओं के बीच संधि होना अनिवार्य है ताकि परमाणुओं की सर्वप्रथम रचना अर्थात् द्वयणुक की उत्पत्ति हो सके और सृष्टि की प्रक्रिया आरंभ हो सके। किंतु संधि सामान्यतः गति (कर्म) द्वारा संपन्न होती है। तो प्रश्न है : सृष्टि के आरंभ में परमाणुओं में गति क्यों होती है ?

कणाद के बारंबार के दावों से वैशेषिक दर्शन की आरंभिक धारणा यह प्रतीत होती है : रचनाशील गति का कारण अदृष्ट को अर्थात् उस नैतिक बल को माना जाता है जो आत्माओं के कर्म के अनुसार उनके प्रारब्ध को निर्देशित करता है और चाहता है कि उन्हें उचित काया और एक उचित वस्तुनिष्ठ संसार मिले जिसमें सुख-दुख का अनुभव किया जा सके। इस अनुभवातीत बल के कारण ही परमाणुओं में हलचल उत्पन्न होती है और वे एकत्रित होने लगते हैं ताकि उनके संयोजन से अनंत वस्तुओं का निर्माण हो सके। आगे चलकर प्रशस्तपाद इसमें दो और शर्तें जोड़ देते हैं—महेश्वर की इच्छा और आत्माणु-संयोग।

स्वयं *न्यायसूत्र* में इस संबंध में कुछ नहीं कहा गया है। किंतु उद्योतकर एवं अन्य परवर्ती नैयायिक अदृष्ट को उपरोक्त गति का कारण मानते हुए ईश्वर के अभिकरण को भी ले आते हैं। वस्तुतः उदयन तो इसको ईश्वर की सत्ता का अकाट्य प्रमाण मानते हैं। उनके कहने का तात्पर्य इस प्रकार है : परमाणु एवं उनमें गति उत्पन्न करनेवाला अदृष्ट, दोनों ही अचेतन होते हैं। जैसाकि सामान्य अनुभव से ज्ञात होता है, ऐसी अचेतन वस्तुएँ अपने-आप कोई परिणाम उत्पन्न नहीं कर सकतीं; उन्हें निर्देशित करनेवाला कोई सचेतन, बुद्धिसंपन्न अभिकर्ता होना चाहिए जो ईश्वर ही हो सकता है।

न्याय-वैशेषिक दृष्टि का प्रतिनिधित्व सामान्यतया उपरोक्त ढंग से ही हुआ है। कम-से-कम परवर्ती न्याय-वैशेषिकों के संबंध में तो यही सत्य है।

तथापि इस तथ्य की अवहेलना करना भी अनुचित होगा कि अदृष्ट से उत्पन्न होनेवाली गति से आरंभिक न्याय-वैशेषिकों का या कम-से-कम वैशेषिकों का तात्पर्य कुछ और था। इसके लिए यह जानना आवश्यक है कि उनकी दृष्टि में अदृष्ट का तात्पर्य क्या था। परवर्ती ग्रंथों में इसे निश्चित रूप से धर्माधर्म के अर्थ में प्रयुक्त किया गया है जो गुणों की श्रेणी में आते हैं। इसके अतिरिक्त यह आत्मा का विशेष गुण है अर्थात् आत्मा के अतिरिक्त यह किसी अन्य वस्तु में विद्यमान नहीं रहता। किंतु यह अर्थ इसमें बाद में जोड़ा गया प्रतीत होता है। मूलतः इसका तात्पर्य वही था जो इसका

शाब्दिक अर्थ है, अर्थात् वह जो दृष्टि से परे हो, अज्ञात कारण, अर्थात् ऐसा कारण जिसकी ठीक प्रकृति निर्धारित नहीं की जा सके, तथापि जिसके अस्तित्व को स्वीकार करना पड़े, क्योंकि कतिपय परिणाम ऐसे हैं जिनकी व्याख्या ज्ञात अथवा सामान्य कारणों द्वारा नहीं की जा सकती। जैसाकि स्वयं कणाद दर्शाते हैं, अदृश्य कारण भौतिक एवं अभौतिक, दोनों ही क्षेत्रों में क्रियाशील हो सकते हैं। भौतिक क्षेत्र में अग्नि की ऊर्ध्व गति, वायु की टेढ़ी गति, चुंबक के प्रति लोहे का आकर्षण, वृक्षों में रस का जड़ों से ऊपर की ओर प्रवाहित होना, इन सबका कारण अदृष्ट ही है। अभौतिक क्षेत्र में "आत्मा और काया का संयोग एवं नियोग इत्यादि" अदृष्ट कारण के ही परिणाम हैं। अतः कणाद बारंबार दावा करते हैं कि प्रत्येक नई सृष्टि के आरंभ में परमाणुओं के परिचालन का कारण अदृष्ट ही होता है।

परमाणुवाद की उत्पत्ति

यद्यपि जैकोबी का निश्चित मत है कि उपनिषदों में परमाणु-सिद्धांत का कोई संकेत नहीं मिलता और युइ भी उनसे सहमत हैं, परंतु बरुआ की धारणा है कि इसका कुछ संकेत *छांदोग्य उपनिषद* में सुरक्षित उद्दालक आरुणि के चिंतन में खोजा जा सकता है। बरुआ का कथन है : पदार्थ की मूल स्थिति क्या थी और किस प्रकार इससे क्रमशः मूर्त वस्तुओं का निर्माण हुआ ? उद्दालक के अनुसार··· आरंभ में पदार्थ अव्यवस्थित ढेर के रूप में था, जिस प्रकार विभिन्न वृक्षों का रस बिना सोचे-समझे शहद में मिला होता है। नाम और रूपों को विकसित करने के लिए, वस्तुओं को एक-दूसरे से भिन्न दर्शाने के लिए अथवा उन्हें व्यवस्थित करने के लिए विश्वात्मा अपने विश्व-रूप में न आकर एक सचेतन तत्व के रूप में अवतरित हुई और अग्नि, जल एवं पृथ्वी में प्रविष्ट हो गई। इसने इनके घटक किंतु गुणात्मक रूप से भिन्न भागों (धातुओं) को अलग करके उनसे अनेक नई वस्तुओं की रचना की। उद्दालक ने कणों के संयोजन एवं वियोजन का सिद्धांत प्रतिपादित करके कणाद के परमाणु-सिद्धांत का पूर्वाभास किया··· ।"

बरुआ द्वारा उद्दालक को कणाद का वैचारिक गुरु मानने का आधार उद्दालक द्वारा कणों के संयोजन एवं वियोजन का सिद्धांत प्रतिपादित करना ही है। वैशेषिक धारणा में भी भौतिक पदार्थों की रचना में परमाणुओं के संयोजन एवं वियोजन को अत्यंत महत्व दिया गया है। अतः इसके अनुसार निर्माण और ध्वंस का तात्पर्य केवल घटकों के संयोजन एवं वियोजन से ही है। सृष्टि की प्रक्रिया तभी आरंभ होती है जब अलग-अलग पड़े परमाणुओं में गति उत्पन्न होती है और वे एक-दूसरे से संयुक्त होने के लिए बाध्य होते हैं। प्रलय की प्रक्रिया तब आरंभ होती है जब परमाणुओं से निर्मित

वस्तु में गति आरंभ होकर परमाणुओं को विमुक्त होने अथवा बिखर जाने के लिए बाध्य करती है। इससे स्पष्ट है कि बरुआ की धारणा पूरी तरह निराधार नहीं है। बरुआ के दावे को पुष्ट करने के अन्य बल्कि और विश्वसनीय आधार भी हैं किंतु वे उनका उल्लेख नहीं करते।

यह पहले ही कहा जा चुका है कि सामान्यतः यथार्थवादी परमाणु-सिद्धांत के पक्षधर एवं विचारवादी इसके विरोधी रहे हैं। अतः समस्त सत्ता को पदार्थ के संदर्भ में व्याख्यायित करनेवाला कोई भौतिकवादी ही परमाणु-सिद्धांत का मूल प्रणेता हो सकता है। आज जाने-माने विचारक यह सिद्ध करने का प्रयास कर रहे हैं कि कदाचित भारत के सर्वप्रथम दर्शनशास्त्री उद्दालक आरुणि सर्वजीववादी अर्थात् आदिम भौतिकवादी थे अथवा उन्होंने कम-से-कम कुछ भौतिकवादी सिद्धांत प्रतिपादित किए। यदि इस निष्कर्ष को स्वीकार किया जाए तो उद्दालक के सिद्धांत में परमाणुवाद के बीज निहित माने जा सकते हैं।

इसके अतिरिक्त छांदोग्य उपनिषद के आंतरिक साक्ष्य भी परमाणु-सिद्धांत के कुछ संकेत देते हैं। श्वेतकेतु अपने पिता उद्दालक से प्रश्न करता है : यह अत्यंत स्थूल भौतिक जगत किस प्रकार उस अत्यंत-सूक्ष्म सत् से उत्पन्न होता है जिसे समस्त वस्तुओं का मूल कारण माना गया है ? आप दृष्टांत सहित समझाने की कृपा करें। उद्दालक ने एक अत्यंत सामान्य एवं सुलभ वस्तु के दृष्टांत द्वारा इस बात को दर्शाया :

उ. : उस वृक्ष से एक अंजीर तो लेकर आओ।

श्वे. : यह लीजिए, पिताजी।

उ. : इसे तोड़ो।

श्वे. : लीजिए, तोड़ दिया।

उ. : क्या देखते हो ?

श्वे. : अत्यंत सूक्ष्म बीज।

उ. : एक बीज को लेकर पुनः तोड़ो।

श्वे. : पिताजी, लीजिए तोड़ दिया।

उ. : क्या देखते हो ?

श्वे. : कुछ नहीं।

तब उद्दालक श्वेतकेतु को समझाते हैं कि अंजीर का बीज तोड़ने पर कुछ भी दिखाई देने योग्य शेष नहीं रहता, किंतु ये अदृश्य कण ही वस्तुतः उस बीज का निर्माण करते हैं जो अपेक्षाकृत 'बड़ा' होता है, ये अपेक्षाकृत बड़े कण ही अंजीर के फल का निर्माण करते हैं। अंजीर के सूक्ष्म बीज से ही विशाल वृक्ष, उसका स्थूल तना, टहनियाँ एवं असंख्य पत्तियाँ उत्पन्न होती हैं। इसी प्रकार अत्यंत सूक्ष्म सत् से यह अत्यंत स्थूल

भौतिक जगत उत्पन्न होता है। अब, जैसीकि विद्वानों की धारणा है, यदि उद्दालक के सत् को वस्तुतः पदार्थ से एकरूप मान लिया जाए तो इसमें परमाणु-सिद्धांत की झलक दिखाई देगी क्योंकि प्रस्तुत दृष्टांत में यह धारणा दिखाई देती है कि स्थूल संसार पदार्थ के अत्यंत सूक्ष्म कणों से निर्मित होता है और यही धारणा परमाणु-सिद्धांत की भी मूल धारणा है। इसके अतिरिक्त उद्दालक का दृष्टांत स्पष्टतः उस प्रक्रिया का स्मरण कराता है जिसे आगे चलकर परमाणुवादियों ने परमाणु को पदार्थ की अंतिम इकाई सिद्ध करने के लिए प्रयुक्त किया (देखिए, *न्यायसूत्र* पर वात्स्यायन की टीका iv.2.16.)।

युइ नामक एक अन्य विद्वान परमाणुवाद का उदय औपनिषदिक ग्रंथों से बाहर खोजते हैं। उनकी धारणा है कि परमाणुवाद का उदय सस्सतवाद अथवा शाश्वतवाद से संभव है जिसके पक्षधर पकुद्ध काच्चायन (प्रकुद्ध कात्यायन) थे जो बुद्ध के वरिष्ठ समकालीन थे और जिनका उल्लेख बौद्ध ग्रंथों में अन्य तीर्थिकों (वितंडावादियों) के साथ हुआ है।

निस्संदेह, युइ ने इस संबंध में सचेत किया है कि प्रकुद्ध कात्यायन की धारणाओं में परमाणु- सिद्धांत के किसी भी स्पष्ट स्वरूप को खोजना उनमें अतिरिक्त अर्थ खोजने जैसी बात होगी :

"....किंतु अभी तक तो परमाणु-सिद्धांत का कोई संकेत नहीं मिलता क्योंकि तत्वों को महाभूत या काय और पार्थिव आदि कहा गया है और शरीर के तत्वों के महाभूतों में मिल जाने की बात कही गई है। शरीर का महाभूतों से निर्मित होना परिणाम न होकर संयोजन अथवा योग है क्योंकि तत्वों का निर्माण अथवा सृजन नहीं किया जा सकता और वे निष्फल होते हैं। कैसे और किस प्रकार की शक्ति द्वारा वे संयोजित होते हैं, इसकी व्याख्या नहीं की गई है।"

कतिपय विद्वानों ने उन विशिष्ट परिस्थितियों को निर्धारित करने का प्रयास किया है जो भारतीय दर्शन में परमाणु-सिद्धांत के निरूपण के लिए उत्तरदायी रही होंगी। उनका विचार है कि भारतीय दर्शन के इतिहास में भी किसी बिंदु पर वैसी ही परिस्थिति उत्पन्न हुई होगी जैसी परिस्थिति में यूनानी दर्शन के इतिहास में परमाणुवाद का जन्म हुआ था। कहने का तात्पर्य यह है कि जिस प्रकार यूनान में परमाणुवाद हेराक्लाइट्स एवं पार्मेनिदीज की दो विरोधी धारणाओं के संश्लेषण का परिणाम था, उसी प्रकार भारतीय परमाणुवाद भी ब्राह्मण (औपनिषदिक) एवं बौद्ध चिंतन के संश्लेषंण का परिणाम रहा होगा। इसकी व्याख्या निम्न प्रकार की जा सकती है :

"यूनानी दर्शन में देमोक्राइट्स ने अपने समय की समस्याओं, विशेषकर उन समस्याओं को सुलझाने के लिए परमाणुवादी परिकल्पना विकसित की जिन्हें उनके पूर्ववर्ती विचारकों पार्मेनिदीज एवं हेराक्लाइट्स ने जन्म दिया था। कुछ सीमा तक हमारे

औपनिषदिक विचारवादियों की भाँति पार्मेनिदीज ने भी एक अपरिवर्तनीय सत्ता को एकमात्र वास्तविकता माना । कुछ-कुछ हमारे आरंभिक बौद्ध चिंतकों की भाँति हेराक्लाइत्स ने परिवर्तन अथवा प्रवाह को एकमात्र वास्तविकता माना । परमाणु पार्मेनिदीज की एक अपरिवर्तनीय सत्ता की भाँति असृष्ट एवं शाश्वत, ठोस एवं समांग हैं जो अपने-आपमें परिवर्तन में अक्षम हैं किंतु शून्य में निरंतर गतिशील रहने के कारण अपने विभिन्न संयोजनों एवं वियोजनों से इस परिवर्तनशील संसार के परिदृश्य की रचना करते हैं । इस प्रकार इस धारणा में पार्मेनिदीज की धारणा की रक्षा करते हुए शाश्वतता के तत्व एवं हेराक्लाइत्स की धारणा की रक्षा करते हुए सतत परिवर्तनशीलता के तत्व का समावेश किया गया । जिस स्थिति का सामना हमारे न्याय-वैशेषिक विचारकों को करना पड़ा, वह स्थिति भी मोटेतौर पर ऐसी ही थी । एक ओर तो उपनिषदों में वर्णित शाश्वत एवं अपरिवर्तनीय ब्रह्म था और दूसरी ओर बौद्धों का सतत परिवर्तन का सिद्धांत था । इन दोनों परस्पर-विरोधी धारणाओं से एक नई परमाणुवादी परिकल्पना का जन्म हुआ होगा । जहाँ शाश्वत एवं अपरिवर्तनीय परमाणुओं से सत्ता की व्याख्या करते हैं वहीं उनके संयोजन एवं वियोजन से संभवन की व्याख्या होती है ।''

भारतीय विचारकों के बीच परमाणु-सिद्धांत के स्वीकृत होने के मूल कारण की व्याख्या करते हुए जैकोबी का कथन है :

''एक बार दृढ़ता से स्थापित होने के बाद परमाणु-सिद्धांत ने अनेक विचारकों को प्रभावित किया होगा क्योंकि इसने शाश्वत किंतु अविश्लेष्य वस्तु के रूप में पदार्थ की आदिम धारणा के स्थान पर अधिक तर्कसंगत धारणाएँ प्रस्तुत कीं जिनके द्वारा पदार्थ की शाश्वतता की रक्षा करते हुए वस्तुओं में होनेवाले निरंतर परिवर्तन की व्याख्या भी की जा सकी ।''

भाग पाँच

ईश्वर के अस्तित्व का खंडन-मंडन

भारतीय दर्शन का एक सामान्य विद्यार्थी भी इस बात को जानता है कि जहाँ तक ईश्वर का संबंध है, उसमें आस्था रखनेवाले अल्पमत में हैं। अधिकांश दार्शनिक प्रणालियाँ निरीश्वरवादी हैं। यहाँ तक भी कहा जाता है कि पारंपरिक भारतीय दर्शन की प्रमुख प्रतिनिधि प्रणालियों में निरीश्वरवाद पर सर्वाधिक मतैक्य है। ऐसा नहीं है कि ये प्रणालियाँ ईश्वर के प्रश्न पर केवल मौन या उदासीन रही हों। वे इस प्रश्न को बड़ी गंभीरता से लेती हैं। वे ईश्वरवादियों के प्रमाणों एवं तर्कों की कड़ी आलोचना करती हैं। उनका दावा है कि ईश्वर के अस्तित्व को केवल स्पष्ट तर्कों के आधार पर ही स्वीकार किया जा सकता है। ये दर्शनशास्त्री ईश्वर में आस्था रखने की उपयोगिता एवं लक्ष्य पर प्रश्न करते हैं और ईश्वर-संबंधी लोकप्रिय धारणा अथवा ईश्वरवादियों के तर्कों से प्रभावित नहीं होते। न केवल जैन एवं बौद्ध अपितु सांख्य एवं मीमांसा दर्शन भी अपने-अपने दृष्टिकोण से ईश्वर की अवधारणा की आलोचना करते हैं।

इसके विपरीत, ईश्वर की अवधारणा का पक्षपोषण करनेवाले परवर्ती न्याय-वैशेषिक ही एकमात्र दर्शनशास्त्री दिखाई देते हैं। यद्यपि इस दर्शन के मूल प्रतिपादकों को ईश्वर की धारणा एवं इसके पक्षपोषण में विशेष रुचि नहीं थी, तथापि परवर्ती लेखकों एवं टीकाकारों ने इस प्रणाली को ईश्वरवादी दर्शन बना दिया। उद्योतकर, वाचस्पति एवं सबसे अधिक उदयन ने ईश्वर के अस्तित्व को सिद्ध करने एवं निरीश्वरवादियों की कटु आलोचना एवं विरोध का तर्क द्वारा प्रतिकार करने का प्रयास किया। इसके अतिरिक्त योग एवं वेदांत दर्शन के कुछ संप्रदाय भी ईश्वर के अस्तित्व को स्वीकार करते हैं।

यहाँ इस बात पर संक्षेप में विचार कर लेना उचित होगा कि भारतीय दर्शन में निरीश्वरवादियों एवं ईश्वरवादियों ने क्रमशः ईश्वर के अस्तित्व एवं ईश्वर को न मानने के पक्ष में क्या-क्या तर्क प्रस्तुत किए हैं।

सांख्य के दृष्टिकोण में इस संसार की उत्पत्ति आदि पदार्थ से हुई है जिसे 'प्रकृति'

अथवा 'प्रधान' कहते हैं और जिसमें किसी निमित्त कारण का हाथ नहीं है। इस प्रकार सांख्यवादियों को सरलता से निरीश्वरवादी दर्शनशास्त्री की श्रेणी में रखा जा सकता है। "इनकी मान्यता है कि प्रकृति से भौतिक एवं मनोवैज्ञानिक संसार की उत्पत्ति की प्रक्रिया एक स्वायत्त प्रक्रिया है।"

सांख्य सिद्धांत का प्रतिपादन करनेवाले दो मौलिक ग्रंथ आज उपलब्ध हैं। इनमें से पहला है ईश्वरकृष्ण (लगभग पाँचवीं सदी ई.) कृत *सांख्यकारिका*। यह बहत्तर कारिकाओं की छोटी-सी रचना है जिनमें से किसी में भी ईश्वर के संबंध में कुछ नहीं कहा गया है। किंतु इसके कम-से-कम दो टीकाकारों—गौडपाद एवं वाचस्पति—की धारणा है कि ईश्वर के निषेध संबंधी तर्कों के बिना सांख्य दर्शन का पक्ष अपूर्ण है। दोनों ही टीकाकार इस कार्य को करते हैं—यद्यपि विभिन्न संदर्भों एवं भिन्न पदों में।

उन विचारकों के विपरीत जो संसार का मूल कारण प्रकृति को न मानकर ईश्वर को मानते हैं, गौडपाद का कथन है : "सांख्य के आचार्यों का तर्क है : समस्त गुणों से रहित ईश्वर से किस प्रकार गुणयुक्त वस्तुएँ उत्पन्न हो सकती हैं ?...श्वेत धागों से श्वेत वस्त्र बनता है और श्याम धागों से श्याम वस्त्र। इसी प्रकार त्रिगुण-संपन्न प्रकृति से तीन गुणोंवाला संसार उत्पन्न होता है। ईश्वर निर्गुण है, अतः तीन गुणों से युक्त तीन संसारों को ईश्वर से उत्पन्न मानना असंगत होगा।"

सांख्य दर्शन में गुणों को, न्यूनाधिक रूप से, पदार्थ के घटक माना गया है। इनके भौतिक होने के कारण इनसे उत्पन्न सांसारिक वस्तुएँ भी भौतिक होती हैं। हैतुकता के नियम की अपेक्षा है, और यह अनुभव-सिद्ध भी है, कि कारण और कार्य के बीच एक मूल साम्य होता है। अतः अभौतिक ईश्वर से संसार की उत्पत्ति नहीं हो सकती; इसकी उत्पत्ति प्रकृति से ही संभव है जो स्वयं भौतिक है और जिसका स्वरूप त्रिगुणात्मक है।

निस्संदेह, ऐसे ईश्वर-विरोधी तर्क की सीमा स्पष्ट है। यह तो ईश्वरवादी पक्ष को सुदृढ़ करने में ही सहायक होता है। ईश्वरवादी सरलतापूर्वक यह तर्क कर सकता है कि भौतिक संसार का उपादान कारण निश्चय ही कोई ऐसी वस्तु होनी चाहिए जिसका स्वरूप भौतिक हो। किंतु उपादान कारण अपने-आपमें संसार की उत्पत्ति की व्याख्या नहीं कर सकता, ठीक उस प्रकार जिस प्रकार मिट्टी का पिंड जो घट का उपादान कारण है, अपने-आपमें घट के उत्पादन की व्याख्या नहीं कर सकता। अतः उपादान कारण से भिन्न किसी निमित्त कारण को स्वीकार करना भी आवश्यक है। घट की उत्पत्ति के संदर्भ में कुंभकार एवं जगत की उत्पत्ति के संदर्भ में ईश्वर ही यह निमित्त कारण हैं।

इस प्रकार सांख्य मत के निरीश्वरवादी के लिए सबसे महत्वपूर्ण प्रश्न है : क्या किसी उपादान कारण से कार्य की उत्पत्ति के लिए किसी सचेतन निमित्त कारण को स्वीकार करना आवश्यक है ? क्या भौतिक पदार्थ के लिए अपने-आप सक्रिय होना

संभव नहीं है ? इस संबंध में वाचस्पति का कथन है :

"अचेतन वस्तु को भी किसी लक्ष्य की पूर्ति के लिए सक्रिय होते देखा गया है, जैसेकि (गौ के थनों से) अचेतन दुग्ध का बछड़े के पोषण के लिए प्रवाहित होना। इसी प्रकार अचेतन होते हुए भी प्रकृति पुरुष की मुक्ति के लिए सक्रिय होती है। ईश्वरवादी का तर्क हो सकता है कि दुग्ध का प्रवाहित होना भी ईश्वर की प्रेरणा का परिणाम है और इस प्रकार उसके सामान्य सिद्धांत (कि जो कुछ होता है, ईश्वर की प्रेरणा से ही होता है) का खंडन नहीं होता।

"किंतु यह स्वीकार्य नहीं हो सकता (क्योंकि ईश्वर की धारणा निम्नांकित कारणों से अस्वीकार्य है)। प्रत्येक सायास कर्म, बिना किसी अपवाद के, या तो किसी मोह या करुणा द्वारा निर्धारित होता है। चूँकि ये दोनों ही बातें संसार की उत्पत्ति पर लागू नहीं होतीं, अतः यह स्वीकार करना असंभव है कि इस संसार का सृजन किसी सायास कर्म के कारण हुआ है। पूर्णकाम ईश्वर को इस संसार के सृजन में कोई रुचि नहीं हो सकती। परिणामस्वरूप संसार की उत्पत्ति का मोह तो रह ही नहीं जाता। किंतु यह भी नहीं माना जा सकता कि ईश्वर ने करुणावश इस संसार के सृजन का कार्य उठाया हो। चूँकि सृष्टि से *पहले* पुरुषों को कोई पीड़ा नहीं थी—क्योंकि तब संवेदनों, शरीरों एवं वस्तुओं का अस्तित्व ही नहीं था—अतः ईश्वर की करुणा किसे मुक्त करती ? दूसरी ओर, यदि यह मान लें कि ईश्वर ने सृष्टि के *पश्चात्* पुरुषों को पीड़ित देखकर अपनी करुणा का प्रदर्शन किया तो हम चक्रीय तर्क के दोष से बच नहीं सकते : सृष्टि करुणा का परिणाम है और करुणा सृष्टि का परिणाम। इसके अतिरिक्त, करुणा से प्रेरित ईश्वर सुखी प्राणियों की ही सृष्टि करेगा, विभिन्न स्थितियों में पड़े हुए प्राणियों की सृष्टि नहीं।

"यदि इस पर कोई कहे कि स्थिति का यह वैषम्य प्राणियों के भिन्न कर्मों का परिणाम है तो हमारा कथन है कि ऐसी स्थिति में सर्वोच्च सचेतन ईश्वर का कर्मों का नियामक होना निरर्थक है क्योंकि व्यक्तियों के कर्मों का प्रभाव (अर्थात् उनका अच्छा-बुरा परिणाम) तो स्वयं-सिद्ध है, उसमें ईश्वर के नियमन की आवश्यकता नहीं है··· । इसके विपरीत अचेतन पदार्थ की क्रिया, जिसके पीछे हम किसी मोह को निहित नहीं मानते, उसकी प्रेरणा करुणा भी नहीं होती। परिणामतः हमारे सिद्धांत के विरोध में यह दावा नहीं किया जा सकता कि जिन आधारों पर हमारा सिद्धांत प्रतिपक्ष का खंडन करता है वे पक्ष पर भी प्रयुक्त होते हैं।"

उपर्युक्त उद्धरण से सांख्य दर्शन के संबंध में दो बातें स्पष्ट हो जाती हैं। एक तो यह कि सत्ता-मीमांसा की दृष्टि से ईश्वर अप्रासंगिक है और दूसरे, जगत के स्रष्टा के रूप में ईश्वर की धारणा तार्किक दृष्टि से असंगत है।

ईश्वर की धारणा की व्यर्थता मात्र प्रकृति के आधार पर संसार की उत्पत्ति की

—

व्याख्या का एक गौण पक्ष है। आदि-पदार्थ से संसार का विकास न्यूनाधिक एक नैसर्गिक प्रक्रिया है और इसमें किसी पराप्राकृतिक तत्व के नियामक होने का प्रश्न ही नहीं है।

इसके अतिरिक्त, ऐसे ईश्वर को मानना निर्रथक होगा जो जगत का स्रष्टा नहीं है और न ही यह कल्पना करना बुद्धिमानी है कि ईश्वर की सृष्टि पूर्णतः एक निरुद्देश्य कर्म है··· । तो फिर यह उद्देश्य क्या हो सकता है ? स्वयं परिपूर्ण एवं पूर्णकाम होने के कारण ईश्वर की कोई अतृप्त इच्छा नहीं हो सकती जिसे वह विश्व की सृष्टि करके पूरा करना चाहता हो। इसके अतिरिक्त, परम कृपालु होने के कारण ईश्वर स्वार्थी भी नहीं हो सकता। अतः ईश्वरवादी के लिए स्वीकार करने योग्य एक ही विकल्प रह जाता है कि दया अथवा करुणा से प्रेरित होकर ही ईश्वर ने इस संसार की रचना की है।··· प्राणियों के प्रति इस करुणा का तात्पर्य वस्तुतः क्या है ? इसका एक ही तात्पर्य हो सकता है—प्राणियों को दुख एवं कष्ट से त्राण दिलाकर उन्हें सुखी करना।··· दुख और पीड़ा की न्यूनतम पूर्वदशा है शरीर का और इंद्रियों का होना जो, ईश्वरवादियों के अनुसार, सृष्टि का ही परिणाम हो सकता है। अन्य शब्दों में कहें तो सृष्टि के पूर्व प्राणियों के दुख एवं पीड़ा की पूर्वदशा ही विद्यमान नहीं थी और इसी कारण ईश्वर में प्राणियों को दुख एवं कष्ट से त्राण दिलाने की इच्छा होने का प्रश्न ही नहीं उठता। अतः ईश्वरवादी दृष्टिकोण से "ईश्वर का करुणा से द्रवीभूत होना सृष्टि के पश्चात् ही संभव है अर्थात् तब जब प्राणियों को शरीर एवं इंद्रियाँ प्राप्त हो जाती हैं। शरीर एवं इंद्रियों के कारण ही प्राणियों को दुख एवं पीड़ा की अनुभूति हो सकती है और ईश्वर के मन में उन्हें इनसे त्राण दिलाने के लिए करुणा का उदय हो सकता है। किंतु ऐसा मान लेने का तात्पर्य यह होगा कि स्वयं ईश्वर ही प्राणियों के दुख एवं पीड़ा की पूर्वदशा की रचना करता है।"

सांख्य दर्शन का दूसरा मूल ग्रंथ *सांख्यसूत्र* है। यद्यपि यह ग्रंथ कपिल द्वारा रचित बताया जाता है, तथापि यह बहुत बाद की रचना है और इसे चौदहवीं सदी ई. के पूर्व रचित नहीं माना जा सकता। इसमें ईश्वरवादियों के दावों का प्रत्याख्यान करते हुए अनेक सूत्र मिलते हैं। इन सूत्रों में गूढ़ार्थ निहित है और इनके निहितार्थों को ग्रहण करने के लिए व्याख्या अपेक्षित है।

सांख्यसूत्र में स्पष्ट रूप से घोषित किया गया है कि ईश्वर ऐसी वस्तु है जिसे सिद्ध नहीं किया जा सकता। कहा गया है कि ईश्वर का अस्तित्व असिद्ध है क्योंकि न तो वह स्वतंत्र अभिकर्ता हो सकता है, न ही परतंत्र अभिकर्ता। ईश्वरवादियों के अनुसार विश्व के स्रष्टा के रूप में ईश्वर के अस्तित्व को स्वीकार करना आवश्यक है। स्रष्टा होने का तात्पर्य है ऐसा अभिकर्ता होना जो सृष्टि का कार्य करे। किंतु सर्वविदित है कि कोई भी अभिकर्ता किसी कर्म को या तो स्वतंत्र रहकर करता है या किसी के निर्देश पर। इनमें से

किसी भी प्रकार के अभिकर्ता के रूप में ईश्वर की कल्पना नहीं की जा सकती। पहली स्थिति स्वीकार करने पर ईश्वर को परम स्वतंत्र मानना पड़ेगा अर्थात् जो समस्त इच्छाओं, मोह अथवा संवेगों से मुक्त हो। यदि ईश्वर परम स्वतंत्र है तो वह समस्त इच्छाओं से भी मुक्त होगा, यहाँ तक कि सृष्टि करने की इच्छा से भी। ऐसी स्थिति में ईश्वर द्वारा संसार की रचना सायास निर्णय के अभाव में किया गया निरभिप्राय कर्म होगा। ईश्वरवादी के लिए ऐसा मान लेना स्पष्टतः एक हास्यास्पद स्थिति होगी। दूसरी ओर, यदि यह मान लिया जाए कि ईश्वर में, कम-से-कम, सृष्टि करने की इच्छा है, तो यह कैसे कहा जा सकता है कि वह परम स्वतंत्र है?

ईश्वरवादियों के लिए एक अन्य विकल्प यह मान लेना है कि ईश्वर एक स्वतंत्र अभिकर्ता नहीं है, वह भी परतंत्र होकर कर्म करता है। किंतु समस्त परतंत्रता में सर्वशक्तिमान होने का निषेध निहित है और ऐसा मान लेने पर ईश्वर को इस विशाल एवं वैविध्यपूर्ण संसार की सृष्टि करने में भी अक्षम मानना होगा। अतः वह संसार का स्रष्टा हो ही नहीं सकता।

ईश्वरवादियों का एक अन्य सुपरिचित तर्क है कि ईश्वर का अस्तित्व इस बात से सिद्ध है कि वही प्राणियों को उनके कर्मों के फल प्रदान करता है। किंतु *सांख्यसूत्र* का प्रणेता यह कहकर इस तर्क का खंडन करता है कि कर्मफल की प्राप्ति में ईश्वरीय निरीक्षण की कोई आवश्यकता नहीं है क्योंकि कर्म स्वयं ही अपने परिणामों तक ले जाने में सक्षम होते हैं। जैसाकि एक आधुनिक विश्लेषक का कथन है, "उपरोक्त विवेचना हमें भारतीय दर्शन के एक मूलभूत विवाद के समक्ष ला खड़ा करती है। घोर भौतिकवादियों के अतिरिक्त लगभग सभी भारतीय विचारकों की मान्यता है कि प्रत्येक कर्म का समुचित फल होता ही है। जिस प्रश्न पर उनमें तीव्र मतभेद है वह है : क्या यह प्रक्रिया पूर्णतः स्वयंचालित है या इसमें ईश्वर का नियमन एवं निरीक्षण निहित है? मीमांसकों की धारणा है कि कर्म स्वयं ही अपने समुचित फल तक ले जाते हैं, अतः कर्मफल के दाता के रूप में ईश्वर को मानना अनावश्यक है। इसके विपरीत ईश्वरवादियों का दावा है कि ऐसा संभव नहीं है क्योंकि इस समस्त प्रक्रिया में ईश्वर के रूप में एक चेतन अभिकर्ता के निरीक्षण की आवश्यकता होती है। ··· ईश्वरवादियों का तर्क है कि पुण्य अपने-आप अपना पारितोषिक नहीं दे सकता, न ही पाप का परिणाम अनायास दंड हो सकता है। केवल ईश्वर ही, जो संसार का नैतिक नियामक है, पुण्य कर्मों का पारितोषिक एवं पाप कर्मों का दंड देता है।"

सांख्य मत के निरीश्वरवादी संसार के लिए किसी नैतिक नियामक अथवा विश्व-नियंता की आवश्यकता को भी नहीं मानते। उनका कहना है कि ईश्वर को संसार का शासक मान भी लें तो उसका शासन अपने ही लाभ के लिए होगा जैसाकि सांसारिक राजाओं का शासन उनके अपने लाभ के लिए होता है। शासन करने के पीछे

किसी भी राज्य या शासक का मूल अभिप्राय क्या होता है ? इस प्रश्न का उत्तर केवल अनुभव के आधार पर ही दिया जा सकता है—सांसारिक राजाओं के शासन से प्राप्त होनेवाले अनुभव के आधार पर। इस अनुभव से प्राप्त होनेवाला एकमात्र उत्तर यही है कि राजा या शासक अपने वैयक्तिक लाभ के लिए ही शासन करता है। यदि ईश्वर को शासक या नियंता माना जाए तो उसकी धारणा भी सामान्य राज्य अथवा शासक के सामान्य प्रकल्प के अनुरूप ही करनी होगी। किंतु क्या ईश्वरवादी ऐसी स्थिति को स्वीकार करेंगे ?

इस तर्क को और भी आगे बढ़ाया गया है। ईश्वरवादी कह सकते हैं कि यह मान लेने में कोई हानि नहीं है कि अपने शासन से ईश्वर भी लाभान्वित होता है या कि वह किसी दिव्य उद्देश्य की पूर्ति के लिए शासन करता है। इसके उत्तर में कहा जाता है कि ऐसी स्थिति में तो ईश्वर एक पार्थिव शासक अथवा सामान्य राजा से अधिक नहीं रह जाता। अतः ईश्वर को भी जन्म एवं पुनर्जन्म के चक्र में पड़ना होगा (संसारी बनना होगा) और अपूर्णकाम होने के कारण उसे भी दुख का अनुभव होगा अथवा वह रागयुक्त होगा। ऐसा ईश्वरवादियों के दावे के विपरीत 'नित्यमुक्त' नहीं होगा।

अंत में, *सांख्यसूत्र* के प्रणेता का तर्क है कि ईश्वर के अस्तित्व का कोई प्रमाण नहीं है। किसी भी ऐसी वस्तु को मानने का प्रश्न ही नहीं है जो प्रमाण द्वारा सिद्ध न हो। सांख्य दर्शन के अनुसार प्रामाणिक ज्ञान के तीन स्रोत हैं—प्रत्यक्ष, अनुमान एवं शब्द-प्रमाण। ईश्वर का अस्तित्व प्रत्यक्ष प्रमाणित नहीं है, इस बात को तो ईश्वरवादी भी स्वीकार करते हैं। वेदों के रूप में ईश्वर के अस्तित्व के शब्द-प्रमाण उपलब्ध होने का दावा किया जाता है। किंतु इस दावे को इस आधार पर अस्वीकार किया जाता है कि वेदों में संसार का वास्तविक कारण किसी चेतन सत्ता को न मानकर अचेतन प्रधान को ही माना गया है। अतः ईश्वरवादियों के लिए अनुमान का सहारा लेने के अतिरिक्त कोई अन्य मार्ग नहीं रह जाता और यही वे करते भी हैं। किंतु अनुमान के आधार पर ईश्वर का अस्तित्व सिद्ध नहीं किया जा सकता क्योंकि ईश्वर एवं किसी लिंग (चिह्न) के बीच कभी कोई सामान्य संबंध निश्चित नहीं किया जा सकता। उदाहरण के लिए हम धुएँ से अग्नि का अनुमान करते हैं। क्यों ? क्योंकि धुएँ (चिह्न) एवं अग्नि (अनुमानित वस्तु) के बीच एक सामान्य संबंध है; धुआँ सदैव अग्नि के सान्निध्य में पाया जाता है। इसके अतिरिक्त धुएँ से अग्नि का अनुमान करनेवाला भी इस संबंध को जानता है, इसका ज्ञान उसे पहले अनेक बार के अनुभवों (रसोई इत्यादि में) से हो चुका रहता है कि धुआँ और अग्नि सदैव साथ होते हैं। ऐसी ही स्थिति में वह धुएँ से अग्नि का अनुमान कर सकता है जो कि सत्य होता है। किंतु ईश्वर के संबंध में स्थिति नितांत भिन्न है। ईश्वर से संबंधित कोई निश्चित चिह्न नहीं होता। इसके अतिरिक्त,

ईश्वर के साथ इस चिह्न की निश्चित सहवर्तिता को प्रत्यक्ष प्रमाण द्वारा कभी सिद्ध नहीं किया जा सकता क्योंकि ईश्वर को तो अदृश्य माना जाता है ।

परवर्ती बौद्ध दार्शनिक साहित्य में भी विभिन्न संप्रदायों के विचारकों ने अनेक ईश्वरवाद-विरोधी तर्क प्रस्तुत किए हैं । कहीं-कहीं ये विवेचन न केवल विशद हैं अपितु तार्किक-पारिभाषिक बारीकियों से भी भरे हैं । यहाँ हम इन तर्कों में से कतिपय सामान्य तर्कों को संक्षेप में समझने का प्रयास करेंगे ।

वैभाषिकों के अनुसार ईश्वर के अस्तित्व को इस कारण स्वीकार नहीं किया जा सकता कि ऐसा करना सामान्यतः प्रेक्षित तथ्यों के विपरीत है । उदाहरण के लिए, निम्नलिखित तथ्यों को लीजिए : (अ) कोई भी परिणाम कतिपय निश्चित क्रमिक अवस्थाओं को पार करके ही अस्तित्व में आता है, और (ब) परिणाम देश और काल के निश्चित संदर्भों द्वारा अनुकूलित होते हैं । ये निर्विवाद तथ्य हैं, किंतु ईश्वर की अवधारणा इनकी कसौटी पर खरी नहीं उतरती ।

"प्रथम, किसी भी परिणाम की उत्पत्ति में क्रमिक अवस्थाओं का एक निश्चित क्रम लक्षित होता है । उदाहरण के लिए, फल के रूप में परिणाम अचानक ही अस्तित्व ग्रहण नहीं करता । फल या परिणाम के घटित होने से पहले क्रमिक घटनाओं की एक शृंखला पूर्व-निर्धारित होती है । बीज से अंकुर, अंकुर से पत्तियाँ, पत्तियों के पश्चात् तना और शाखाएँ, तब फूल और अंत में फूल से फल की उत्पत्ति होती है ।···

"दूसरे, देखा गया है कि··· परिणाम देश-काल के निश्चित संदर्भों पर निर्भर होते हैं । कतिपय परिणाम किन्हीं विशिष्ट स्थानों एवं समय में ही घटित होते हैं जबकि अन्य परिणाम किन्हीं अन्य विशिष्ट स्थानों एवं समय में ही घटित हो सकते हैं । उदाहरण के लिए, पुष्पों एवं फलों की कतिपय विशिष्ट जातियाँ देश के उत्तर-पश्चिम भाग में ही उत्पन्न होती हैं जबकि देश के दक्षिण भाग में ये नहीं होतीं···। पुनः, विशिष्ट ऋतु में उत्पन्न होनेवाले विशिष्ट फल-फूल अन्य ऋतुओं में उत्पन्न नहीं होते ।"

किंतु यदि ईश्वरवादियों का दावा स्वीकार कर लिया जाए तो इन तथ्यों की कोई व्याख्या नहीं की जा सकेगी । कैसे ?

"ईश्वर को संसार का सर्वज्ञ एवं सर्वशक्तिमान स्रष्टा माना जाता है । इसका तात्पर्य यह हुआ कि वह संसार की प्रत्येक वस्तु का विशिष्ट एवं आत्मनिर्भर कारण है अर्थात् कारण के रूप में वह प्रत्येक अन्य वस्तु से स्वतंत्र है···। अपनी पूर्णता के साथ कारण की निरंतर उपस्थिति का तात्पर्य है इसके परिणामों का अनिवार्यतः निरंतर उपस्थित होना ।··· किसी वस्तु के उत्पादन में विलंब का कारण केवल यही हो सकता है कि इसे उत्पन्न करनेवाली अनिवार्य परिस्थितियाँ पूर्णरूपेण विद्यमान नहीं हैं । ईश्वर की सत्ता स्वीकार करने के संदर्भ में अनिवार्य परिस्थितियों का अभाव अकल्पनीय है क्योंकि ईश्वर को तो प्रत्येक वस्तु का

पूर्ण एवं उचित कारण माना गया है। अतः अंतर्वर्ती अवस्थाओं की शृंखला के क्रम में विलंब के कारण परिणाम या फल की उत्पत्ति में विलंब भी अकल्पनीय है।" संक्षेप में, ईश्वर को मान लेने पर परिणाम भी तत्काल ही मिलने चाहिए।

इसी प्रकार, "यदि संसार की प्रत्येक वस्तु का तथाकथित कारण (अर्थात् ईश्वर) सचमुच सर्वशक्तिमान अर्थात् किसी अन्य वस्तु पर निर्भरता से मुक्त होता तो कोई कारण नहीं कि उत्तर-पश्चिम क्षेत्रों में उगनेवाले फल-फूल दक्षिणी क्षेत्रों में न उगते और दक्षिण की वनस्पतियाँ उत्तर-पश्चिमी क्षेत्रों में न उगतीं। इसी धारणा के अनुसार ग्रीष्म ऋतु में होनेवाले फल-फूल भी शरद ऋतु में उत्पन्न हो सकते थे और शरद ऋतु में काटी जानेवाली फसल निश्चित ही ग्रीष्म में काटी जा सकती थी।" किंतु जैसाकि सर्वविदित है, तथ्य कुछ और ही दर्शाते हैं और इससे स्पष्ट है कि ईश्वर का अस्तित्व नहीं होता।

यहाँ ईश्वरवादी एक आपत्ति कर सकते हैं। ईश्वर की इच्छा परम स्वतंत्र होती है और संसार में घटनेवाली प्रत्येक घटना ईश्वरीय इच्छा के पूर्णतः अधीन होती है। ईश्वर इच्छा करता है कि "अमुक फल एवं फूल अमुक स्थानों एवं अमुक ऋतुओं में और अमुक ढंग से ही उत्पन्न हों", और ऐसा ही होता है। यदि ईश्वर की इच्छा का उल्लंघन करते हुए फल-फूल अन्य ढंग से उत्पन्न होते हैं तो ईश्वर की सर्वशक्तिमत्ता एवं अस्तित्व में संदेह हो सकता था। संसार में जो व्यवस्था है वह ईश्वर की इच्छा के कारण ही ऐसी है जैसी हमें दिखाई देती है।

वैभाषिकों के पास इस आपत्ति का प्रत्युत्तर है। उनके अनुसार महत्वपूर्ण प्रश्न यह है कि ईश्वर में एक स्थान एवं एक ऋतु में उत्पन्न होनेवाले फल-फूलों को अन्य स्थान एवं अन्य ऋतुओं में उत्पन्न करने की क्षमता है या नहीं ? इस क्षमता का प्रमाण तभी मिलेगा जब एक ऋतु एवं स्थान की वनस्पति को अन्य ऋतु एवं स्थान में यथार्थतः उत्पन्न किया जाए। केवल ईश्वरवादियों के दावे को मान लेना ही पर्याप्त नहीं है। किंतु चूँकि एक स्थान पर या एक ऋतु में उत्पन्न होनेवाले विशिष्ट फल-फूल किसी अन्य स्थान पर या अन्य ऋतु में उत्पन्न होते ही नहीं, अतः यह निष्कर्ष निकालना उचित होगा कि ईश्वर में ऐसी क्षमता है ही नहीं और उसका सर्वशक्तिमान होना सिद्ध नहीं होता।

बौद्ध साहित्य में हमें एक अत्यंत छोटी रचना का उल्लेख मिलता है जो विशेष रूप से ईश्वर का प्रत्याख्यान करने के लिए ही की गई है। इसका श्रेय माध्यमिक संप्रदाय के नागार्जुन को दिया जाता है। संभवतः ईश्वर-संबंधी विषय पर महायान साहित्य की यह प्राचीनतम रचना है और श्चेरबात्स्की की धारणा है कि यह अपने मूल संस्कृत पाठ एवं इसके तिब्बती अनुवाद, दोनों में ही सुरक्षित है।

अपनी विशिष्ट खंडनात्मक पद्धति का अनुसरण करते हुए नागार्जुन ईश्वरवाद के विरोध में मुख्य रूप से दो तर्क प्रस्तुत करते हैं।

प्रथम, ईश्वर को स्रष्टा मानने के लिए यह सिद्ध करना आवश्यक है कि वह किसी वस्तु की सृष्टि करता है। किंतु उसके द्वारा उत्पन्न वस्तु का ठीक स्वरूप क्या है ? इसके तीन विकल्प ही संभव हैं : परिणाम (1) अंतर्भूत रूप से विद्यमान है, (2) अंतर्भूत रूप से अविद्यमान है, (3) पहले तो अविद्यमान था किंतु अब विद्यमान है। पहला विकल्प विसंगत है क्योंकि जो अंतर्भूत रूप से विद्यमान है वह अपने बल पर ही विद्यमान है और उसे सर्जित करने की आवश्यकता नहीं है। उदाहरण के लिए, हम जानते हैं कि मानव का अस्तित्व है। उसके और अधिक सृजन को सर्जना का कर्म नहीं कहा जा सकता। क्योंकि उसका अस्तित्व तो पहले ही (ईश्वर के तथाकथित सृजन से पूर्व ही) सुस्थापित है। दूसरा विकल्प भी पहले से अच्छा नहीं है। जो अंतर्भूत रूप से अविद्यमान है उसे कदापि अस्तित्व में नहीं लाया जा सकता, ईश्वरीय शक्ति द्वारा भी नहीं। यदि ईश्वरवादी अपने इस दावे पर अड़े रहते हैं कि ईश्वर सर्वशक्तिमांन है तो ईश्वर रेत से तेल तो निकाले और कछुए की पीठ पर ऊन तो उगाए ! तीसरे विकल्प का भी कोई औचित्य नहीं है। विद्यमान और अविद्यमान परस्पर प्रकाश और अंधकार की भाँति भिन्न हैं। अस्तित्व और अनस्तित्व कभी एक ही वस्तु के लक्षण नहीं हो सकते। जो अस्तित्वमान है वह अस्तित्वमान ही रहता है और जो अस्तित्वमान नहीं है उसका अस्तित्व कभी हो नहीं सकता। कोई भी वस्तु अस्तित्वमान एवं अस्तित्वहीन, दोनों नहीं हो सकती—भूत एवं वर्तमान के भिन्न कालों के संदर्भ में भी नहीं।

नागार्जुन का दूसरा तर्क भी एक प्रश्न से ही आरंभ होता है। ईश्वर अगर स्वयं से बाह्य किसी वस्तु की रचना करता है तो क्या वह इस रचना को स्वयं जन्म लेकर या अजन्मा होकर रचता है ? "वह अजन्मा होकर अपने से बाह्य किसी वस्तु का सृजन नहीं कर सकता। कारण कि वह स्वयं वंध्या के पुत्र की भाँति अजन्मा है जो अजन्मा होने के कारण भूमि खोदने जैसे कार्य को नहीं कर सकता। ईश्वर की स्थिति भी ऐसी ही है।"

दूसरा विकल्प यह हो सकता है कि वह जन्म लेकर बाह्य वस्तुओं की रचना करता है। किंतु वह कहाँ से उत्पन्न होता है ? यहाँ भी हमारे पास केवल तीन विकल्प हैं : ईश्वर की उत्पत्ति (1) स्वयं ईश्वर से होती है, (2) किसी अन्य वस्तु से होती है, और (3) स्वयं ईश्वर से और किसी बाह्य वस्तु, दोनों से ही होती है।

"प्रथम विकल्प के संबंध में कहा जा सकता है कि ईश्वर स्वयं से उत्पन्न नहीं होता क्योंकि किसी के अपने कर्म उसके अपने स्व से संबंधित नहीं हो सकते। तलवार की धार कितनी ही तीखी क्यों न हो, अपने-आपको नहीं काट सकती। कितना भी कुशल नर्तक क्यों न हो, स्वयं अपने ही कंधों पर खड़े होकर नृत्य नहीं कर सकता।

"इसके अतिरिक्त कभी ऐसा नहीं देखा गया कि एक ही वस्तु जन्य और जनक,

दोनों हो । एक व्यक्ति जो पिता है स्वयं अपना पुत्र भी होता है, ऐसा दावा सामान्य संभाषण में अज्ञात है ।"

दूसरा विकल्प है कि ईश्वर की उत्पत्ति किसी अन्य वस्तु से होती है । लेकिन यह अतार्किक है । स्वयं ईश्वरवादियों की ही मान्यता है कि ईश्वर से बाह्य प्रत्येक वस्तु की रचना ईश्वर ने ही की है । अतः ईश्वर के जन्म के पूर्व उनका अस्तित्व हो ही नहीं सकता । उनसे ईश्वर का जन्म संभव ही नहीं है ।

अंत में, चूँकि न तो स्वयं ईश्वर से और न ही किसी बाह्य वस्तु से ईश्वर की उत्पत्ति को संभव माना जा सकता है तो इन दोनों से उसकी उत्पत्ति को मानने का तो प्रश्न ही निरर्थक है । कहने का तात्पर्य यह है कि तीसरे विकल्प में भी पहले दो विकल्पों के दोष विद्यमान हैं ।

शांतरक्षित और उनके टीकाकार कमलशील ने भी ईश्वरवादियों के तर्कों की विशद विवेचना और आलोचना की है । उदाहरण के लिए, वे ईश्वर की धारणा के समर्थन में न्याय-वैशेषिकों द्वारा प्रस्तुत उस तर्क की विवेचना करते हैं जो घट इत्यादि संश्लिष्ट वस्तुओं के उदाहरण पर आधारित है । तर्क दिया गया है कि पृथ्वी, जल, अग्नि आदि वस्तुएँ घट की तरह और परमाणु के विपरीत अपने अवयवों की एक विशिष्ट व्यवस्था के गुण से युक्त हैं और इसलिए वे किसी संचेतन कारण से उत्पन्न होनी चाहिए । यहाँ समानता के लिए घट का और असमानता के लिए परमाणु का उदाहरण दिया गया है । घट में उसके अवयवों की एक विशिष्ट व्यवस्था होती है और वह एक संचेतन कारण अर्थात् कुंभकार द्वारा निर्मित होता है । इसके विपरीत अवयवरहित परमाणु में अंगों की कोई विशिष्ट व्यवस्था नहीं होती (और वह शाश्वत होता है) और किसी संचेतन कारण द्वारा उत्पन्न नहीं होता । सीमित शक्तियों और क्षमताओं से संपन्न साधारण जीवों के लिए पृथ्वी आदि को उत्पन्न करनेवाली भौतिक सामग्रियों का उपयोग कर सकना संभव नहीं है । इसलिए ईश्वर के रूप में एक सर्वशक्तिमान संचेतन अभिकर्ता को मानना आवश्यक है ।

इसका खंडन शांतरक्षित ने इस प्रकार किया है : "मंदिरों आदि के संबंध में अवयवों की एक विशिष्ट व्यवस्था स्पष्ट रूप से देखी जा सकती है और इस प्रत्यक्ष से मंदिरों आदि के किसी संचेतन कारण का आनुमानिक ज्ञान संभव है, भले ही उस संचेतन कारण का वास्तविक प्रत्यक्ष नहीं हो रहा हो । शरीर, पर्वत आदि वस्तुओं के संबंध में अगर अवयवों की ऐसी कोई विशिष्ट व्यवस्था दिखाई पड़ती तो इससे ईश्वरवादियों का वांछित निष्कर्ष निकालना उचित होता । लेकिन स्थिति इससे एकदम भिन्न है । शरीर, पर्वत आदि में अवयवों की ऐसी विशिष्ट व्यवस्था नहीं होती जो किसी संचेतन कारण का सूचक हो । इसलिए इससे ईश्वर का निष्कर्ष नहीं निकाला जा सकता ।" शांतरक्षित आगे कहते हैं : "जब किसी वस्तु को सकारात्मक और नकारात्मक सहवर्तिता के आधार

पर निश्चित रूप से किसी कारण का कार्य माना जा सकता है तो उस कार्य के प्रत्यक्ष से कारण सिद्ध होता है। यही सामान्य नियम है। लेकिन शरीर, पर्वत आदि विभिन्न वस्तुओं में अवयवों की विशिष्ट व्यवस्था इस प्रकार का कार्य नहीं होती। इनके ऐसा होने का (ईश्वरवादियों द्वारा) केवल दावा किया जाता है। ऐसा कोई तर्क सामने रखने पर संशय एवं अस्वीकार के लिए मार्ग प्रशस्त हो जाता है जैसाकि चींटियों की बाँबी को कुंभकार की रचना सिद्ध करने के प्रयास में होता है। (यह युक्ति देना गलत होगा कि चूँकि घट मिट्टी का बना होता है और कुंभकार द्वारा बनाया जाता है, अतः मिट्टी की बनी होने के कारण चींटियों की बाँबी की रचना भी कुंभकार ही करता है।)''

शांतरक्षित और कमलशील ईश्वर के स्वरूप से संबंधित एक अन्य मूल धारणा की भी आलोचना करते हैं। ईश्वरवादियों का दावा है कि ईश्वर अनंत है और उसका ज्ञान भी वैसा ही अनंत है। किंतु ऐसी धारणा का औचित्य नहीं है। ''प्रथम, कारण का अनिवार्य लक्षण होना चाहिए परिवर्तन, अथवा जैसाकि कमलशील का कथन है, इसे अभी *वर्तमान* तो अगले ही क्षण *विगत* होना चाहिए। अतः केवल अशाश्वत वस्तुएँ ही उत्पत्ति का कारण हो सकती हैं।··· बीज अंकुर का कारण होता है। किंतु ऐसा ठीक इस कारण है कि बीज अनंत नहीं होता। यदि बीज वस्तुतः अनंत होता अर्थात् यह बीज ही बना रहता तो अंकुर का जन्म ही नहीं होता···। अतः ईश्वर को कारण के रूप में एवं अनंत के रूप में भी मानने का तात्पर्य लगभग यह दावा करना है कि शाश्वत एवं अशाश्वत, दोनों एक ही स्थान पर विद्यमान हैं जो असंभव है।''

इसके अतिरिक्त, ईश्वर का ज्ञान भी अनंत नहीं हो सकता। प्रत्येक ज्ञान का कोई न कोई लक्ष्य होना ही चाहिए। चूँकि लक्ष्य अशाश्वत होता है, अतः ज्ञान को भी वैसा ही होना चाहिए। कमलशील के अनुसार, यह दावा कि ईश्वर एक एवं अनंत-चेतना युक्त है, समस्त बुद्धि के विपरीत है। जिस ज्ञान के लक्ष्य का लक्षण क्रमिकता हो (अर्थात् जिसका लक्ष्य क्षणभंगुर अथवा क्षणिक हो), स्वयं उस ज्ञान का लक्षण भी क्रमिकता होना चाहिए (अर्थात् वह स्वयं क्षणभंगुर अथवा क्षणिक होना चाहिए···)। ईश्वरीय ज्ञान का लक्ष्य ऐसी वस्तुएँ होती हैं जो क्रमिक (क्षणभंगुर) होती हैं···। यदि ईश्वरीय ज्ञान क्षणभंगुर वस्तुओं से उत्पन्न होता है तो प्रमाणित होता है कि यह (दिव्यज्ञान) स्वयं भी क्रमिक होता है। यदि इसकी उत्पत्ति उपरोक्त प्रकार से नहीं होती तो ईश्वर को किसी भी वस्तु का ज्ञान नहीं हो सकता क्योंकि ऐसी स्थिति में (संज्ञान की वस्तु से उसका) कोई निकट संपर्क नहीं हो सकता। परिणामस्वरूप, या तो ज्ञान को संज्ञान की वस्तु के अभाव में भी प्रामाणिक मानना पड़ेगा या आपको (ईश्वरवादी को) अपना यह सिद्धांत त्यागना होगा (कि ईश्वर सर्वशक्तिमान है)। यह तो और भी हास्यास्पद प्रतीत होता है कि ईश्वर का ज्ञान उन वस्तुओं का ज्ञान हो जो या तो नष्ट

हो चुकी हैं या जिनकी अभी उत्पत्ति ही नहीं हुई है; ऐसा ज्ञान लक्ष्यहीन होगा।''

जैन विचारकों द्वारा ईश्वरवादी दर्शन के प्रत्याख्यान का अच्छा दृष्टांत गुणरत्न के तर्कों में मिलता है। गुणरत्न (लगभग पंद्रहवीं सदी ई.) हरिभद्र के *षड्दर्शन-समुच्चय* के टीकाकार थे। इनके तर्कों में पर्याप्त सूक्ष्मता एवं बाल की खाल निकालनेवाला विश्लेषण मिलता है। इसमें संदेह नहीं कि ये तर्क मुख्य रूप से न्याय-वैशेषिकों की ईश्वरवादी धारणा को ध्वस्त करने के लिए ही प्रयुक्त हुए हैं। न्याय-वैशेषिक धारणा भूमि इत्यादि के पीछे किसी चेतन हेतु को मानकर चलती है क्योंकि इनका स्वरूप परिणाम का होता है। उदाहरण के लिए, वे इस व्याप्ति की अतार्किकता की व्याख्या करते हैं—वे इसके 'कार्यत्व' होने के कारण, एक तो चार संभावित विकल्पों को प्रस्तुत करते हैं जो इसकी विभिन्न व्याख्याओं पर आधारित हैं और दूसरे, इनमें से पहले को ही वे अन्य चार विकल्पों में विभाजित करते हैं।

'कार्यत्व होने' की एक संभावित व्याख्या यह हो सकती है : यह उत्पन्न की गई है, ऐसी चेतना की वस्तु। किंतु ऐसी स्थिति में व्याप्ति अनुमानाश्रित गुण से अनियमित रूप से संबद्ध होगी और किसी निश्चित निष्कर्ष की ओर नहीं ले जाएगी। न्याय-वैशेषिक धारणा के अनुसार *आकाश* एक शाश्वत द्रव्य है और इसके लिए किसी चेतन हेतु की आवश्यकता नहीं होती। किंतु उपर्युक्त अर्थ में व्याप्ति का इससे संबंध है क्योंकि, उदाहरण के लिए, जब किसी तालाब से जल निकाल दिया जाता है तो हमें ज्ञान होता है कि यह ''शून्य (खाली) हो गया है''। अर्थात् व्याप्ति और अनुमानाश्रित गुण आकाश के संदर्भ में सहवर्ती नहीं हैं जो व्याप्ति को निराधार बना देता है।

या, कहा जा सकता है कि 'कार्यत्व होने' का तात्पर्य वही है जो 'रूपांतरण के लक्षण से युक्त होने' का होता है। किंतु यह व्याख्या तो स्वयं न्याय-वैशेषिकों को भी मान्य नहीं होगी। इनके अनुसार संसार सदैव अस्तित्वमान नहीं रहता; इसका अस्तित्व कभी होता है और कभी नहीं। इसका अर्थ यह हुआ कि ईश्वर कभी तो संसार की सृष्टि करता है और कभी नहीं। दूसरे शब्दों में कहें तो ईश्वर कभी तो 'स्रष्टा होने' के गुण से विभूषित होता है, कभी नहीं होता जो दर्शाता है कि उसका भी रूपांतरण होता है क्योंकि रूपांतरण का अर्थ गुणों को पाना और खोना है। इस प्रकार ईश्वर भी एक परिणाम हो जाता है जिसे स्वयं किसी अन्य चेतन हेतु की आवश्यकता पड़ती है। निस्संदेह ऐसा मानना हास्यास्पद होगा।

इसके अतिरिक्त, गुणरत्न इस धारणा को ही अस्वीकार करते हैं कि संसार का स्वरूप परिणाम का है। परिणाम का अनिवार्य लक्षण है—कभी उसका अस्तित्व होना और कभी अस्तित्व नहीं होना। किंतु संसार का अस्तित्व सदा रहता है। यह परिणाम नहीं हो सकता। अतः इसके पीछे किसी चेतन हेतु को मानना निर्रथक होगा।

गुणरत्न आगे कहते है कि संसार को परिणाम मान लिया जाए तो भी ईश्वर के अस्तित्व का कोई तर्कसंगत प्रमाण नहीं मिलता। यहाँ दो ही संभावनाएँ हैं : (अ) यह सामान्यतः अर्थात् अपने-आपमें एक परिणाम है और (ब) यह एक विशिष्ट अर्थ में, *एक विशिष्ट रूप में* परिणाम हैं।

किंतु पहले विकल्प में किसी चेतन हेतु का अनुमान करने के लिए कोई आधार नहीं है "क्योंकि मात्र किसी परिणाम एवं चेतन हेतु के बीच कोई सामान्य सहवर्तिता नहीं है।''' किसी भी परिणाम में हेतु पूर्वमान्य होता है, किंतु इसका निश्चित रूप से चेतन हेतु अथवा ईश्वर होना आवश्यक नहीं है।'' वन में पेड़-पौधे बिना किसी चेतन अभिकर्ता की देखरेख के फलते-फूलते हैं। "इसके विरुद्ध कहा जा सकता है कि मात्र कोई परिणाम विशिष्टतः घट के रूप में उपस्थित परिणाम के समान होता है जो एक चेतन हेतु का सूचक है। इस साम्य के आधार पर तर्क दिया जा सकता है कि मात्र परिणाम में चेतन हेतु पूर्वमान्य होता है। इसके प्रत्युत्तर में गुणरत्न का कथन है कि मात्र साम्य को सूचक (गमक) मान लेना भूल होगी क्योंकि तब तो वाष्प को भी अग्नि का सूचक माना जा सकता है। वाष्प और धुएँ में साम्य होता है। इसलिए अगर धुएँ से अग्नि का ठीक अनुमान किया जाता है, तो इस कारण वाष्प से भी अग्नि का अनुमान करना उचित होगा क्योंकि दोनों के बीच साम्य है।''

दूसरे विकल्प को स्वीकार करने का भी विशेष लाभ नहीं है। किसी विशिष्ट लक्षण से युक्त परिणाम से, उचित रूप से, किसी विशिष्ट लक्षण से युक्त कारण का अनुमान किया जा सकता है जिसकी उस परिणाम के साथ अनिवार्य सहवर्तिता देखी जाती हो। ईश्वरवादियों के अनुसार संसार के संचेतन कारण अर्थात् ईश्वर की कोई काया नहीं होती। किंतु विभिन्न परिणाम, घट, वस्त्र इत्यादि निश्चित रूप से किसी शरीरयुक्त संचेतन कारण की ओर इंगित करते हैं। अभिकर्ता स्रष्टा होने के लिए शरीरवान होना पूर्वदशा हो जाती है। इस प्रकार ईश्वर का अनुमान ईश्वरवादियों की मूल मान्यता का ही खंडन करता है।

ईश्वरवादियों को एक और प्रश्न का सामना करना पड़ता है : ईश्वर संसार को उत्पन्न कैसे करता है ? यहाँ भी अनेक संभावनाओं पर विचार किया जा सकता है। ईश्वर संसार का हेतु अथवा स्रष्टा है क्योंकि (1) उसका अस्तित्व है; (2) क्योंकि वह श्रेष्ठ ज्ञान से युक्त है; (3) क्योंकि ज्ञान उसका लक्षण है; (4) क्योंकि उसके पास व्यावहारिक 'व्यापार' (उदाहरण के लिए ज्ञान, इच्छा इत्यादि) है, और (5) अपनी दिव्यता के कारण।

पहले विकल्प के अनुसार कुंभकार भी जगत का स्रष्टा हो सकता है। जहाँ तक केवल होने का प्रश्न है, एक अभिकर्ता और दूसरे अभिकर्ता के होने में कोई अंतर नहीं

है। दूसरे विकल्प के अनुसार योगी भी संसार की रचना कर सकते हैं; ईश्वर की कोई आवश्यकता ही नहीं है। तीसरा विकल्प प्रतिपादनीय नहीं है क्योंकि जिसका शरीर नहीं है उसके पास ज्ञान, इच्छा या प्रयास भी नहीं हो सकते। इसी आधार पर चौथे विकल्प को भी निरस्त किया जा सकता है। अंत में, यदि दिव्यता का अर्थ सर्वज्ञता है तो ईश्वर को अधिक से अधिक बुद्ध या महावीर की भाँति महान विवेकयुक्त मात्र माना जा सकता है, संसार का रचयिता नहीं। और यदि दिव्यत्व का तात्पर्य अभिकर्ता होने की क्षमता है तो कुंभकार को भी ईश्वर मानना पड़ेगा। संक्षेप में, ईश्वर को किसी भी प्रकार स्रष्टा नहीं माना जा सकता।

संसार की रचना करने के पीछे ईश्वर की क्या प्रेरणा रही होगी, इस प्रश्न पर भी गुणरत्न अपनी विशिष्ट शैली में विचार करते हैं। इस प्रेरणा के भी अनेक रूप हो सकते हैं : (1) नितांत व्यक्तिगत धुन; (2) विभिन्न आत्माओं के प्रारब्ध से प्रेरित होकर; (3) करुणा से प्रेरित होकर; (4) लीला करने के लिए; (5) आत्माओं को अच्छे-बुरे कर्मों का पारितोषिक या दंड देने के लिए; (6) अपने अंतर्भूत स्वभाव के कारण।

इन सभी विकल्पों पर आपत्ति उठाई गई है। पहले विकल्प में, सृष्टि को सदैव दृश्यमान अथवा सार्वजनिक नहीं होना चाहिए; कम-से-कम कभी-कभी तो इसे प्रच्छन्न या दृष्टि से ओझल ही रहना चाहिए "क्योंकि नितांत व्यक्तिगत धुन के लिए किया गया कार्य अनिवार्य रूप से सार्वजनिक प्रदर्शन के लिए नहीं होता।" दूसरा विकल्प ईश्वर को सर्वशक्तिमान ही नहीं रहने देगा क्योंकि तब वह स्वतंत्र रूप से नहीं अपितु आत्माओं के प्रारब्ध पर निर्भर रहकर कार्य करेगा। तीसरा विकल्प इस बात की व्याख्या नहीं कर सकता कि संसार में इतना दुख क्यों है और प्रत्येक वस्तु सुखकर क्यों नहीं है। यदि भिन्न-भिन्न आत्माओं को अपने विगत कर्मों के परिणामस्वरूप दुख भोगने पड़ते हैं और स्वयं ईश्वर भी उन्हें इन दुखों से नहीं बचा सकता, तो कैसे उसे सर्वशक्तिमान अथवा नितांत स्वतंत्र इच्छा का स्वामी माना जा सकता है ? चौथा और पाँचवाँ विकल्प ईश्वर को राग-द्वेष के लक्षणों से युक्त सामान्य प्राणी मात्र बना देते हैं। बालक खेल करता है क्योंकि खेल उसे प्रिय है। यही बात ईश्वर की लीला के संबंध में भी सत्य होनी चाहिए। पारितोषिक एवं दंड प्रदान करने के कर्म में भी राग-द्वेष की प्रेरणा पूर्वमान्य होती है। "अंतिम विकल्प है कि ईश्वर संसार की रचना अपने स्वभाव के कारण करता है, लेकिन इसे स्वीकार करने का अर्थ ईश्वरवादी पक्ष को त्यागना होगा। यदि स्वभाव ही जगत की उत्पत्ति का कारण है तो ईश्वर को मानने की कोई आवश्यकता ही नहीं रह जाती। जड़ संसार की उत्पत्ति भी स्वभाव के कारण ही मानी जा सकती है।"

गुणरत्न इस कथन से अपनी विवेचना का समापन करते हैं कि वस्तुतः ईश्वर के अस्तित्व को अप्रामाणिक सिद्ध करने के लिए प्रति-अनुमान किए जा सकते हैं। उदाहरण

के लिए, कहा जा सकता है कि ईश्वर संसार का स्रष्टा नहीं हो सकता क्योंकि (अ) उसके पास आवश्यक उपकरण नहीं हैं, ठीक उसी प्रकार जिस प्रकार बिना चाक और दंड के कुंभकार घट का निर्माण नहीं कर सकता; (ब) ईश्वर संसार का हेतु नहीं हो सकता क्योंकि वह आकाश की भाँति सर्वत्र व्याप्त एवं केवल एक है। इसी प्रकार अन्य प्रति-अनुमान भी प्रस्तुत किए जा सकते हैं।

अब मीमांसा दर्शन की बात करें। जैमिनी को सामान्यतः मीमांसा दर्शन का प्रतिष्ठापक माना जाता है। वे ईश्वर के संबंध में मौन हैं। शबर, चलताऊ ढंग से ही सही, इस आधार पर ईश्वर की सत्ता को अस्वीकार करते हैं कि इसका कोई प्रमाण नहीं है। तथापि परवर्ती मीमांसक ईश्वर की समस्या को गंभीरता से उठाते हैं और प्राभाकर और भाट्ट मीमांसकों के दोनों ही संप्रदाय ईश्वरवादियों का खंडन करने के लिए लंबे-चौड़े तर्क प्रस्तुत करते हैं।

प्रभाकर का तर्क है कि "समस्त प्राणियों के शरीर शुद्धतः प्राकृतिक साधनों से ही उत्पन्न होते देखे गए हैं; इसी प्रकार हम विगत और भविष्य के तथ्यों पर विचार कर सकते हैं; किसी बाह्य सहायता की आवश्यकता नहीं है।" इस प्रकार ईश्वर का अभिकरण अनावश्यक हो जाता है।

ईश्वर की सत्ता को सिद्ध करने के लिए परवर्ती न्याय-वैशेषिक एक तर्क यह भी देते हैं कि प्रलय के बाद प्रत्येक नई सृष्टि के आरंभ में वेदों के प्रचार एवं उनकी प्रामाणिकता का औचित्य तभी सिद्ध होता है जब ईश्वर की सत्ता स्वीकार की जाए। प्रलयकाल में प्रत्येक निर्मित वस्तु नष्ट हो जाती है। वेद भी अंतर्धान हो जाते हैं। प्रमाण-पुरुष के रूप में ईश्वर ही पुनः वेदों का उपदेश करके उनकी प्रामाणिकता को सिद्ध करता है।

"किंतु मीमांसक विश्व की रचना एवं इसके महाप्रलय में आस्था नहीं रखते।··· विश्व का आंशिक ध्वंस एवं पुनर्निर्माण हो सकता है, किंतु कुल मिलाकर संसार सब कालों में विद्यमान रहता है।··· चूँकि संसार कभी पूर्णरूपेण नष्ट नहीं होता, वैदिक ज्ञान की परंपरा गुरु-शिष्य परंपरा के माध्यम से अबाध गति से चलती रहती है। मीमांसकों की धारणा है कि संसार अपनी जटिलताओं सहित सृष्टि के समस्त कालों में विद्यमान रहता है और अभी तक काल का ऐसा बिंदु नहीं आया जिसमें संसार अपनी वर्तमान व्यवस्था के साथ विद्यमान न रहा हो। किसी ऐसे विश्व की कल्पना संभव नहीं है जो प्रत्येक दृष्टि से हमारे वर्तमान अनुभूत विश्व से भिन्न रहा हो। अतः मीमांसकों की मान्यता है कि चूँकि संसार सदा से विद्यमान रहा है, अतः ईश्वर को संसार का सर्जक स्वीकार करना आवश्यक नहीं है।"

ईश्वर की सत्ता के पक्ष में यह भी कहा जाता है कि गुण-दोषों के नियामक (अदृष्ट)

के रूप में ईश्वर को स्वीकार करना पड़ेगा क्योंकि अचेतन होने के कारण गुण-दोष स्वयं अपना परिणाम उत्पन्न नहीं कर सकते। किंतु, इस तर्क में कोई सार नहीं है क्योंकि दोनों के बीच किसी प्रकार का संबंध तार्किक रूप से स्थापित नहीं किया जा सकता। यह सत्य है कि कुल्हाड़ी अपने-आप लकड़ी नहीं काटती; उसका प्रयोग करने के लिए लकड़हारे का होना आवश्यक है। किंतु यह भी सत्य है कि लकड़ी काटने के लिए लकड़हारे एवं कुल्हाड़ी के बीच भौतिक संपर्क आवश्यक है। "इसके अतिरिक्त, स्वयं न्याय-वैशेषिक दृष्टि से भी ईश्वर एवं प्राणियों के प्रारब्ध (धर्म-अधर्म) के बीच किसी प्रकार का संबंध अकल्पनीय है। ऐसे संबंध के अभाव में ईश्वर का प्राणियों के प्रारब्ध का नियामक होने का तो प्रश्न ही नहीं उठता। न्याय-वैशेषिक दर्शन में केवल दो (प्रमुख) प्रकार के संबंधों को स्वीकार किया गया है। ये हैं—संयोग और समवाय। इनमें से संयोग केवल द्रव्यों के बीच ही संभव है, जबकि न्याय-वैशेषिक प्रारब्ध को भी एक गुण मानते हैं। अतः ईश्वर एवं प्राणी के प्रारब्ध के बीच संयोग का संबंध संभव नहीं है। न ही ईश्वर एवं प्राणी के प्रारब्ध के बीच समवाय का संबंध हो सकता है क्योंकि प्राणी का प्रारब्ध प्राणी में ही अंतर्भूत होता है, ईश्वर में नहीं।" अतः ईश्वर द्वारा अदृष्ट का नियमन संभव नहीं है।

कुमारिल भी ईश्वरवादियों के प्रखर आलोचक रहे हैं। 'शांतरक्षित एवं गुणरत्न का ईश्वरवाद का खंडन लगभग न्याय-वैशेषिक ईश्वरवाद तक ही सीमित रहा किंतु कुमारिल द्वारा ईश्वरवाद के खंडन का क्षेत्र पर्याप्त विस्तृत है। वे ईश्वरवाद के प्रत्येक उस रूप का खंडन करना चाहते थे जिसका उन्हें ज्ञान था।"

ईश्वर को संसार का स्रष्टा माना गया है। इसका तात्पर्य यह हुआ कि सृष्टि के पूर्व ईश्वर और केवल ईश्वर का ही अस्तित्व था। किंतु कैसे? "जिस समय यह सब नहीं था, संसार की स्थिति क्या रही होगी? स्वयं प्रजापति की स्थिति क्या रही होगी? उसका स्वरूप क्या रहा होगा? उस समय (जब कुछ भी विद्यमान नहीं था) उसे किसने जाना होगा और बाद में उत्पन्न प्राणियों को उसके संबंध में बताया होगा? बिना प्रत्यक्ष के (अथवा सृष्टि के पूर्व ईश्वर के किसी रूप के ज्ञान के बिना) हम कैसे मान लें (कि सृष्टि के पूर्व ईश्वर विद्यमान था)?"

इस तथ्य को नकारा नहीं जा सकता कि यह संसार बुराइयों से भरा है। किंतु ईश्वर पापपूर्ण संसार की रचना क्यों करना चाहेगा? "पुनः, ईश्वर में ऐसे संसार की रचना करने की इच्छा क्यों हुई जिसमें प्राणियों को अनेक प्रकार के दुख सहने पड़ते हों? कारण कि उस समय (सृष्टि के आरंभ में) ईश्वर के पास स्वयं प्राणियों के पाप-पुण्य के रूप में निर्देशित करनेवाले अभिकरण विद्यमान नहीं थे। न ही उपकरणों एवं साधनों के अभाव में कोई स्रष्टा सृष्टि कर सकता है।"

इसके अतिरिक्त, कुमारिल यह भी जानना चाहते हैं कि वह क्या लक्ष्य है जिसे ईश्वर संसार की सृष्टि किए बिना नहीं पा सकता ? बिना लक्ष्य के मूर्ख भी कोई कार्य नहीं करता। ईश्वर ने निरुद्देश्य ही इस विश्व की रचना की तो उसके बुद्धिमान होने का लाभ ही क्या ?

इसका जो प्रत्युत्तर बादरायण ने दिया वह सर्वविदित है। विश्व की सृष्टि ईश्वर के लिए खेल अथवा लीला है। "राजा लोग किसी आवश्यकता की पूर्ति के लिए नहीं अपितु केवल समय व्यतीत करने के लिए ही आखेट करते हैं। इसी प्रकार बालक भी केवल खेल के आनंद के लिए ही खेलते हैं। इसी प्रकार ईश्वर द्वारा विश्व के सृजन को भी किसी निश्चित लक्ष्य की पूर्ति न मानकर लीला ही समझना चाहिए।"

किंतु कुमारिल इस धारणा को असिद्ध मानते हैं। "यदि स्रष्टा केवल अपने मनोरंजन के लिए विश्व की रचना करता है तो यह बात उसके पूर्णकाम होने के विपरीत है। इसके अतिरिक्त विश्व की रचना में जितना कार्य करना पड़ता है वह ईश्वर के लिए मनोरंजन न होकर झंझट का स्रोत बन जाएगा। और ईश्वर में (इतने कष्ट से बनाए गए) इस संसार का लय करने की इच्छा की व्याख्या भी कठिन है।"

न्याय-वैशेषिकों के पक्ष की कुमारिल द्वारा की गई आलोचना का सार-संक्षेप कीथ के शब्दों में इस प्रकार किया जा सकता है : "न्याय-वैशेषिकों की सृष्टि-संबंधी धारणा पर यह आपत्ति उचित ही उठाई जाती है कि परमेश्वर एक समय सभी आत्माओं के सत्व को स्थिर कर देता है और नई सृष्टि की पूर्ववेला में उन्हें जगा देता है, यह मानना कठिन है। इसके प्रत्याख्यान में कहा गया है कि मानवों के पूर्वकर्मों से उत्पन्न होनेवाले क्रियाकलाप कभी समाप्त नहीं हो सकते और मनुष्यों के कर्मों की शक्ति एवं ईश्वर की इच्छा का हस्तक्षेप, दोनों को स्वीकार करना समस्या को अनावश्यक रूप से जटिल करना है। इस बात की व्याख्या करना भी असंभव है कि ईश्वर में यह इच्छा उत्पन्न ही क्यों होती है। फिर, किस प्रकार ईश्वर अशरीरी रहकर अथवा शरीर धारण कर कार्य करता है, यह भी समझ से परे है।"

यह पहले ही कहा जा चुका है कि प्रमुख भारतीय दर्शनों से संबंधित विचारकों में न्याय-वैशेषिक दर्शन के प्रतिनिधि ऐसे हैं जो ईश्वरवादी धारणा के प्रबल पक्षधर हैं। जैसाकि हमारे एक अग्रणी विद्वान का कथन है : "वात्स्यायन एवं प्रशस्तपाद से आरंभ होकर नवद्वीप संप्रदाय तक विकसित होनेवाला न्याय-वैशेषिक दर्शन का परवर्ती साहित्य ईश्वरवाद का प्रखर समर्थक एवं निरीश्वरवादियों के आक्रमण से टक्कर लेनेवाला रहा है। न्याय-वैशेषिक संप्रदाय को इसी कारण ईश्वरवाद का आधिकारिक समर्थक माना जाने लगा है।"

यह बात आश्चर्यजनक लग सकती है, किंतु दोनों ही मूलग्रंथों *न्यायसूत्र* एवं

वैशेषिकसूत्र ईश्वर में विशेष रुचि नहीं दर्शाते। "जहाँ तक सूत्रों में प्रयुक्त शब्दों का संबंध है, कहीं भी इस बात का निश्चित प्रमाण नहीं मिलता जिसके बल पर कहा जा सके कि *वैशेषिकसूत्र* की तत्वमीमांसा में ईश्वर को कोई निश्चित एवं स्पष्ट स्थान प्रदान किया गया है। *न्यायसूत्र* में मिलनेवाला प्रमाण भी इतना निश्चित नहीं है और यह अनुमान करने के लिए गुंजाइश रहती है कि इन प्रणालियों में, कम-से-कम इनके आरंभ में, ईश्वर के प्रति स्पष्ट आग्रह अथवा प्रतिबद्धता का अभाव मिलता है। निस्संदेह *न्यायसूत्र* में तीन सूत्रों के एक छोटे-से भाग में ईश्वर संबंधी चर्चा है। किंतु जैसाकि कहा गया है, सूत्रों की गूढ़ भाषा इस संशय के लिए पर्याप्त स्थान छोड़ती है कि न्याय-वैशेषिक तत्वमीमांसा की आंतरिक संरचना में ईश्वर का अस्तित्व स्वीकार करना तार्किक अनिवार्यता है अथवा नहीं। इसके अतिरिक्त, यह बात भी ध्यान में रखी जानी चाहिए कि प्रामाणिक ज्ञान के पदार्थों की गणना (*न्यायसूत्र,* i. 1. 9) में ईश्वर का स्पष्ट उल्लेख नहीं है; मनोवैज्ञानिक प्रक्रियाओं से भिन्न एकल आत्म-द्रव्य के अस्तित्व को सिद्ध करने के लिए दिए गए प्रमाणों में भी परमात्मा या एक भिन्न पदार्थ के रूप में ईश्वर का थोड़ा भी संकेत नहीं है।"

न्याय-वैशेषिक दर्शन के परवर्ती विचारकों में उदयन को ईश्वरवाद का महानतम पक्षधर माना जाता है। उदयन की सुविख्यात स्वतंत्र रचना *न्यायकुसुमांजलि* का मुख्य लक्ष्य ही ईश्वर के अस्तित्व की धारणा का पक्षपोषण करना है। इस ग्रंथ में वे बड़ी तार्किक सूक्ष्मता से ईश्वरवाद-विरोधियों की धारणाओं की परीक्षा एवं आलोचना करते हैं और अंत में ईश्वर के अस्तित्व के संबंध में आठ आनुमानिक प्रमाण प्रस्तुत करते हैं। "भारतीय ईश्वरवाद के इतिहास में न्याय दर्शन के विद्यार्थी को स्मरण रखना चाहिए कि ईश्वरवाद के संबंध में उदयन का अवदान विशिष्ट महत्व का है। यह दर्शाता है कि ईश्वरवाद किस सीमा तक बुद्धि को प्रयुक्त कर सकता है और वह भी वहाँ जहाँ श्रुति असफल रही हो, जैसाकि वेद-विरोधी बौद्धों के दृष्टांत में देखने को मिलता है।"

स्वाभाविक है कि आठों प्रमाणों का समान रूप से स्वागत नहीं हुआ और न ही उन पर समान गंभीरता से चर्चा की गई। इनमें से सर्वाधिक स्वीकृत और हैतुकता पर आधारित प्रमाण के विवेचन का सार एस.एन. दासगुप्त के अनुसार इस प्रकार है :

"जैनों एवं अन्य निरीश्वरवादियों की मान्यता है कि यद्यपि संसार में वस्तुओं का सृजन और क्षय होता रहता है, तथापि समग्र विश्व का निर्माण कभी नहीं हुआ और इसी कारण यह कभी परिणाम नहीं रहा। इसके विपरीत न्याय दर्शन की मान्यता है कि समग्र रूप में संसार भी किसी भी अन्य परिणाम की भाँति एक परिणाम ही है। अनेक भूवैज्ञानिक परिवर्तन एवं भूस्खलन होते रहते हैं और प्रकृति में होनेवाले ऐसे कार्यकलाप के आधार पर यह कहा जा सकता है कि यह संसार शाश्वत नहीं है अपितु निर्माण का

परिणाम है ।

"किंतु यदि निरीश्वरवादी इस बात को स्वीकार न भी करें तो विश्व के संयोजन एवं व्यवस्था को किसी प्रकार नकार नहीं सकते ।"

"किंतु उनका तर्क होगा कि मानव-निर्माण (जैसे घट इत्यादि के संयोजन एवं व्यवस्था) एवं विश्व के संयोजन एवं व्यवस्था में निश्चय ही अंतर है और इसी कारण विश्व के संयोजन एवं व्यवस्था (सन्निवेश-विशिष्टता) से यह सिद्ध नहीं किया जा सकता कि विश्व का भी कोई निर्माता है । कारण कि मानव-निर्मित वस्तुओं में पाए जानेवाले संयोजन एवं क्रम से किसी स्रष्टा या निर्माता का अनुमान किया जा सकता है ।"

"इसका प्रत्युत्तर न्यायवादी यह देते हैं कि सामान्य अर्थ में 'क्रम और संयोजन' एवं 'स्रष्टा के अस्तित्व' के बीच सहवर्तिता को लिया जाना चाहिए, 'क्रम और संयोजन' के किसी विशिष्ट अर्थ में नहीं, क्योंकि प्रत्येक विशिष्ट उदाहरण अपनी किसी विशेषता के कारण अपने ही जैसे अन्य उदाहरणों से भिन्न हो सकता है । उदाहरण के लिए, रसोई की अग्नि और जंगल की अग्नि एक ही प्रकार की नहीं होती । फिर भी इन दोनों प्रकार की अग्नियों की भिन्न-भिन्न विशिष्टताओं की अवहेलना करके हम सामान्य धुएँ एवं सामान्य अग्नि की सामान्य सहवर्तिता पर ही विचार करते हैं । इसी प्रकार यहाँ भी हमें सामान्य 'क्रम एवं संयोजन' और सामान्य 'स्रष्टा के अस्तित्व' की सहवर्तिता पर ही विचार करना है । इस प्रकार विश्व के क्रम एवं संयोजन के मानव-निर्मित वस्तुओं के क्रम एवं संयोजन से भिन्न होने पर भी इससे एक स्रष्टा के अस्तित्व का अनुमान अस्वीकार्य नहीं होगा...।

"अतः यह अनुमान किया जा सकता है कि संसार का कोई रचयिता है क्योंकि यह एक परिणाम है और इसमें क्रम एवं संयोजन है । प्रत्येक वस्तु जो परिणाम होती है, जैसेकि घट, उसका कोई रचयिता होता है । संसार परिणाम है और इसमें संयोजन एवं क्रम है और इसी कारण इसका कोई रचयिता है ।"

इस रचयिता को सर्वज्ञ भी सिद्ध किया गया है जो दर्शाता है कि हम जैसे सीमित ज्ञान रखनेवाले किसी व्यक्ति को विश्व की रचना करनेवाला अभिकर्ता नहीं माना जा सकता । "ईश्वर की सर्वज्ञता इस बात से प्रमाणित है कि वह समस्त संसार का हेतु है क्योंकि स्रष्टा को उन सभी छोटी-बड़ी बातों का ज्ञान होना चाहिए जिनका संबंध उसकी सृष्टि से हो—कि इसके उपादान एवं सहायक कारण क्या हैं, उनका उपयोग क्या है, उन्हें ग्रहण करनेवाला कौन है, इत्यादि । संसार में जब कोई व्यक्ति किसी वस्तु का निर्माण करता है तो वह उसके उपादान कारण इत्यादि का ज्ञान रखता है । उदाहरण के लिए, घट बनानेवाला कुंभकार मिट्टी के पिंड के रूप में घट के उपादान कारण को जानता है, इसके सहायक कारणों के रूप में चक्के इत्यादि को जानता है, पानी लाने के

लिए प्रयुक्त होनेवाले बर्तन के रूप में इसके प्रयोजन को जानता है और गृहस्थ के रूप में इसे लेनेवाले को जानता है। उसी प्रकार ईश्वर जो संसारों की सृष्टि करता है, परमाणुओं इत्यादि के रूप में उनके उपादान कारणों को जानता है और अदृष्ट, देश-काल इत्यादि के रूप में उनके सहायक कारणों को जानता है। साथ ही वह सामान्य, विशिष्ट एवं समवाय के रूप में उपकारकों एवं उनके कार्यकलाप को जानता है, लोगों के अनुभव के रूप में उनके लक्ष्य एवं लोगों के रूप में उन्हें ग्रहण करनेवालों को जानता है। इससे प्रकट है कि ईश्वर सर्वज्ञ है।''

ईश्वर के अस्तित्व के विरुद्ध सबसे बड़ी आपत्ति यह की जाती है कि ईश्वर संसार का स्रष्टा नहीं हो सकता क्योंकि वह अशरीरी है। यह बात अनुभव-सिद्ध है कि अभिकर्ता होने के लिए शरीर का होना आवश्यक है। इसके प्रत्युत्तर में कहा जाता है कि यह आपत्ति तार्किक आधार पर ठीक नहीं बैठती क्योंकि किसी चेतन निमित्त कारण के परिणाम उत्पन्न करने योग्य बनने के लिए आवश्यक स्थितियों की समग्रता में शरीर का अत्यंत गौण स्थान होता है और वह भी सांयोगिक ही होता है। किसी परिणाम की उत्पत्ति में शरीर की शरीर के रूप में कोई अति महत्वपूर्ण भूमिका नहीं होती। किसी भी परिणाम की उत्पत्ति में वस्तुतः प्रभावी तत्व तीन होते हैं—ज्ञान, इच्छा और प्रयास। कोई भी व्यक्ति घट का निर्माण तभी कर सकता है जब वह उसके निर्माण की विधि जानता हो, उसमें उसके निर्माण की इच्छा हो और वह इसके लिए आवश्यक प्रयास करे। उस व्यक्ति का शरीर उसका सहकर्मी अवश्य होता है किंतु वह घट के निर्माण के लिए अनिवार्य दशा नहीं है। वास्तविक कारण के साथ सहवर्ती कोई भी वस्तु सम्यक कारण नहीं होती। धुएँ का कारण अग्नि होती है, उसकी पीली आभा नहीं। यह शरीर के संबंध में भी सत्य है और अशरीरी अभिकर्ता के रूप में ईश्वर का अस्तित्व तार्किक रूप से असंभव नहीं है।

प्रशस्तपाद के एक प्रमुख टीकाकार श्रीधर इस बात की और व्याख्या करते हैं। पूछा जा सकता है कि क्या अभिकर्ता होना और शरीर धारण करना एक ही बात है, या क्या अभिकर्ता होने की क्षमता का तात्पर्य विभिन्न हैतुक घटकों को किसी परिणाम की उत्पत्ति हेतु नियोजित करने की क्षमता है। पहला विकल्प प्रतिपादनीय नहीं है क्योंकि भौतिक शरीर के होते हुए भी चेतन कार्यकलाप का अभाव हो सकता है। जब मनुष्य सोता है या कार्य न करने की मनःस्थिति में होता है तो वह संचेतनापूर्वक कार्य नहीं करता। दूसरे विकल्प में शरीर अनिवार्य दशा नहीं है। सामान्य मान्यता है कि आत्मा के निर्देश के अनुसार ही शरीर संचालित होता है। ''किंतु प्रश्न है : आत्मा के लिए अचेतन भौतिक उपकरण को संचेतनापूर्वक निर्देशित करना किस प्रकार संभव है ? इतना तो निश्चित है कि शरीर को क्रियाशील बनाने के लिए आत्मा को किसी अन्य भौतिक काया की आवश्यकता नहीं पड़ती। यदि प्रतिपक्षी के अनुसार यह मान लिया

जाए कि समस्त चेतन गतिविधियों में किसी भौतिक काया का होना आवश्यक है तो प्रतिपक्षी के लिए ही उपर्युक्त स्थिति की व्याख्या करना कठिन हो जाएगा।''

ईश्वर की सत्ता को सिद्ध करने के लिए न्याय-वैशेषिक एक अन्य तर्क भी देते हैं जो अधिक चर्चित न होने पर भी कम महत्वपूर्ण नहीं है। यह तर्क भौतिक संसार की उत्पत्ति की परमाणुवादी न्याय-वैशेषिक परिकल्पना से अत्यंत महत्वपूर्ण रूप से जुड़ा हुआ है। ''यद्यपि पदार्थ एवं भौतिक संसार संबंधी सर्वाधिक उन्नत सिद्धांत, परमाणु का सिद्धांत प्राचीन भारत में विकसित हुआ तथापि जिस प्रकार अल्पविकसित वैज्ञानिक एवं तकनीकी पृष्ठभूमि में यह निरूपित हुआ, उसके कारण इसमें एक अत्यंत गंभीर कमी है।'' न्याय-वैशेषिकों के अनुसार ब्रह्मांड की सृष्टि की प्रक्रिया का आरंभ परमाणुओं के संयोग से हुआ। किंतु परमाणुओं का संयोग गति के बिना संभव नहीं है। प्रश्न है : सृष्टि के आरंभ में परमाणुओं को संयुक्त करने के लिए सर्वप्रथम किसने गति दी; जो परमाणु महाप्रलय की अवधि में एक-दूसरे से भिन्न पड़े थे उन्हें किसने संयुक्त होने के लिए बाध्य किया? परवर्ती न्याय-वैशेषिकों को इस प्रश्न का अधिक सामना करना पड़ा क्योंकि उनके प्रतिपक्षी विशेषतः इसी आधार पर परमाणु-सिद्धांत का प्रत्याख्यान करते थे। अतः उदयन की मान्यता है कि ईश्वर 'परमाणु-सिद्धांत का त्राता' है।

चारों भौतिक तत्वों (पृथ्वी, जल, अग्नि और वायु) की रचना अविभाज्य एवं अधोचेतन कणों से होती है जिन्हें परमाणु कहते हैं। ''ब्रह्मांड के स्थिर रहने की अवस्था में ये चारों प्रकार के परमाणु निष्क्रिय पड़े रहते हैं और अपने-आप एक-दूसरे के संपर्क में नहीं आते। अतः विश्व-व्यवस्था की रचना के लिए इन परमाणुओं का सक्रिय होना आवश्यक है ताकि वे परस्पर संयुक्त होकर एक द्वयणुक की उत्पत्ति कर सकें। किंतु जड़ होने के कारण उन्हें एक ऐसे संचेतन मार्गदर्शन की आवश्यकता होती है जो उनमें सक्रियता का संचार कर सके। जड़ सत्ताओं का सक्रिय होना किसी चेतन तत्व के निर्देश पर आश्रित होता है। दृष्टांत के लिए, कुल्हाड़े को सक्रिय करने के लिए लकड़हारे के मार्गदर्शन की आवश्यकता होती है। उदयन की धारणा है कि जिस चेतन सिद्धांत के मार्गदर्शन से परमाणु सक्रिय होते हैं, वह ईश्वर ही है।'' गति के अन्य दृष्टांतों की भाँति यह गति भी सायास प्रयत्न पर आश्रित रहती है और जिसमें भी यह सायास श... है वही ईश्वर है।

यह भी कहा गया है कि ईश्वर की सत्ता स्वीकार किए बिना वेदों की प्रामाणिकता अथवा आधिकारिकता को सिद्ध नहीं किया जा सकता। वेदों को सर्वोच्च प्रमाण माननेवाले मीमांसकों का दावा है कि वेद श्रुति हैं और किसी भी मानव के लिए इनकी रचना करना संभव नहीं है; ये अपौरुषेय हैं। अतः ये स्वयंसिद्ध हैं। इसके विपरीत न्याय-वैशेषिक वेदों को श्रुति नहीं मानते। सामान्य कथनों की भाँति धर्मग्रंथों के कथनों

की प्रामाणिकता भी वक्ता की सत्यता एवं अमोघता पर आश्रित होती है। शब्द-प्रमाण तभी प्रामाणिक ज्ञान का स्रोत माना जाता है जब वह किसी आप्तपुरुष द्वारा उच्चारित हो। ऐसा व्यक्ति वही हो सकता है जिसे विवेच्य वस्तु का सीधा ज्ञान हो और जो उन्हें उचित रूप से संप्रेषित करने का इच्छुक हो। अंततः वेद भी शब्दों की रचना हैं और इस कारण शाब्दिक हैं। अतः उनकी प्रामाणिकता एवं विश्वसनीयता भी उनके वक्ता पर ही आश्रित होनी चाहिए। हम जैसे सामान्य मनुष्यों को धर्मश्रुतियों में उल्लिखित परासंवेद्य वस्तुओं का प्रत्यक्ष ज्ञान नहीं हो सकता, अतः हमें वेदों का वक्ता नहीं माना जा सकता। सर्वशक्तिमान एवं सर्वज्ञ ईश्वर ही वेदों का वक्ता हो सकता है। इस प्रकार वेदों की अमोघता भी सिद्ध है।

इसके अतिरिक्त ईश्वर को आदि-गुरु भी माना गया है जो नवनिर्मित मानवता को शब्दों को प्रयुक्त करना एवं उनके विभिन्न अर्थों को अभिव्यक्त करना सिखलाता है। आज मानव जिन शब्दों का प्रयोग करते हैं, उन्हें सृष्टि के आरंभ मे सिखानेवाला कोई अन्य ही रहा होगा। क्योंकि बाद में प्रबुद्ध मानवों का शब्द-प्रयोग भी विशिष्ट वस्तुओं तक ही सीमित रहता है। दृष्टांत के लिए, छोटे बालक, जो शब्दों का प्रयोग नहीं जानते, बाद में जब ऐसा प्रयोग सीखते हैं तो वह वहीं तक सीमित होता है जहाँ तक उनके माता-पिता या गुरुजन उन्हें सिखाते हैं। किंतु सृष्टि के आरंभ में कोई भी मानव शब्दों का प्रयोग नहीं जानता था; उसे सिखलानेवाला ईश्वर ही हो सकता है जिसका श्रेष्ठ ज्ञान महाप्रलय के समय भी लुप्त नहीं होता।

हम ईश्वर की सत्ता-संबंधी कम-से-कम एक ऐसा न्याय-वैशेषिक प्रमाण प्रस्तुत कर सकते हैं जो "उस बात पर आधारित है जिसे आज अल्पविकसित वैज्ञानिक ज्ञान कहा जाएगा।" "आकाश में स्थित विभिन्न ग्रह अपने-अपने स्थान पर रहते हैं और वे गिरते अथवा एक-दूसरे से टकराते नहीं; किसी चेतन सत्ता का धारक प्रयास (धृति) ही इसका कारण हो सकता है और यह चेतन सत्ता ईश्वर है।"

ईश्वरवादियों की आलोचना इस आधार पर भी की जाती है कि सृष्टि करने के पीछे वे ईश्वर के किसी उद्देश्य की व्याख्या नहीं कर पाते। कुछ भी रचने की इच्छा के पीछे कोई न कोई प्रेरणा अवश्य रहती है। ईश्वर को तो आत्मतुष्ट एवं आत्मनिर्भर माना जाता है, फिर किसलिए वह सृष्टि की रचना का कष्ट करता है? अपने कतिपय पूर्ववर्ती विचारकों की धारणा की आलोचना करते हुए उद्योतकर इस निष्कर्ष पर पहुँचते हैं कि दिव्य स्वभाव में सृष्टि की इच्छा अंतर्भूत रहती है। प्रतीत होता है कि *मांडूक्यकारिका* एवं *ब्रह्मसूत्र* के शांकर भाष्य में भी यही धारणा व्यक्त की गई है। "यह जिज्ञासा बुद्धिमत्तापूर्ण नहीं जान पड़ती कि ईश्वर के स्वभाव में सृष्टि की इच्छा अंतर्भूत क्यों रहती है, क्योंकि तब तो यह भी पूछा जा सकता है कि सूर्य सदैव पूर्व में

उदित होकर पश्चिम में ही क्यों अस्त होता है।"

किंतु एक आपत्ति यहाँ सहज ही उठाई जा सकती है कि यदि ईश्वर स्वभाव से ही रचनाशील है तो ऐसा क्यों है कि उसमें रचना की इच्छा कभी-कभी ही होती है अर्थात् कभी होती है, कभी नहीं ? एवं सर्वज्ञ ईश्वर तो सदैव ही रहता है; अतः सृष्टि की प्रक्रिया भी अनवरत होनी चाहिए। इसके अतिरिक्त सभी वस्तुओं की सृष्टि एक साथ ही होनी चाहिए।

इसके प्रत्युत्तर में कहा जाता है कि सृष्टि का प्रथम कारण अथवा कर्ता कोई जड़ तत्व नहीं है अपितु वह बुद्धिसंपन्न एवं विवेकसंपन्न होता है। "उसे ब्रह्मांड की रचना करने के लिए अलग-अलग नैतिक नियतियों (अदृष्ट) पर आश्रित रहना पड़ता है। अतः स्वभावतः रचनाशील होने पर भी ईश्वर अनवरत रचना-कर्म में नहीं लगा रहता। वह उन्हीं वस्तुओं की रचना करता है जिनकी रचना के लिए उपयुक्त परिस्थितियाँ जुटाई गई हों। समस्त परिस्थितियों का एक ही समय में संयोग असंभव है और अनुभव-सिद्ध भी नहीं है। ईश्वर की सृष्टि की इच्छा देश-काल के संबंधों पर आधारित होती है। सृष्टि के लिए उसे तब तक प्रतीक्षा करनी पड़ती है जब तक कि भिन्न-भिन्न नियतियाँ (धर्म-अधर्म इत्यादि) परिपक्व होकर फलीभूत होने योग्य नहीं हो जातीं।"

पतंजलि के *योगसूत्र* में ईश्वर का स्पष्ट उल्लेख मिलता है, यद्यपि कुछ विद्वानों की राय है कि इस दर्शन के लिए ईश्वर की धारणा अनिवार्य न होकर गौण महत्व की है। कहा गया है कि "योग दर्शन में ईश्वर की अवधारणा संरचनात्मक रूप से गुँथी हुई न होकर यों ही जोड़ दी गई है। *योगसूत्र* के ईश्वर-संबंधी अंश अलग दिखाई देते हैं और सत्य तो यह है कि वे इस दर्शन के लक्ष्य एवं अंतर्तत्व के ठीक विपरीत हैं। ईश्वर न तो इस संसार की सृष्टि करता है, न ही इसका शासन...। ईश्वर एक 'विशिष्ट आत्मा' मात्र है जो अपनी ही भाँति अन्य शाश्वत आत्माओं से अनिवार्यतः भिन्न नहीं है।"

ईश्वर की सत्ता-संबंधी योग दर्शन के तर्क का सार इस प्रकार है : "योग दर्शन में कहा गया है कि जहाँ कहीं कोटि की बात कही जाती है वहाँ एक उच्चतम सीमा भी अवश्य होती है। अतः जहाँ भी उच्च और उच्चतर होता है वहाँ उच्चतम भी अवश्य होता है। किसी घट की विशालता उससे और अधिक विशाल घट की संभावना दर्शाती है, और चूँकि इसमें वृद्धि की बात स्वीकार की गई है अतः कोई बिंदु तो ऐसा होगा जहाँ पर कोई विशालतम द्रव्य होगा अर्थात् एक ऐसी वस्तु होगी जिससे विशाल और कुछ नहीं होगा। इसी प्रकार, अगर किसी अन्य व्यक्ति का ज्ञान मेरे ज्ञान से बढ़कर है तो ज्ञान किसी चरम सीमा तक अवश्य पहुँचेगा क्योंकि इसमें कोटि की बात स्वीकार की गई है। तो, जिसमें भी ज्ञान की यह उच्चतम सीमा होती है वही ईश्वर है। ज्ञान इस शिखर-बिंदु तक तभी पहुँचता है जब वह आत्मा दिक् और काल द्वारा पृथक किए

गए समस्त पदार्थों को बिना किसी अपवाद के स्वयं में समाहित कर लेती है। इस प्रकार का ज्ञान सबसे श्रेष्ठ होता है।··· ज्ञान चूँकि एक गुण है, अतः इसका कोई धारक भी होना चाहिए और यह धारक ही ईश्वर है। इस प्रकार ईश्वर की सर्वज्ञता असीम (निरतिशय) है।''

योग दर्शन के अनुसार ईश्वर संसार का आदि-गुरु है क्योंकि देश-काल की सीमा उसे नहीं व्यापती और वह सत्य का परम उपदेष्टा भी है। उसके संसार का स्रष्टा न होने पर भी वेद उसी से उत्पन्न हैं। वेद ईश्वर-वाक्य हैं। वह सबके कल्याण का मार्ग दर्शाता है और यह उसके सर्वज्ञ हुए बिना संभव नहीं है। वह क्लेश, कर्म तथा उनके पाप-पुण्य से असंश्लिष्ट रहता है।

ग्रंथ-सूची

भट्टाचार्य, गोपिकामोहन — *स्टडीज इन न्याय-वैशेषिक थीज्म,* कलकत्ता, 1961

चट्टोपाध्याय, देवीप्रसाद — *इंडियन फिलॉसफी,* नई दिल्ली, 1964
व्हाट इज लिविंग ऐंड व्हाट इज डेड इन इंडियन फिलॉसफी, नई दिल्ली, 1976
इंडियन एथीज्म, कलकत्ता, 1969

दासगुप्त, एस.एन. — *ए हिस्टरी ऑफ इंडियन फिलॉसफी,* खंड एक, प्रथम भारतीय संस्करण, दिल्ली, 1975

दत्ता, डी.एम. — *दि सिक्स वेज ऑफ नोइंग,* लंदन, 1932

फ्राउवालनर, ई. — *हिस्टरी ऑफ इंडियन फिलॉसफी,* दिल्ली, 1973

गंगोपाध्याय, एम. — *न्याय* (वात्स्यायन के *भाष्य* सहित गौतम के *न्यायसूत्र* का अंग्रेजी अनुवाद), कलकत्ता, 1982
इंडियन एटमिज्म, कलकत्ता, 1980

हेस्टिंग्ज़ (सं.) — *एनसाइक्लोपीडिया ऑफ रिलिजन ऐंड एथिक्स,* एडिनबरा, 1908-18

हिरियन्ना, एम. — *आउटलाइन्स ऑफ इंडियन फिलॉसफी,* बंबई, 1973

मैत्रा, एस.के. — *दि एथिक्स ऑफ दि हिंदूज,* कलकत्ता, 1956

मुखर्जी, एस. — *दि बुद्धिस्ट फिलॉसफी ऑफ यूनिवर्सल फ्लक्स,* पुनर्मुद्रित, दिल्ली, 1975

संघवी, एस. — *एडवांस्ड स्टडीज इन इंडियन लॉजिक ऐंड मेटाफिजिक्स,* कलकत्ता, 1961

शास्त्री, के. *ए प्राइमर ऑफ इंडियन लॉजिक*, मद्रास, 1951

श्चेरबात्स्की, टी. *बुद्धिस्ट लॉजिक*, न्यूयॉर्क, 1962
दि कांसेप्ट ऑफ बुद्धिस्ट निर्वाण, भारतीय संस्करण, वाराणसी, 1968

विद्याभूषण, एस.सी. *ए हिस्टरी ऑफ इंडियन लॉजिक*, दिल्ली, 1971